汽车先进技术译丛
汽车创新与开发系列

汽车软件工程

（原书第6版）

［德］ 约尔格·肖夫勒 （Jörg Schäuffele）
托马斯·祖拉卡 （Thomas Zurawka） 著

王驷通　倪传钦　姜赫然　译

机械工业出版社

本书翻译自第 6 版德文版图书 *Automotive Software Engineering*，作者是德国知名供应商的资深汽车软件工程师，本书在德国斯图加特大学用作相关课程教科书以及企业员工培训教材，取得了良好的效果。本书主要内容包括引言和概要、汽车软件基础知识、汽车电子系统和软件开发的支持流程、汽车电子系统和软件开发的核心流程、汽车软件开发方法及工具、生产和服务中的工具和方法以及总结和展望。

本书适合汽车电子系统和汽车软件开发人员阅读使用，也适合车辆工程及相关专业师生阅读参考。

First published in German under the title

Automotive Software Engineering:Grundlagen,Prozesse,Methoden und Werkzeuge effizient einsetzen,6th Edition

by Jörg Schäuffele,Thomas Zurawka

Copyright©Springer Fachmedien Wiesbaden,2003,2004,2006,2010,2013,2016

This edition has been translated and published under licence from Springer Fachmedien Wiesbaden GmbH,part of Springer Nature.

All Rights Reserved

This edition is authorized for sale in the Chinese mainland (excluding Hong Kong SAR,Macao SAR and Taiwan).

此版本仅限在中国大陆地区（不包括香港、澳门特别行政区及台湾地区）销售。

北京市版权局著作权合同登记 图字：01-2020-0112。

图书在版编目（CIP）数据

汽车软件工程：原书第 6 版 /（德）约尔格·肖夫勒（Jorg Schauffele），（德）托马斯·祖拉卡（Thomas Zurawka）著；王驷通，倪传钦，姜赫然译 .—北京：机械工业出版社，2022.10

（汽车先进技术译丛 . 汽车创新与开发系列）

书名原文：Automotive Software Engineering:Grundlagen,Prozesse,Methoden und Werkzeuge effizient einsetzen,6th ed.

ISBN 978-7-111-71666-2

Ⅰ . ①汽… Ⅱ . ①约… ②托… ③王… ④倪… ⑤姜… Ⅲ . ①汽车工程 Ⅳ . ① U46

中国版本图书馆 CIP 数据核字（2022）第 176947 号

机械工业出版社（北京市百万庄大街 22 号 邮政编码 100037）
策划编辑：孙 鹏 责任编辑：孙 鹏
责任校对：梁 静 刘雅娜 封面设计：鞠 杨
责任印制：单爱军
北京虎彩文化传播有限公司印刷
2023 年 1 月第 1 版第 1 次印刷
169mm×239mm·18.25 印张·2 插页·373 千字
标准书号：ISBN 978-7-111-71666-2
定价：199.00 元

电话服务   网络服务
客服电话：010-88361066   机 工 官 网：www.cmpbook.com
　　　　　010-88379833   机 工 官 博：weibo.com/cmp1952
　　　　　010-68326294   金 书 网：www.golden-book.com
封底无防伪标均为盗版   机工教育服务网：www.cmpedu.com

译 者 简 介

　　王驷通，毕业于多伦多大学机械工程专业。现就职于国际战略咨询公司罗兰贝格，为众多汽车及ICT企业提供发展战略、产品、供应链、品牌营销、组织运营、数字化等方面的咨询服务，话题覆盖汽车新四化各领域及价值链各环节。曾就职于多家汽车零部件供应商，从事动力总成域、底盘域等多种控制器产品的系统功能定义、软件产品设计、功能开发测试、质量流程管理、软件平台化配置管理及控制器项目管理工作。曾负责通用Velite 6发动机控制器开发、荣威e950/eRX5发动机控制器的软件产品设计，同时主导开发了众多车企满足国六法规的发动机起停方案。出版译著《汽车人因工程学》及《汽车软件架构》。

　　倪传钦，毕业于慕尼黑工业大学电气工程与计算机专业。现就职于某大型零部件供应商，从事车辆动力域相关控制器的软件功能开发及软件产品设计工作。负责了荣威RX5最新一代发动机控制器软件开发工作。深度参与广汽钜浪混动发动机、吉利雷神混动发动机、长安蓝鲸2.0T发动机、广汽第三代1.5 TGDI等"十佳发动机"的开发工作。

　　姜赫然，毕业于德国亚琛工业大学车辆工程专业，现就职于某新能源主机厂，担任BMS多个ASIL D平台的功能安全负责人，负责产品从概念、系统开发、软硬件开发等全周期的功能安全方案设计及管理。曾就职于某大型合资零部件供应商，参与ECU、VCU、BMS等多产品的功能安全系统及软件开发，所设计产品搭载广汽、东风等众多车型并实现大规模量产。

译者的话

本书是汽车软件工程领域公认的权威教材，至今已更新至第6版。

软件为汽车行业带来的巨大改变无须赘言。作为汽车软件的从业者，每天都要面对不断迭代的新技术，因感到知识不足而引发的焦虑普遍存在。在译者看来，这种焦虑的背后并非学习渠道的缺失，事实上，我们有大量的渠道可以获取高质量的知识。更重要的原因在于，汽车软件行业缺少一套提纲挈领式的知识索引。所谓的"知识索引"，未必需要深入到汽车软件工程的所有细节、也未必与时俱进包含了所有的最新技术趋势，而是可以告诉读者，一切的新技术都在一个系统性的框架下演进。只要建立了良好的知识框架，日后无论面对怎样的新技术，都能更加从容地融会贯通。这也正是本书的价值所在。

在译者多年的从业经验中，愈发意识到"提纲挈领"对于汽车行业的重要意义。汽车并不是一门学科，它是一项建立在各领域前沿科技创新成果之上的"集成艺术"，任何相关领域的创新都将带来汽车应用的革新。一个汽车工程师若只见树木、不见森林，即便沿着某具体应用领域刻苦钻研，其长期结果也往往是既难以顺藤摸瓜在上游相关领域完成基础技术创新，也难以在汽车应用层面跟上快速迭代的知识创新。

这也正是我们想将这本教材推荐给广大读者的原因。它为广大汽车软件专业学生、汽车软件从业者提供了一个全面且系统的知识框架。

为让本书更适合中国读者习惯，译者团队对全书共进行了翻译校核达5遍之多，在原作的基础上做了如下修改：

1. **增加的内容**：作为基础教材，保证各层次读者在所有内容上均可逻辑连贯地理解十分必要。因此原书中凡直接"跳步"给出结论的内容，小到一个句子，大到一个章节，译者都在充分理解上下文的基础上，补全了背后的因果逻辑。同时，在每章的第一节，译者均在原著基础上进行完善，以告知读者本章覆盖的知识、这些知识的价值，以及这些知识与前后章节之间的联系。

2. **删减的内容**：原著为追求表述的严谨性，一些用词过于学术化，或存在表达的冗余。作为一本面向工程化的教材，译者将这些文字删除，以提升读者阅读效率。

3. **修改的内容**：原书中存在的部分内容错误或笔误，译者进行了更正。

最后，译者要感谢原书作者及机械工业出版社孙鹏编辑的鼎力支持。因水平有限，译文难免有疏漏之处，敬请同行专家和读者通过邮箱 sitong. wang @ mail. utoronto. ca 向我们提出建议。

2022 年 10 月

序：汽车软件的重要性

我们需要新的开发方法去驾驭软件的复杂性

在未来汽车中，软件将持续作为复杂算法的执行载体。汽车软件的规模正在以指数级增长，这是由日趋复杂的安全、清洁、经济性以及驾驶辅助功能的兴起驱动的。如何驾驭由此产生的软件复杂度激增，对汽车制造商和供应商而言都是一项重大挑战。强大的工具和开发方法将成为达成这一目标的必要条件，同时也是软件和系统安全运行的重要保障。本书为开发过程的设计以及方法和工具的使用提供了大量建议。

——罗伯特·博世集团管委会前副主席，Siegfried Dais 博士

软件开发方法的标准化

标准化是确保电子电气及软件系统实现高质量、高安全性、高效率研发的关键成功要素。除了致力于推进汽车软件标准化的 AUTOSAR 外，ISO 26262 道路车辆功能安全标准也对主机厂和供应商的流程、方法、工具乃至组织产生了深远影响。从需求分析到系统测试的完整开发方法论将不可避免地发生极大变革。本书围绕该话题进行了结构化的阐释。

——戴姆勒集团电子电气及软件技术主管，Klaus Grimm 博士

从成本驱动力到竞争优势

未来车企要想获得技术领先地位，只能通过软件技术的开拓性作用来实现。然而，在系统开发过程中，要想让来自不同背景的工程师成功合作，必须要确保他们具有统一的背景知识并建立通用的术语和适当的流程。本书围绕这一主题，介绍了软件工程的原理和方法，同时在关键知识上均给出了实际案例，令人印象深刻。新功能尤其是网联化的驾驶辅助系统的出现将导致嵌入式软件的复杂度持续提升。本书所述的结构化、易于理解的流程及开发规则将变得愈发重要。

——Runge 咨询公司，Wolfgang Runge 博士

软件——汽车创新的驱动力

在过去的三十年间，汽车软件已经逐渐成为汽车创新的核心驱动力。而至少在未来的 20 ~ 30 年间，汽车软件创新预计仍将突飞猛进。这种进步必须要以充分驾驭汽车嵌入式软件开发过程为根本。汽车功能的指数增长也直接导致了汽车软件规模和复杂度的提升，也因此对研发成本提出了更大挑战。对软件工程的系统化总结和科学化应用成为软件开发的必需品。本书以非常系统的方式展示了汽车软件开发

的各个方面，贡献巨大。

——慕尼黑工业大学教授，Manfred Broy 博士

一本实用性很强的奠基作

自 2005 年起，斯图加特大学将《汽车软件工程》用于同名课程的教材，取得巨大成功。作为一本实用性很强的基础书籍，它可以帮助工程师将自下而上的思考视角转化为自上而下。随着汽车技术的不断进步，如何掌控复杂性已成为汽车研发的最重要目标，系统性方法变得不可或缺。本书以机电系统架构为基础，展示了以 V 模型流程为代表的核心流程、方法及工具。本书的另一个特点是定期的更新，这也使其成为所有从事车辆技术功能开发人员的必读著作。

——斯图加特大学内燃机和车辆工程研究所教授，Hans – Christian Reuss 博士

职业培训的机遇和挑战

汽车产业在斯图加特地区扮演着十分重要的角色。诸多知名的主机厂和供应商在此设立研发中心，给这座城市提供了大量就业机会。基于此，斯图加特大学一直将软件技术培训作为工程课程的组成部分。而本书则为学生提供了一个积累汽车行业软件实践的机会。书中涉及的很多方法甚至也可以作为其他行业的参考模板。

——斯图加特大学自动化及软件研究所教授，Peter Göhner 博士

第 6 版前言

这是本书的第 6 版，从其首次出版至今，已经被陆续翻译为英文、中文、日文及韩文。同时世界各地的众多大学也将其作为开展汽车软件教学的基础讲义。看到本书能持续保持生命力，让我们倍感欣慰。

第 6 版的修订重点是新增了自动驾驶辅助系统以及产品线和变体管理的内容。原有章节均进行了相应的更新，同时也增加了新的章节。

汽车自 125 年前诞生以来，始终没有停止快速发展的步伐。尤其是 1970 年之后，其发展的特点越来越多地围绕电子系统和软件的应用展开，这种情况一直持续到今天。这对汽车研发、生产和售后造成了巨大影响。软件为解决车辆现有设计冲突目标提供了新的自由度。

为了更好地驾驭由软件增加带来的设计复杂度提升，有必要对车辆特定边界条件的流程、方法和工具进行更深入的研究。汽车软件以嵌入式和分布式实时性作为基本特征，同时安全性和可用性要求高、成本压力大、产品生命周期长。本书针对上述特点给予了重点关注。另外，在过去的十五年间已经形成了众多针对汽车电子及软件系统的标准，例如 AUTOSAR 和 ISO 26262 等，它们都可以被纳入"汽车软件工程"的探讨范畴。

然而新标准的层出不穷也让我们不得不面对日益复杂的"术语世界"。准确挖掘隐藏在术语背后的含义变得愈发艰辛。甚至，某些术语在不同语境下的含义也有所不同。例如，术语 process，与控制工程中的**过程**相关，但也指实时系统的**进程**，或开发**流程**。正因如此，本书在概述主题后，首先对全书最频繁出现的重要术语进行了定义，并明确了使用的一致性规范。此后的章节中，我们将重点介绍车辆电子系统中软件的开发流程、方法和工具，而软件开发和车辆整体开发间的关系将作为决定性要素贯穿始终。本书所介绍的内容以示范为主要目的，即它们是对真实情况的抽象和理论化总结。这些知识可为开发工作指明方向，但在应用于特定项目之前必须针对实际情况进行评估和调整。

由于软件工程涉及的范围广泛，我们难以对所有主题都进行深入处理，因此本书的内容将局限在具有汽车特定特征的领域。

实践案例

评价一个流程是否成功的标准，必须在广泛的任务实践中被证明是易于理解和应用的。这也意味着，如果软件工程的讲解过于理论化，价值将十分有限。在本书中，我们给出的所有建议都将结合实际应用案例作为补充。这些案例积累自我们与主机厂及供应商的长期密切合作，涉及开发、生产、售后、预研项目等各个方面。

致读者

本书面向的对象是就职于主机厂和供应商，在开发/生产/售后过程中遇到软件相关问题的员工。同时，本书也可作为大学相关专业和企业新员工的培训教材。控制工程、系统理论及软件基础知识并非阅读本书的先决条件，但若读者已掌握这些知识，无疑将更易理解本书内容。当然，读者也一定想对一些细节进行更深入的了解，我们很欢迎读者提出改进建议。事实上，在本次再版中，我们也参考了许多读者对本书第 5 版的建设性意见反馈。

致谢

在此，要感谢我们所有的汽车行业客户多年来的信任，与你们长期交流中所积累的知识是完成本书的前提。

此外，我们要感谢宝马集团。在本书中，宝马集团善意地准许我们公开在宝马合作项目中获得的经验，而本书的第一作者也是宝马集团员工。同时在本书中，还包含着一系列对宝马项目的建设性意见。我们要特别感谢 Heinz Merkle 先生、Helmut Hochschwarzer 博士、Maximilian Fuchs 博士、Dieter Nazareth 教授以及他们团队内的所有成员。

同时，我们在与罗伯特·博世集团多年的密切合作中也得到了许多知识。在本书的许多章节都可以找到这些被广泛使用的流程及方法。我们要感谢博世底盘事业部、柴油机事业部、汽油机事业部及先期工程部门的员工。

我们同样要感谢 Siegfried Dais 博士、Klaus Grimm 博士、Wolfgang Runge 博士、Manfred Broy 教授、Hans – Christian Reuss 教授、Peter Göhner 教授为本书所写的序。

此外，我们还要感谢 Mirko Ciecinski、Daniel Kanth 博士、Roland Jeutter、Michael Nicolaou 博士、Oliver Schlüter 博士、Kai Werther 博士、Hans – Jörg Wolff 和 Wolfgang Haug。最后，我们由衷地感谢 Springer Vieweg Verlag 出版社 Elisabeth Lange 女士在第 6 版出版过程中的辛劳付出。

——Jörg Schäuffele，Thomas Zurawka 博士，2016 年写于斯图加特

目　录

第1章 引言和概要

现代汽车正面临着日益复杂的消费者需求和愈发严格的法律约束，其进步的动力主要体现在两个方面：

- 降低燃料消耗及有害物质的排放。
- 增加驾驶安全性及舒适性。

时至今日，汽车如果想要继续在上述两个方面深化发展，电子技术的引入已经势在必行。而电子系统的引入又使汽车成为技术最复杂的消费产品。与其他领域的电子消费品相比，汽车电子产品的复杂性体现在如下方面：

- 汽车必须能够在恶劣且多变的环境条件下工作，因此要满足更严苛的温度、湿度、振动、电磁兼容性要求。
- 汽车必须满足较高的可靠性和可用性要求。
- 汽车必须满足较高的安全性要求。
- 汽车必须拥有较长的产品生命周期。

同时，考虑到这些要求需要在成本有限、开发周期不断压缩、变体数量日益增多的情况下被实现，汽车电子系统的开发难度将进一步增加。

在汽车电子开发过程中，研发人员除要掌握日益复杂的技术外，始终如一的质量保证、风险控制和成本管理也是车辆顺利下线的重要前提。面对如此众多的要求，开发者必须从根本上了解汽车的需求和发展趋势，才能为电子系统开发、生产、服务找到合适方法，同时为这些方法配置合适的流程和工具。

在本章中，我们将首先分析汽车电子技术的当前趋势和未来前景，再介绍未来面对的挑战，包括跨学科、跨组织合作以及需要克服的目标冲突等。接着，我们将探索汽车电子系统及软件的开发流程。我们重点突出了"汽车系统开发"与"汽车软件开发"之间的相互影响。最后，本章将介绍基于模型的开发方法。

在本书随后的章节中，我们将介绍汽车电子系统软件的开发、生产和服务的基本原则、流程、方法和工具。我们关注的重点是动力总成、底盘、车身和自动驾驶辅助等子系统。**信息娱乐系统将不会在本书中做深入探讨。**

1.1 驾驶员－车辆－环境系统

汽车开发过程中每项任务都以"功能"为目标——或是为了实现一个新功能，

或是为了改进车辆的现有功能。在本书语境下，功能可被理解为车辆的全部功能性特征。用户（例如驾驶员）可直接或间接地感知这些功能，发现其价值并享受由其带来的益处。

对于功能而言，开发者首要关注的是功能带来的"益处"；至于这项功能是用何种技术实现的（例如机械、液压、电气、电子），在功能设计的初期是次要考虑因素。

一个功能的技术实现方案若能将电子元件与传统的机械、电气或液压部件相融合，将为产品可靠性、重量、安装空间以及成本带来诸多益处。这也使得汽车电子技术成为车辆工程创新的关键，现在几乎所有的汽车功能都或多或少是靠电子驱动、控制或监控的。

1.1.1 电子系统的结构组成及工作原理

下面我们以汽车电液制动系统为例，介绍车辆电子系统的一般构成和工作原理。

案例：电液制动系统的组成[1]

图 1.1 是博世电液制动系统（Sensotronic Brake Control，SBC）的结构图[1]。

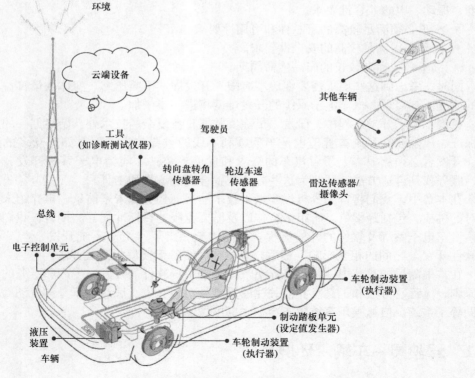

图 1.1 博世集团电液制动系统的构成[1]

该系统由制动助力器、防抱死制动系统（ABS）和车辆动态控制（又称电子稳定程序，ESP）构成。

当驾驶员踩下制动踏板后，制动踏板单元采集驾驶员对制动踏板的机械操作，将操作转化为电子信号，并传递至控制器。基于驾驶员操作产生的设定值、各传感器信号（如转向盘转角信号或各轮边车速信号），控制单元计算并输出结果变量，再通过电子信号将变量传至液压调节器进行压力调节，最终驱动车轮制动器工作。车轮制动器可影响车辆的行驶行为，因此也被视为该系统的执行器。

不同的控制单元间可通过总线互联通信（例如 CAN 总线）[2]，以此可实现比上述更为复杂的功能。一个典型的例子是牵引力控制（Traction Control），它是一项融合了发动机控制和制动控制的整体性功能。

上例中，电液制动系统的组成结构是一个非常典型的汽车电子闭环、开环控制和监控系统。一般而言，一个车辆控制系统可按元件分为以下几个组成部分：设定值发生器、传感器、执行器、控制器和被控对象；而在不同的控制器之间可建立通信并实现数据传递。

在更上层的驾驶员 – 车辆 – 环境系统中，还包含着驾驶员和环境，两者都可对车辆行为产生影响。

不难发现，单就控制器本身而言，它只是一种实现车辆目标行为的媒介，对用户来说并无价值。只有将控制单元和设定值发生器、传感器、执行器组成完整的系统，才能影响或监控被控系统，从而满足用户期望。在许多情况下，特别是对于车辆中最为常见的嵌入式系统，电子功能的实现方式对车辆用户甚至是不可见的。

图 1.2 以控制框图形式展示了车辆的闭环、开环控制和监控系统。各组成部分以方块表示，它们之间的信号流向以箭头表示。闭环、开环控制和监控技术的基础知识和概念详见本书第 2.1 节和 2.6 节。

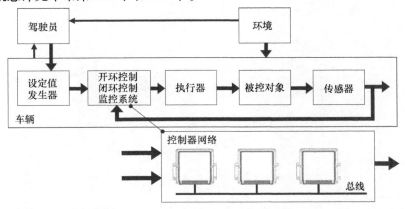

图 1.2 闭环、开环控制和监控系统的示意框图

在该图中，驾驶员、车辆和环境之间存在大量信号流。其中，"驾驶员"指代所有使用车辆功能的用户，包括驾驶员和乘员；"环境"则包含车辆附近的其他车辆、其他电子系统或工具（例如在维修时与车辆连接并读写数据的诊断仪）。

近年来，驾驶员与车辆、驾驶员与环境、车辆与环境之间信息交互的新技术涌现，创造了诸多新功能。例如通过无线传输系统跨越汽车边界实现的车联网，它将驾驶员/车辆与环境相连接，从而为部分辅助驾驶功能奠定基础。而在多媒体系统领域，依赖车辆与环境通信实现的功能也层出不穷，例如基于实时路况等环境信息实现的动态导航系统等。

同时，针对驾驶员或乘员与车辆之间的接口也出现了很多创新，即所谓的用户界面。例如汽车上利用语音控制操作系统和显示系统的功能已经变得十分普遍。

考虑到上述趋势，本书中提及的通信将不再局限于车辆电子控制器之间。在后文中，我们将分别讨论车内通信（车载）及跨车通信（非车载）两个概念。

1.1.2 车辆和环境的电子系统

在下文中，我们将车辆内电子系统之间的通信称为"车载通信"（On - board communication）；将车辆系统与环境系统之间的通信称为"非车载通信"（Off - board communication）。相应地，我们将车辆电子系统的接口分成车载接口和非车载接口。四者间关系示意见图1.3。

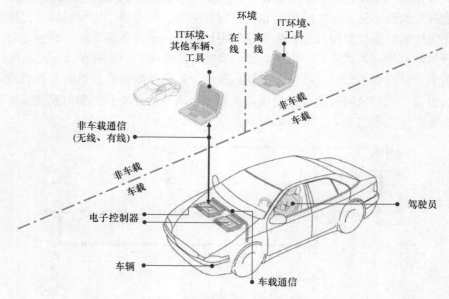

图1.3　车辆和环境的电子系统

我们也可以将电子系统的功能做类似的区分：由车辆系统和环境系统执行的功能分别被称为"车载功能"和"非车载功能"。这些功能也可以进一步划分为子功能，并分别通过车辆系统或环境系统来实现。

　　另外，由于环境系统和车辆系统在执行功能的时间上存在显著差别，我们还可以将功能划分为同步执行〔又称"在线（Online）执行"〕和非同步执行〔又称"离线（Offline）执行"〕。

　　这种分类标准在诊断系统中已经存在多年，也同样对电子系统开发方法和工具的选择产生影响。

1.2　车辆电子系统概述

　　首先聚焦车载电子系统。在电子技术应用于汽车的初期，各控制器都是独立工作的，彼此间并无交互。这也意味着一个功能需要明确地分配到位于动力总成、底盘、车身、多媒体或驾驶员辅助等子系统内的某单一控制器中（图 1.4）。

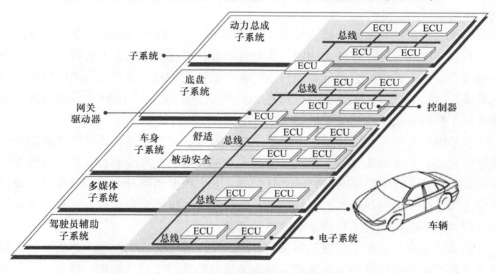

图 1.4　车辆各子系统电子控制器分布

　　如图 1.4 所示，发动机和变速器控制通常被分配于动力总成子系统；防抱死制动系统（ABS）被分配到底盘子系统；空调、中控锁、座椅和后视镜调节等被分配到车身舒适子系统；而安全气囊和安全带控制用于提高在事故发生时车内乘员的安全性，属于车身的被动安全子系统；广播和电话属于多媒体子系统；自适应巡航控制（ACC）则属于驾驶辅助子系统。

　　随着硬件技术和性能的持续提升，越来越多的新车辆功能具备在现有硬件基础上直接通过软件实现的可能性，这些功能被称为软件功能。

　　从大约 20 世纪 90 年代初开始，汽车电子系统进入了 2.0 阶段。在该阶段中，车载通信技术 CAN 总线[2]登上历史舞台，一些更高级的软件功能得以实现。同时，通信技术的引入也有助于成本的降低，例如通过一条总线即可将同一传感器信号在多系统间传输，节省了线束布置的成本。

在 2.0 阶段中，软件功能存在两种不同的部署方案。

一种是使软件功能仍保持在某子系统内运行，这种情况下子系统通常被称为集成式动力总成、集成式底盘或集成式车身。在这种分布网联式系统的内部，软件功能往往不再分配给单一控制器，而是首先划分为各个软件子功能，再在不同的控制器中实现。

另一种情况是，软件功能要跨越子系统边界而在整个电子系统网络中运行，则其不再属于单一子系统。例如上文提到的牵引力控制系统（TCS）同时涉及了动力总成子系统和底盘子系统；自适应巡航控制（ACC）则同时跨越动力总成和驾驶辅助系统。从功能角度来看，跨子系统的布局可以让功能的执行更灵活、更顺畅。它的实现前提是控制器能够跨越子系统边界进行通信，通常需借助网关来实现，如图 1.4 所示。

传感器信号的共享使用通常容易实现，但多个软件功能同时"竞争"使用同一执行器则容易引发目标冲突问题，这就要求设计者在汽车电子系统设计时遵循统一的规范方法。同样地，设计者还需要对各子系统间的接口进行定义以确保彼此间的精确数据传输，并且执行器间的任务也需要充分协调。AUTOSAR[3] 的出现极大地降低了软件系统实现这些要求的门槛。

在后续小节中，我们将依次对动力总成、底盘、车身、多媒体及驾驶辅助子系统进行概述。其中的多媒体子系统尽管并非本书重点，但有必要在全书开篇给出整体概览，以便于读者将其与其他子系统区分。我们将分别展开介绍用户接口、设定值发生器、传感器与执行器、软件功能、安装空间、变体和可扩展性等典型系统特征，同时当下明显的技术趋势也会被纳入考量。

在多数情况下，技术实现过程必须考虑到法律要求。比如在动力总成领域尤其是发动机控制中的软件功能，通常需重点关注油耗及污染物排放相关法规。而在底盘和车身子系统中，通常安全性和舒适性要求是需要重点考虑的。

本章的概述浅尝辄止，对这些特征的详细阐述将贯穿在此后章节的案例中。读者也可通过其他文献了解更多内容（例如参考文献［4］）。

1.2.1 动力总成电子系统

汽车动力总成系统通常由以下装置和部件组成：

- 动力类装置，如内燃机、驱动电机、混合动力驱动系统或燃料电池等。
- 离合器、手动/自动变速器。
- 分动器、前后轴差速器。
- 驱动轴和万向轴。

- 发动机辅助装置，如起动机和发电机。

……

动力总成中的电子系统则包括：
- 发动机控制器。
- 变速器控制器。
- 起停系统。$^{\ominus}$

……

发动机、变速器和辅助装置中各种各样的开/闭环控制及监控功能基本都以驾驶员请求及传感器信号作为输入变量，以动力总成系统中的执行器作为控制对象。

1.2.1.1　用户接口和设定值发生器

动力总成功能的特点是用户接口相对较少。除起动发动机和熄火外，驾驶员在行驶过程中只能通过踩加速踏板来给出期望。对于手动档汽车，离合踏板和变速杆作为额外的用户接口；而对于自动档汽车，接口只增加了变速杆。在一些特殊情况下，也可能有其他的用户接口引入。

1.2.1.2　传感器和执行器

动力总成系统包含数量庞大的传感器和执行器。传感器用于记录各类机械装置的状态、位置、转速、压力及温度，发动机 λ 值，爆燃强度等。执行器则用于控制点火、喷油、进气、离合及一些电磁阀。这就导致动力总成控制器通常需要预留大量的硬件接口。图 1.5 展示了发动机控制器与传感器/执行器的接口。

动力总成系统中常用的通信为 CAN 总线[2]，有时也会涉及 LIN 以及 FlexRay[48] 等总线。

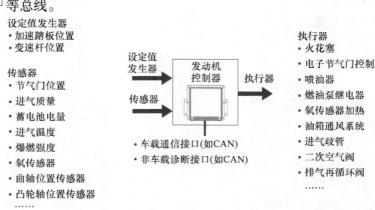

图 1.5　典型的汽油发动机控制器接口（博世集团，参考文献 [6]）

$\ominus$　（发动机）起停系统没有单独的控制器，而是作为发动机控制的子功能存在。——译者注

1.2.1.3 软件功能

目前发动机控制器的软件功能数量已超百项。要实现强大的软件功能，既要在动力总成系统内部建立交互，又要与底盘或车身域的功能间建立大量接口，如牵引力控制或电动空调等。

动力总成系统的功能通常需要通过大量的参数表征，如特征值、特征曲线、特征图等。研发人员通过改变参数，使软件功能适用于不同的发动机、车型变体或工作点。

1.2.1.4 安装空间

如前所述，动力总成系统的传感器和执行器数量众多，且通常需直接安装于发动机和变速器上才能实现功能。考虑到线束成本，控制器通常也在靠近传感器和执行器的位置安装。这时预留给控制器的安装空间非常狭小，同时由于靠近发动机，其工作环境也非常恶劣——需要长期在大范围温度冲击、湿热、振动的条件下运行。

1.2.1.5 变体及可扩展性

动力总成系统的可扩展性要求通常很难满足。但消费者通常可在一系列发动机和变速器的变体中进行选择和组合，以实现部分的个性化需求。

动力总成中通常只有少量的控制器。尽管数量少，但其功能强大，可执行大量的软件功能[4,6-8]。

1.2.2 底盘电子系统

底盘包括以下车辆部件：
- 车轴和车轮。
- 制动装置。
- 悬架和阻尼器。
- 转向装置。

……

相应的，底盘中的电子系统包括：
- 防抱死制动系统（ABS）。
- 电子制动力分配系统（EBD）。
- 车辆电子稳定程序（ESP）。
- 电子驻车（EPB）。
- 胎压监控系统（TPMS）。
- 空气悬架系统。
- 侧倾稳定系统。
- 伺服系统。

- 叠加转向系统。
- 电液式制动（EHB）或机电式制动系统（EMB）。
……

制动系统可能出现的故障有制动失效或非期望制动。转向系统可能出现的故障有转向失效或非期望转向。这些都可能会造成车辆完全失去控制，引起人员伤亡。因此，这些系统的安全性要求极高，为设计工作带来诸多挑战。设计人员常用的安全性设计手段包括减少与其他系统的接口、模块化设计、引入安全概念或增加监控功能等。

1.2.2.1 用户接口和设定值发生器

与动力总成相似，属于底盘子系统的用户接口数量也十分有限。除了制动踏板和转向盘外，驾驶员可以操作的只有驻车装置。车辆状态的反馈信号通过显示器给出，例如组合仪表板。而其他一些子系统诸如空气悬架等，则可通过额外的控制装置来开启和关闭。

1.2.2.2 传感器和执行器

与典型的动力总成系统相比，底盘子系统中的传感器和执行器的数量明显较少，通常主要用于 ABS 和 ESP 功能。其中，ABS 控制器的主要输入变量为轮边车速，信号来自轮速传感器，对应的执行器是车轮制动器。而 ESP 控制器则使用转向盘转角传感器和偏航角传感器信号作为输入变量[1]。图 1.6 为 ABS 控制器与传感器/执行器的接口示意[1]。

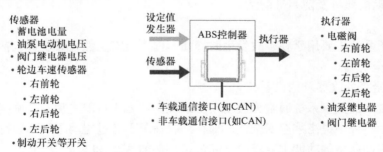

图 1.6　典型的 ABS 控制器接口（博世集团，参考文献［1］）

1.2.2.3 软件功能

底盘子系统中的控制器可以实现众多软件功能，这些控制器不仅彼此交互，而且还和动力总成及车身子系统中的其他软件功能存在接口。可以预见的是，当前仍然采用液压或机械方式实现的功能在未来都有可能借助软件来实现。

1.2.2.4 安装空间

由于底盘子系统的传感器和执行器分散于底盘的各个部位，且其功能对安全要求极高，因此控制器数量相对动力总成更多⊖。其中包括 ABS、ESP 以及常作为选装功能的空气悬架、胎压监控等功能。与动力总成域相似，这些控制器也需要在恶劣的环境下运行[1]。

1.2.2.5 变体及可扩展性

通常一款车在不同国家销售时，底盘子系统的基础功能配置可能不同，同时还存在一些选装功能。因此，底盘子系统必须支持功能的可拓展性，且功能设计也需支持消费者自行选择和组合各类选装件。

1.2.3 车身电子系统

当讨论车身子系统时，通常会将其进一步分为"安全"和"舒适"两个部分。舒适子系统包含如下功能：
- 车辆进入系统，如门锁、无钥匙进入、防盗警报等。
- 车窗及尾门控制。
- 自动天窗或敞篷式车顶。
- 刮水器控制及雨量传感器。
- 镜面调节、调光和加热。
- 转向盘位置调节。
- 座椅位置调节。
- 空调控制。
- 车内氛围及阅读照明。
- 自动前照灯及前照灯清洗。

……

安全子系统主要用于在事故发生时提高车内人员安全性，其装置包括：
- 安全气囊。
- 安全带卷收器及约束系统。

车身域中的安全系统通常为被动安全系统。与之相对的主动安全系统主要用于在驾驶车辆过程中提高乘客安全性，即在危机情况下通过主动干预驾驶行为预防事故发生。诸如此类的功能主要集中于底盘域，例如 ABS 和 ESP 等。

1.2.3.1 用户接口和设定值发生器

对于舒适性子系统，通常具有大量用户接口。当驾驶员和乘客有舒适性诉求时，可以通过多样的控制元件发出请求，例如开关、旋钮等。另外，该系统内的功能通常是用户可明显感知的。

⊖ 底盘子系统通常每个功能均由单独的控制器实现，相比于动力总成域，更不利于将多功能集成在同一控制器中。这一方面是由于传感器和执行器的位置分散，另一方面也考虑到安全的冗余问题。
　　——译者注

相对的，被动安全系统几乎没有用户接口。通常只有安全意识非常高的驾驶员和乘客才能感知到这些功能的存在。

1.2.3.2　传感器和执行器

各种车身功能通常使用各自的设定值发生器和传感器信号作为输入变量。执行器则通常基于电子驱动实现。

1.2.3.3　软件功能

车身域中具有数量最多的独立软件功能。当前的软件功能仍利用对应的独立控制器实现，因此控制器的数量相对较多，但对单一控制器中微处理器的性能和输入输出接口要求相对较低。未来的技术趋势正朝着高性能基础元件发展，将导致基础设备功能越来越多地集中在中央车身控制单元中实现。

各控制器间的总线通信还可实现跨控制器和子系统的软件功能，例如中央门锁系统等。另外，车身子系统软件中的标定参数也比动力总成或底盘子系统少得多。

1.2.3.4　安装空间

车身控制单元分散在车辆的各个部位，通常直接安装在被控对象附近，这也保证了控制器与智能传感器和执行器之间的顺畅交互。

但如果在车门、车后视镜、车顶、车内等位置同时安装传感器、执行器和控制器，将导致硬件和线束布置空间极其拥挤。有时甚至会出现多个传感器、执行器、控制器"争夺"同一安装空间的现象。例如，安全气囊和一些舒适性传感器/执行器都需要安装在车门和座椅中。这些几何边界条件将衍生出对元件"打包"的诉求，也为系统设计带来全新挑战。

1.2.3.5　变体及可扩展性

同一车型的不同车身及外观变体会对车身子系统的电子电气架构设计带来影响。

案例：车身域中功能变体对电气架构的影响

一些配置所适用的车身造型是相互排斥的。例如敞篷车具有自动折叠车顶，不需要天窗；而普通轿车具有天窗，因此不需要折叠车顶。旅行车和双座轿车中也存在类似的关系。这也解释了为什么很多控制器只提供有限的功能。除了功能随车身造型变化所做的适配外，车身子系统通常还须具备可扩展性，以满足顾客自行选配和组合车身舒适性相关功能的诉求。

1.2.4　多媒体系统

多媒体系统包括如下设备：

- 调谐器和天线。
- CD 播放器和 USB 设备。
- 功放和音频系统。

- 视频系统。
- 导航系统。
- 电话和智能手机集成。
- 语音控制。
- 互联网接入。

······

这些设备通过和其他电子系统间的网络化通信，对车辆的其他功能产生附加价值，例如通过语音控制或基于可视化操作来提升行车中舒适性功能的用户体验⊖。

1.2.5　驾驶辅助系统

将上文所述的各种控制器互相连接⊖，则可以实现（高级）驾驶辅助相关的综合功能。这些功能包括但不限于：

- 具备距离预警的泊车辅助。
- 倒车影像辅助。
- 变道辅助。
- 车道偏离预警。
- 盲区监控。
- 具备行人检测功能的紧急制动辅助。
- 交通标志和交通信号灯识别。
- 远光灯辅助。
- 自动驾驶。

······

1.2.5.1　用户接口和设定值发生器

驾驶辅助系统较为复杂，车辆向驾驶员的反馈通常基于显示和声学界面来完成；而驾驶员则可利用相应的控制元件来开启和关闭部分辅助功能。

1.2.5.2　传感器和执行器

驾驶辅助系统的传感器包括摄像头、激光雷达以及（毫米波）雷达，用以记录车辆周围环境，可实现对车辆周边区域的全覆盖，如图 1.7 所示。

案例：自适应巡航控制

自适应巡航控制（Adaptive Cruise Control，ACC）系统是定速巡航的升级版。

⊖ 当前的多媒体子系统和部分车身系统的功能已经逐渐被合并为座舱子系统，原先分散的控制器功能被集成在智能座舱域控制器中。——译者注

⊖ 一些高级驾驶辅助功能还可通过控制器与路侧单元及云端设备间协同实现。——译者注

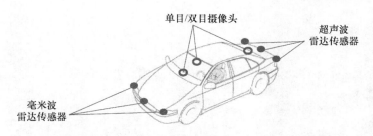

图 1.7　用于环境检测的雷达传感器、单目/双目摄像头[103]

它通常包含一个毫米波雷达传感器用以测量前方车辆的相对距离、相对速度和相对位置。ACC 控制器计算出与前方各车辆的相对位置，并通过加减速来控制车辆的纵向动态，使其与前方"关键"车辆保持恒定的安全距离。在控制过程中，ACC 系统还需向发动机控制器发送指令来改变发动机转矩，向变速器控制器发送指令来完成自动换档，向 ESP 控制器发送指令来改变制动力矩，如图 1.8 所示。

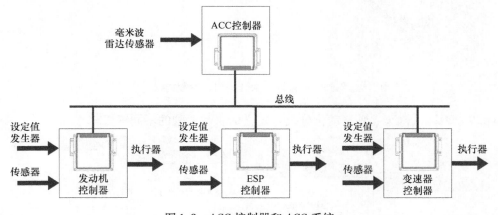

图 1.8　ACC 控制器和 ACC 系统

1.2.5.3　软件功能

驾驶辅助系统的软件功能非常广泛。各种摄像头、激光雷达、毫米波雷达传感器信号的融合对系统的计算能力和实时处理提出了很高的要求。它们与动力、底盘、车身及多媒体子系统存在大量接口。该系统的基本功能包括：

- 交通安全标志和信号灯识别。
- 高精度地图，包含车道标记、速度限制、交通信号灯和路基设施。
- 对检测到的物体（例如附近的车辆或行人）进行可靠分类。
- 厘米级别精确定位。
- 通过车道标记、路基和建筑物的边缘检测来精确定位[103,104]（图 1.9）。

从驾驶辅助系统到自动驾驶的过渡是分阶段进行的。图 1.10 展示了根据 GB/T

图 1.9　驾驶辅助系统（大陆集团，参考文献［104］）

40429—2021《汽车驾驶自动化分级》定义的自动驾驶的不同等级⊖。

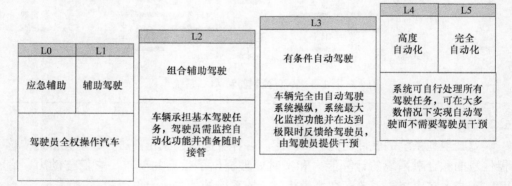

L0	L1	L2 组合辅助驾驶	L3 有条件自动驾驶	L4 高度自动化	L5 完全自动化
应急辅助	辅助驾驶				
驾驶员全权操作汽车		车辆承担基本驾驶任务，驾驶员需监控自动化功能并准备随时接管	车辆完全由自动驾驶系统操纵，系统最大化监控功能并在达到极限时反馈给驾驶员，由驾驶员提供干预	系统可自行处理所有驾驶任务，可在大多数情况下实现自动驾驶而不需要驾驶员干预	

图 1.10　自动驾驶等级划分（根据 GB/T 40429—2021《汽车驾驶自动化分级》）

1.2.5.4　安装空间

　　驾驶辅助系统包含激光雷达、毫米波雷达传感器以及摄像头，它们在空间上分

⊖　考虑到时效性和地域性法规要求，译者将原第 6 版中由 VDA/BASt 和 SAE 在 2015 年定义的自动驾驶等级替换为我国推荐性国标《汽车驾驶自动化分级》，后者对读者了解中国自动驾驶发展现状意义更大。——译者注

布于车辆各周边区域并各自负责一定范围内的环境监控。这种分布式传感器的互联，尤其是图像数据传输和处理，对所用总线系统的传输能力和计算能力都提出了极高要求。为此，车载以太网作为一种通信技术正被越来越多地应用在辅助系统中。

1.2.5.5 变体及可扩展性

通常情况下，购买车辆的顾客可以从一整套可供选择的驾驶辅助功能中选择若干项激活。

1.2.6 总结与展望

微控制器性能及其网络化程度的提升对汽车功能的电子化进程起到重要的助推作用。过去几十年来，每辆车的控制器及其中的功能数量都在稳步增加（图1.11）。未来车辆软件功能数量预计将进一步增加，其中不仅包含基于车联网的新功能，还包括原来至少部分由机械或液压系统实现的经典车辆功能，转由软件功能来实现。

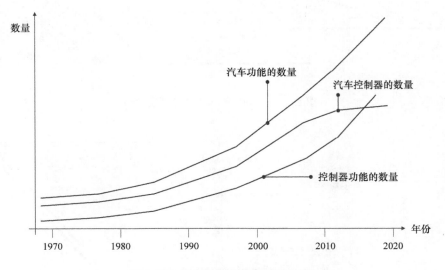

图1.11 汽车功能和控制器的变化

但控制器的数量演变趋势却有所不同。可以预见的是，各级别车辆对电子硬件资源的需求也会持续增加——豪华轿车首当其冲。然而，由此引发的成本增加以及小型车辆的安装空间限制都不允许控制器数量持续"野蛮"增长。因此控制器的数量预计将趋于减少，或至少不会进一步增加。目前由不同的控制器实现的软件功能未来可能被组合在一个控制器中，例如以空间相近的方式进行合并。这另一方面也说明了，未来每个控制器内的软件功能数量将继续增加。

1.3　逻辑系统架构概述

在引入电子技术之初，图 1.4 所示的控制器分布视图很常见。对于具有明确功能分配的高度自治的单个系统，该控制器视图本身也可作为系统的功能视图。

1.3.1　车辆功能和控制器网络

从上面的探讨可以清楚地了解到，单一维度的控制器分布视图在描绘当前分布联网式软件功能时已经不再适用。电子系统必须通过功能网络的抽象视图与车辆控制器的具体实现视图（图 1.12）相结合予以描述[10]。将两者分离描述也正是 AU-TOSAR[3]等软件规范的核心思想所在。对于整车而言，可以将功能划分至各子系统，如图 1.13 所示。

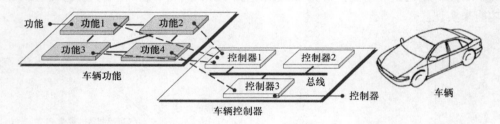

图 1.12　车辆功能网络和控制器网络

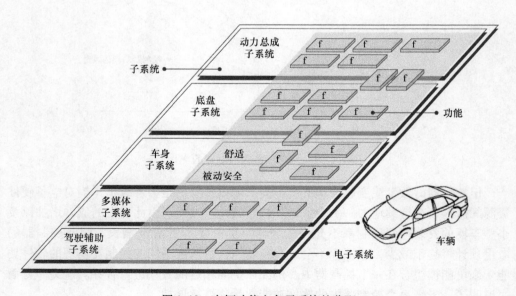

图 1.13　车辆功能向各子系统的分配

1.3.2　用于闭环、开环控制和监控系统的逻辑系统架构

这种抽象视图和具体视图的区别可以扩展到车辆、驾驶员和环境所组成系统的所有部分。在下文中，我们将抽象视图称为逻辑系统架构；将具体的可实现视图称为技术系统架构。为了区分，本书中用灰色表示逻辑系统架构，白色表示技术系统架构。例如，闭环控制、开环控制和监控系统的逻辑系统架构如图 1.14 所示，技术系统架构如图 1.2 所示。

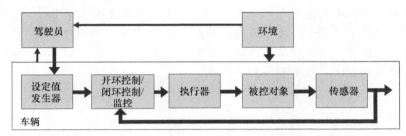

图 1.14　闭环控制、开环控制和监控系统的逻辑系统架构

1.4　车辆开发流程

随着车辆功能数量增加、网联化趋势、车辆可靠性/可用性/安全性要求的不断提高，以及变体和可扩展性的不断丰富，汽车研发的复杂性也在不断提升。为了驾驭复杂性，必须在开发过程中植入一套确定的程序。业界长期以来采用的思路是"**分而治之**"。

1.4.1　车辆开发概述

汽车的开发流程中，首先会将汽车分割成动力总成、底盘、车身、多媒体和驾驶辅助等子系统（图 1.13）。然后再进一步将各子系统划分为次级子系统和组件。主机厂和供应商会按照分工并行开发这些组件并测试，随后再将各子系统集成为上级系统并再次测试，如此递进最终集成为整车。

但这样做的前提不仅是明确子系统和零部件的开发分工，同时还要确保在零部件安装空间、车辆功能、生产等方面便于开展对系统的分区和集成合作。此外，汽车行业的一大特点是主机厂和供应商之间的跨公司合作开发，因此不同的分工还必须在主机厂和供应商之间明确分配。

同一款车辆存在不同变型又给开发流程增加了另一个维度。这意味着主机厂和供应商在所有系统级别上很可能要面对多项目并行开发的情况。

无论哪种合作维度，都需要合作双方针对各问题及其解决方案带给系统的影响

达成共识。同时，彼此在项目中的能力和责任也需定义清晰。这里向读者提供两种实践中常用的整体开发方法：从技术维度出发的机电一体化方法以及从项目组织管理维度出发的系统工程法，感兴趣的读者可分别阅读参考文献［11］和［12］。

除了上述维度，主机厂和供应商的合作还需考虑商务因素，尤其是产品追责和专利归属等法律问题。本书仅聚焦于技术维度，对此不做展开。

1.4.2 电子系统开发概述

车辆电子系统的开发与车辆开发类似。首先也需要将其划分为若干子系统，包括控制器（硬件和软件）、设定值发生器、传感器和执行器等（图 1.2），然后分工完成开发和测试，并逐步从局部集成至完整电子系统（图 1.15）。同样的，在处理划分和集成问题时，也会涉及跨子系统的合作。

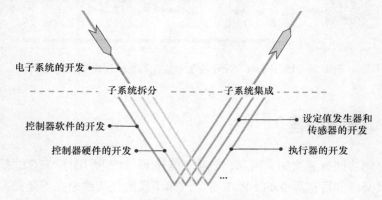

图 1.15　电子系统开发概述

电子系统的开发流程设计需要遵循两个原则。

首先，这一流程应该建立在久经检验的基本流程模型之上，例如"能力成熟度模型集成"（CMMI®）[14]、"软件过程改进和能力评定（SPICE）"⊖[15]、V 模型[16]或敏捷开发方法⊖[98]。

其次，该流程也应支持实现主流的汽车技术规范，如 AUTOSAR[3]、JAS-PAR[49]、OSEK[17]、ASAM[18]等。其中，AUTOSAR 表示汽车开放系统架构，JAS-PAR 代表日本汽车软件标准化组织，OSEK 代表汽车电子类开放系统和对应接口标准，ASAM 则代表自动化及测量系统标准化组织。

⊖　SPICE 模型在汽车中的应用称为"ASPICE"（Automotive Software Process Improvement and Capability Determination）。——译者注

⊖　从实践角度对上述四个概念进一步澄清。通常在一个汽车软件开发组织中，符合 ASPICE 的流程都可在符合 CMMI 的基础上继续深化其可追溯性的严苛程度而实现。而 V 模型（或瀑布模型）是一种通用的软件工程方法，而非标准，ASPICE 及 CMMI 流程均以 V 模型为核心理念。敏捷开发方法则强调开发效率，如经过精细流程设计，可与 CMMI/ASPICE 流程在同一项目中并存。——译者注

此外，还可在流程中穿插一些发展成熟的程序和方法用以提升开发效率和质量并降低开发成本，如仿真方法或快速原型方法等。

无论进行整车开发、电子系统开发还是软件开发，都会牵扯到开发者之间的大量交互。

1.4.2.1 从硬件到软件的转变

电子系统的发展总体上遵循由硬件解决方案向软件解决方案转变的趋势。

软件解决方案在实现电子系统功能方面具有天然优势。通过软件实现对子系统的闭环、开环控制或监控，可以使子系统在诸如自适应/自学习算法、安全性保障方法及诊断等各方面具有最高的设计自由度。这是其他技术载体，尤其是那些直接受安装空间和制造工艺影响的技术方案所无法企及的。

因此，用软件来实现汽车功能为主机厂和供应商都带来了巨大的潜在商机，有助于它们在激烈的行业生态竞争中脱颖而出。事实上，在其他工业领域我们也能发现类似的趋势。为呼应这一趋势，本书重点关注软件功能开发及汽车电子系统部件的集成。

与其他工业应用领域相比，车辆控制器的软件开发有着截然不同的要求和边界条件。理解这一点尤其重要，一个典型例子是撰写软件功能规格说明（specification）和实现软件功能之间的区别，前者的目标是尽早在最大范围内明确用于车辆运行的功能，而后者则需要考虑控制器的所有技术参数，并对照规格说明进行测试，同时还需考虑生产和售后服务的问题（例如支持售后软件诊断和刷新的功能等）。

1.4.2.2 成本

考虑到汽车规模化生产的特点，单车成本主体上取决于单车的零部件成本。因此整车的价格压力最终会传递到零部件的成本节降上。这意味着车企会对控制器内存空间⊖和算力严格限制，进而要求软件开发者必须考虑到代码的执行效率优化，比如用整数型算法来实现功能。

1.4.2.3 产品生命周期

通常车辆的研发时长在3年左右，从批产到停产持续约7年，在最后一辆车下线后仍需继续15年左右的运营和售后服务。因此一款车的生命周期可长达25年（图1.16）。

然而对于电子零部件，其技术的迭代速度远高于整车产品的生命周期。这为零部件的售后配件供应带来了极大挑战，通常需要在开发阶段就将售后运维因素纳入考量。同样，电子零部件的快速迭代也会影响到软件架构设计，车企为了让软件功能维系持久的生命力，就必须使软件和不同的硬件兼容。这一诉求推动了软件架构

⊖ 尽管软件开发者会考虑到内存的限制，但其并非主要制约因素。即使是当前具备最高数据和程序存储要求的豪华电动车型，其内存占整车BOM成本也仅为1%，常规的代码优化对整车成本的降低作用暂时十分有限。针对代码优化以降低内存的方法，详见本书5.4节。——译者注

的标准化，也引发了业界对软硬件解耦这一话题的关注。

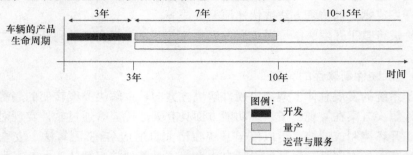

图 1.16　车辆的产品生命周期

与硬件相比，软件的迭代周期更短。将软件刷新技术与控制器网络化技术相结合，即可完成现场（通过车辆 OBD 端口）或远程（OTA）程序刷新，从而避免了更换控制器的极高成本。更短的迭代周期也意味着在软件开发时必须要考虑到车辆全生命周期相当长时间内的维护工作⊖。

1.4.2.4　安全要求

与机械或电信等其他行业相比，车辆功能对安全性的要求极高。这是因为在车辆出现事故时，人类（驾驶员和乘员）位于事故发生区域内的概率为 100%，导致人员伤害的概率更高；而在一般机械工程领域，如果采取适当的阻隔措施或安全装置，即可持续保障人员远离事故发生地。

基本的安全注意事项在 ISO 26262[64] 或 IEC 61508[20] 等标准和 ECE 法规[21,22] 中已有明确规定。如今在乘用车领域，具备基础的功能安全保证已经成为车辆获批上路的前提条件。

电子系统和软件功能对车辆安全的影响在不断增加，从行驶情况分析（如车速显示）、情景评估（如结冰警告）、行动建议（如导航），再到行动执行（如加速或制动干预）几乎无所不包，甚至还涉及主动的驾驶干预（如主动转向）。

因此，功能安全分析以及安全概念设计已成为功能及软件开发的必需环节。但凡有较高的安全要求，就必须采取故障识别和故障响应措施。而系统冗余设计是故障识别和响应的最有效措施之一。因此我们可以认为，对功能安全的高要求加速了汽车分布联网式系统的演变。

此外，高安全性也对开发流程和工具提出了特殊的要求，包括开发流程、开发工具、标准化软件组件（例如适用于高功能安全等级的经典 AUTOSAR 操作系统）等。

⊖　通常对软件功能的更新和缺陷修复将一直持续到车辆停产。除软件的兼容性挑战外，主机厂和供应商面临的两个最常见的现实问题是研发工具链的淘汰以及研发经验的传承。因此在软件开发之初选择工具时即需考虑到全生命周期的可维护性，同时也需做好版本变更管理和技术资料的传承。——译者注

1.4.3　电子系统和软件开发的核心流程

由于如上所述的车辆、电子系统和软件开发之间存在大量的相互影响，我们需要建立一套可衔接各环节的开发流程，以涵盖从用户需求分析到电子系统验收测试的所有步骤。

汽车工业中通常采用 V 模型来表述开发流程[16]。V 模型对系统视图和部件视图做了区分，同时融入了质量措施，它兼顾了汽车电子系统开发的各类要求，因此被广泛应用。本书也将遵循该流程定义的开发顺序展开介绍。

V 模型因开发流程符合"V"字形而得名。事实上，在项目管理、系统、软件开发之间的接口都可以用 V 模型来表示。图 1.17 展示了这一流程的全貌，我们将在第 4 章详细讨论，接着在第 5 章介绍相应的开发方法和工具。

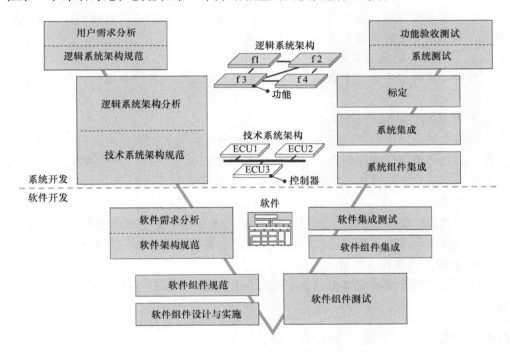

图 1.17　电子系统和软件开发核心流程概述

V 模型的核心流程包含如下步骤：

- **分析用户需求并确定逻辑系统架构**

该步骤的目标是基于用户需求制定逻辑系统架构，包括整车或子系统的功能网络、功能接口和功能间通信。在这一阶段，开发者不需对技术如何实现做出任何决策。

- **分析逻辑系统架构并确定技术系统架构**

逻辑系统架构是制定具体技术系统架构规格说明的基础。这种基于统一的逻辑系统架构分析备选技术实施方案的方法在相关学科领域中十分常见。技术系统架构定义了哪些功能或子功能需要由软件实现，由此形成软件需求。

- **分析软件需求并确定软件架构**

在该阶段，工程师会对上一步分解出的软件需求进行分析，并形成软件架构规格说明。其中定义了软件系统的边界和接口、所包含的软件组件、层级和运行状态。

- **确定软件组件**

在该阶段，工程师将确定软件组件的规格说明。这一过程通常建立在理想化假设基础上，不会确定软件实施中的具体细节（例如是否采用整数型运算等）。

- **软件组件的设计、实施和测试**

上一步中的理想化假设将在这里细化，软件详细开发中的所有细节都需在此时确定，从而指导完成软件组件的开发和测试。

- **软件组件的集成和集成测试**

在所有软件组件并行完成开发和测试后，将集成为完整软件系统，并进行集成测试。

- **系统组件的集成和集成测试**

通过上述测试的软件系统将嵌入控制器硬件，保障控制器正常运行。接着将控制器与其他部件集成为完整的电子系统，包括设定值发生器、传感器和执行器等，并开展系统集成测试评估系统和被控对象之间的相互作用。

- **标定**

控制器软件功能的标定目标是设置参数，通常每款车型变体都需单独进行标定。参数值在软件中以特征值、特征曲线和综合特性曲线的形式存在。

- **系统测试和验收测试**

最后，对照逻辑系统架构完整测试整个系统功能，同时还需根据用户需求进行验收测试。

1.4.4 电子系统和软件开发的支持流程

上述核心流程在执行过程中，需要一些支持性流程的紧密配合，例如需求的系统性记录、缺陷信息记录、变更请求、执行进度的规划和跟踪、版本管理等。

我们将这些支持流程归纳为需求管理、配置管理、项目管理、供应商管理以及质量保证五个部分，这部分内容将在第 3 章详细阐述。

此外，开发过程中还必须保证开发步骤的一致性、维护良好的客户与供应商关系、保证过程节点的按期完成、确保并行开发以及前后步骤之间的同步等。与商业流程类似，开发流程也可通过清晰的图示法展现（图 1.18）。

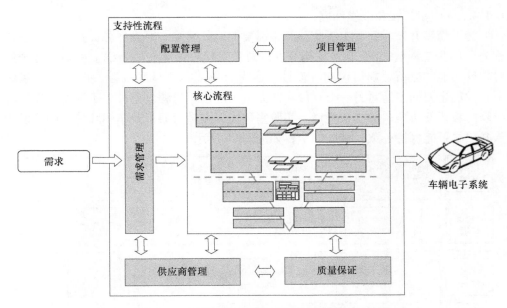

图 1.18 电子系统和软件开发的支持流程概览

1.4.4.1 客户与供应商的关系

图 1.19[13]介绍了客户与供应商的合作流程。除流程保障外，高效的合作还需要双方在方法和工具层面的紧密适配。

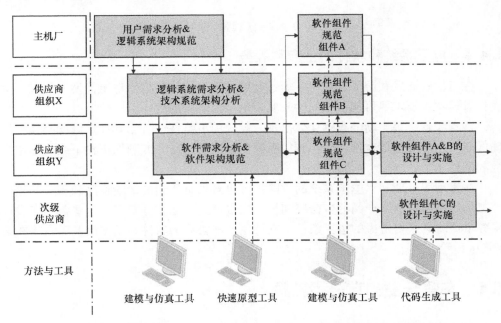

图 1.19 客户与供应商关系的图形化流程（IBM 国际技术支持组织，参考文献［13］）

1. 4. 4. 2　同步工程和开发环境

　　为了缩短开发时间，工程团队经常需要同时处理多个开发任务，这一现象也被称为"同步工程"。对于软件功能开发，同步工程意味着在一条线上将串行地开展对软件功能的分析、规格说明、设计、实施、集成、测试和校验，而在另一条线上，我们还要同步地对另一个软件功能完成上述串行过程。另外，不同的开发环境必须能够相互协调，即模拟环境、实验室环境、测试台架以及车辆环境上的开发步骤必须尽可能保持一致并彼此同步，如图 1.20 所示。

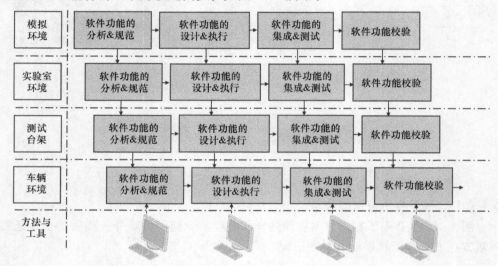

图 1. 20　同步工程和开发环境

1. 4. 5　电子系统和软件的生产和服务

　　在车辆的研发和服务过程中，通过软件实现变体往往比硬件更简便，因此车辆设计者通常被要求尽可能使用软件来实现电子系统中的变体。

　　这意味着，每当新的车辆变体出现，软件的更新往往首当其冲。因此必须能够确保变体软件或变更软件在生产和售后服务期间的刷新，或确保车辆下线时标定参数的刷新。

　　在售后服务期间，电子系统的故障排查也必须有适当的诊断程序和相应的接口及工具做支持。汽车产品的生命周期长、数量庞大、地域分布广，这些都是在设计服务事项时必须要考虑的边界条件。支持生产和售后的软件开发方法及工具将在第 6 章中讨论。

1. 5　车辆开发的方法和工具

　　在开发过程中所使用的一些方法如果能借助工具来实现，将有助于提高开发质量、降低交付风险及成本。因此，不同工具之间的互动就显得尤为重要。下面我们将介绍几种潜在的方案，并阐明它们对质量、风险和成本这三个成功关键因素的影响。

一个理想的 V 模型通常建立在如下假设的基础上：首先，开发者在一开始就几乎完全捕捉并分析用户需求，从而推导出足够精准的技术系统架构规格说明；其次，集成工作是按照层级串行展开的。

然而实践中上述假设通常无法满足。针对第一点，在立项之初难以明确所有需求，通常在开发过程中还会反复迭代。最初版的需求规格说明只能反映系统的粗略概念，必须在开发过程中逐步确定细节。针对第二点，在集成时任何组件的延误都会导致集成和所有后续步骤的延误。这一情况在跨公司的开发合作中尤其常见，集成和测试则经常会受到相邻组件未开发完成、不一致、未同步更新等因素的影响而延期。因此，实际开发过程更多采用增量和迭代的方式，反复迭代 V 模型的某些步骤，甚至全过程，直到完成开发。

有很多能支持整个软件功能开发过程的方法或工具可用于早期验证。这些方法有助于工程师在实验室、测试台架、实车环境下尽早确认需求、详细设计以及可以复用的组件。

1.5.1　基于模型的开发

在汽车软件开发中，经常涉及跨领域的合作，例如动力总成、底盘和电子部件之间的开发合作。这就需要不同领域的开发者对问题和解决方案形成某种基础共识，比如在设计车辆开闭环控制时，必须综合考虑可靠性、安全性以及软件在嵌入式系统中运行时遇到的各种挑战。

基础共识可通过一种图形式功能模型来表达——利用带有符号的模型（例如框图和状态机）建立软件需求规格说明。这种模型化方法可以兼容汽车软件系统中的所有组件，正在逐渐取代文本描述式的软件规范。

除了有利于对问题和解决方案形成共识外，基于模型的软件开发还具有另一项优势——如果基于模型的规格说明是正式且明确的，那么在建模完成后就可以直接在计算机中模拟，并通过快速原型方法尽早完成硬件在环验证。得益于对研发效率带来的益处，"数字化规格说明"已经被广泛使用。

另外，通过采用自动代码生成方法，可以将指定的功能模型映射到控制器的软件组件上。为此，功能模型还需包含一些设计信息，甚至一些必要的非功能属性，如代码优化措施等。

控制器环境可以用所谓的实验室车辆来模拟。这样有助于在实验室中对控制器进行早期测试。与基于实物的台架测试及道路测试相比，这样做可以提高测试用例的灵活性和可复用性。

与之相对的，软件功能的标定通常直到开发流程的后期才能完成，因此可在工程样车上直接开展，辅以合适的程序和工具支持。

图 1.21 中展示了基于模型的软件功能开发方法的步骤[26]。

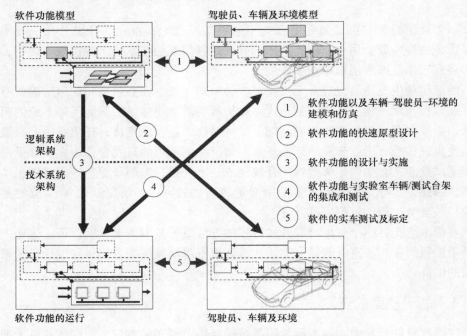

图 1.21　基于模型的软件功能开发流程概览

车辆功能和控制器网络的开发也可应用模型化的开发方法来获得更高的灵活性，比如：

- 模型化/虚拟化功能和已实现功能间的组合。
- 模型化/虚拟化技术组件和已实现技术组件的组合。

1.5.2　综合质量保证

软件的系统设计始终以高质量为目标。所谓的质量，其特征包括功能性、可靠性、可用性、效益性、可变性和可移植性等。

质量保证包括能够确保产品满足其需求的所有措施。如果质保准则和质检措施设置得当，质量就将"内嵌"在产品中，与产品形成有机的整体。

1.5.2.1　质量保证准则

质量保证包含了一系列"预防性"措施，例如：

- 使用经过足够培训、具备相关技能和经验的研发人员。
- 使用适当的、被规范定义的开发流程。
- 采用准则、措施和标准来支持该流程。
- 采用适当的工具环境来支持该流程。

- 将涉及手工操作和易出错的工作环节自动化。

1.5.2.2 质量检验、确认和验证方法

质量检验包括能够发现缺陷的所有措施。在开发流程中的每一步完成后都需对软件进行质量检验。因此，它代表着贯穿开发全周期的一系列活动。

对于软件来说，缺陷一般分为两类：

- 规格说明错误。
- 设计和实施错误。

研究表明，"规格说明错误"在大多数开发项目中数量更多。为此，在 V 模型中将质量检验分为确认和验证两个步骤。

质量确认与质量验证的区别如下：

- 质量确认（validation）是评估系统或组件是否符合其预期用途或用户期望的过程。通俗地说，功能确认就是检查规范是否满足用户的要求、某项功能能否通过用户验收等。
- 质量验证（verification）则是评估系统或组件在某开发阶段的结果是否符合其规格说明中条例的过程。通俗地说，软件验证是检查一个开发执行过程是否符合相关规范。

使用经典方法进行软件开发、集成和质量检验时，验证和确认过程往往难以被明确区分，这将阻碍高效且有针对性的质量检验的开展。为此，开发中常会加入快速原型设计工具，利用独立于控制器的实验环境进行早期功能确认。图 1.22 显示了使用仿真、快速原型和代码生成工具时常见的确认和验证步骤。

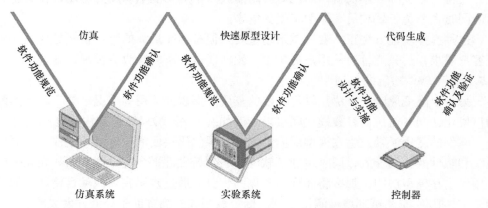

图 1.22 使用仿真、快速原型和代码生成进行的功能确认和软件验证

1.5.3 降低开发风险

风险一旦发生会严重阻碍项目进展。我们可以利用很多处理方法将功能开发中的风险降至最低。而如下的两种措施显得格外重要。

1.5.3.1　软件功能的早期确认

通过仿真或快速原型设计可以对软件功能进行早期确认，这一手段对降低开发风险起到决定性贡献。首先将车辆功能成功确认，再在控制器环境下执行软件，由此可以减少软件开发中的迭代。确认后的功能模型通过工具自动生成代码，一方面可以为软件设计和实施提供规格说明，另一方面也可以作为后续软件验证的参考。

软件功能的早期确认通常可使用以下两种方法：

- 正式的规格说明及建模。
- 仿真和快速原型。

早期的功能确认无须使用实车环境，仅需实验室内的集成和测试系统即可支持。其中一种方法是利用上文提到的虚拟车辆实验室。

同时，早期的功能确认还必须考虑到普遍存在的跨公司开发、集成和测试任务的限制。例如，主机厂用于测试的原型车通常数量有限，而零部件供应商的测试环境则更多的是针对其所交付的部件，并不能反映最完整、最新的车辆环境等。这些因素可能会限制一些测试步骤的开展。

组件集成是所有组件开发的同步点。只有在所有组件都就位后，才能将其集成并进行集成测试、系统测试和验收测试。个别组件的延迟会导致集成工作的延迟，从而影响到后续的所有测试步骤。

对控制器而言，只有当车辆系统的所有组件——控制器、设定值发生器、传感器、执行器都准备就绪后，才可以进行系统软件的测试。而使用实验室虚拟车辆环境，使得在车辆部件还没就绪前就对控制器进行早期功能确认成为可能，在节省时间的同时也避免了驾驶员和原型车受到危害。

这种虚拟验证方法正在变得越来越重要。但是功能最终的验证目标是要确保满足客户需求，这只能日后从用户的角度出发，通过实车的验收测试来保证。

1.5.3.2　软件功能的复用

另一个降低风险的方法是软件功能的复用。而软件复用的前提是整个软件系统的模块化，同时需协商好各模块间接口，例如基于 AUTOSAR 标准构建接口规范。

软件的复用通常发生在模型层面。因为在源代码层面的软件复用往往会阻碍新系统和软件架构的导入，同时增加了软件移植到新硬件平台的难度。而如果软件的复用发生在模型层面，那么将体现出明显的优势。通过复用在其他项目验证过的功能[⊖]、虚拟/实车测试环境、测试案例、标定数据等，都有助于降低开发风险。

1.5.4　标准化与自动化

在功能开发中使用标准化和自动化理念将有助于节约成本，提高质量。

⊖　软件功能模块在一个项目上的测试结论通常难以覆盖其在另一个车辆配置或环境下的适用性。因此在实际操作中，在新项目中被复用的模块仍需要耗费精力进行重新测试。——译者注

1.5.4.1 标准化

在 ASAM[18]、AUTOSAR[3] 和 ISO[24,25] 中，给出了对测量、标定、刷新以及诊断工具描述格式的标准化定义。这些标准已被汽车行业接受并广泛使用。图 1.23 概述了工具和接口标准 ASAM – MCD 1/2/3 的结构。

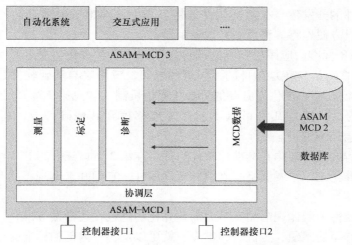

图 1.23　面向 ASAM 标准和工具的架构

而在控制单元中，微控制器的软件架构也已经形成了标准化方法。在 AUTO-SAR[3] 和 JASPAR[49] 标准中，将软件功能区分为所谓的应用层软件和基础软件，如图 1.24 所示。

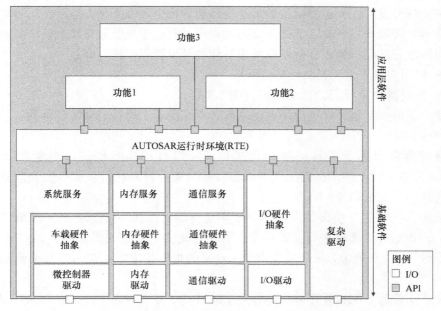

图 1.24　微控制器软件架构（基于 AUTOSAR 规范[3]）

基础软件通常难以标准化，因为需要基于硬件开发，即依赖于控制单元中的微控制器和其他硬件。但基础软件的接口基本上是独立于硬件的，并且也已经标准化。在 AUTOSAR 中还将基础软件进行了横向和纵向的划分，以进一步降低复杂度（图 1.24）。

应用软件的开发建立在基础软件的接口之上，理想情况下它们完全独立于硬件。因此可以方便地将其移植到其他控制器上。

AUTOSAR 标准为应用层和基础软件之间加入了额外的连接，即 AUTOSAR 运行时环境（RTE）。应用层软件的不同组件之间、应用层与基础软件之间的通信都通过 RTE 进行。RTE 提供了必要的标准化通信机制（详见第 2 章）。这种架构的优点是，应用层软件组件几乎可以不加修改地移植到其他硬件上，而只需要改变 RTE 内部的通信流即可。

微控制器的软件架构和标准化软件组件将在第 2 章详细介绍。

上述标准化工作主要围绕基础软件组件展开，它们并未体现不同产品间的差异化（图 1.24）[27,28]。

而应用软件中能体现产品竞争力的差异化功能也在逐渐被标准化。一旦明确了责任和版权方面的问题，主机厂和供应商就可以从各自内部的标准化中获益，例如建立通用性功能库等。对于主机厂，这意味着它们可以使用来自不同供应商的软件功能组合；对于供应商，它们可以向不同的主机厂提供相同的软件功能而无须进行额外适配。

1.5.4.2　自动化

在软件开发中，一些容易出错的常规步骤存在重复性工作，通过使用自动化方法可以有效降低研发成本、节约研发时间，同时有助于提升软件质量。

有两项自动化措施正在被越来越多的软件开发组织使用，即：

- 使用快速原型工具制作功能样机。
- 控制器中 C 代码的自动生成（图 1.22）。

此外，虚拟车辆环境的应用也使之前必须在实车上进行的测试转移到实验室中自动完成。

通过测量和标定工具的自动化接口，可以自动执行标定、测量和测试任务[29]。原本非常复杂的标定工作可以在实验台架上自动执行。业界也为此制定了相应的标准，如 ASAM – MCD 3。

然而，要想在 V 模型"右分支"中实现自动化，就必须要求在 V 模型"左分支"——即设计阶段就进行提前考虑。我们称之为"可测试性设计"或"面向试验的设计"，这一理念为未来研发自动化水平的提升带来巨大潜力，目前仍处于发展初期[30,31]。

在版本管理、配置管理和变体管理中的常规任务也容易出错。我们在其相应的管理工具中也可以设计相应的接口来实现自动化。

1.5.5　车辆开发步骤

相比于其他行业，汽车的开发步骤具有特殊性。出于保密等因素，通常情况下不可能把开发工具与基础设施（例如公共网络）相连接，这对同步工程中所使用的开发方法提出了较高的要求，尤其体现在对开发结果的管理和数据存储方面。

另外，车辆测试和标定所用的技术必须确保测量工具可承受恶劣的工作条件，例如极端温度、湿度、电磁兼容性、不稳定的电压供给、频繁的振动及狭小的安装空间限制等。同时，测量工具的用户接口还必须符合开发人员的使用习惯。

为了能够充分验证由电子控制器、设定值发生器、传感器和执行器组成的车载系统所代表的车辆功能，测量工具必须比量产控制器上的传感器具有更高的性能等级。特别是为了及时采集控制器内部信号，必须要求测量工具能够以较高的速率来传输数据。

第 2 章　基 础 知 识

汽车电子系统的软件开发涉及多工程学科的综合应用，诸如机械工程、电气工程、电子工程等学科以软件功能为媒介，彼此产生相互作用。因此，电控系统开发通常需要来自不同专业背景的人员合作完成，这就需要大家对于一些基础问题及解决方案具备共识。

对软件各子系统有重要影响的相关学科知识，主要涉及开环及闭环控制系统开发、离散嵌入式实时系统开发，分布联网式系统开发、可靠性及安全相关系统开发、产品线管理等内容。了解这些知识将有助于我们掌握一个典型微控制器中不同软件组件的工作原理及相互作用（图 1.22）。

需要说明，撰写本章的目的不是对汽车软件涉及的各领域进行深入全面的讨论，而是对一些贯穿本书的技术术语的定义及基本原理做必要说明，以便于读者理解。

本章所介绍的子系统学科在一定程度上存在相互关联。我们以"前述学科尽量避免对后述学科的引用和参考"为原则为其排定"出场顺序"，因此介绍次序与各学科本身的重要程度无关。

2.1　开环及闭环控制

开环控制或闭环控制特性广泛存在于车辆动力总成域、底盘域和车身域的许多整车功能中。因此，了解开环控制和闭环控制相关的方法及概念术语是整车功能设计的基础。

2.1.1　控制系统建模

开环及闭环设计方法最初是从已实现的技术应用中抽象出来的，这一抽象化过程叫作"建模"。这里需要区分两个概念，一个是用于实现开环闭环控制的装置建模，我们称之为开环/闭环模型；另一个则是被开环/闭环控制的系统，我们称之为被控模型。

本书为简化描述，在参考汽车行业使用术语基础上，将开环控制及闭环控制所使用的控制装置统一称为控制器[⊖]。

开环及闭环控制的方案设计与被控对象本身无关。真正对开环/闭环控制器设计起决定性因素的是被控对象的静态及动态特性。而被控对象涉及的物理参数（如温度、电压、压力、力矩、功率、转速等）以及这些物理参数的技术实现是开环及闭环控制器设计时考虑的次要因素。

通过建模这一抽象方式，开环控制和闭环控制发展成了独立的工程学科。该工程学科试图识别技术上完全不同的系统所具备的共性特征，并以此为基础开发普适性的开环和闭环控制设计方法。目前，控制学科已发展成为多工程学科的交叉领域。

2.1.2 控制模型方块图

通常情况下，开闭环控制建模可通过方块图（blockdiagram）来形象化表示。方块图表征了参与控制的各系统组件间的传递函数特性以及信号流关系。一个简化版的车辆功能开环及闭环控制逻辑方块图如图 2.1 所示。

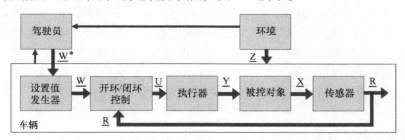

图 2.1 车辆功能开环及闭环控制的逻辑方块图

基于图 2.1，我们可以了解开环控制及闭环控制相关的重要概念：

闭环控制过程中，系统不断获取被控对象的实际值 $\underline{X}$，并与目标值 $\underline{W}$ 进行比较，通过结果比较使实际值不断向目标值逼近。该作用链路是一种闭环的状态。即使在有扰动 $\underline{Z}$ 影响下，闭环控制也可实现实际值 $\underline{X}$ 相对给定目标值 $\underline{W}$ 的跟随[32]。

与之对应的是开环控制。**开环控制**过程中，作为输入参数的一个或多个变量会对输出参数产生影响，影响的方式由系统自身特性决定。开环控制的特征是作用链路由单独的传递函数或控制环路产生，且该作用链路是开环无反馈状态[32]。

在方块图中，开环及闭环控制通过功能块的传递函数来描述系统中的组件，通过功能块间的连线表征信号流。一般情况下，车辆所涉及系统都是多变量系统，所以信号都由向量形式给出。所给出的信号描述如下：

⊖ 在本书中所指的控制器可被理解为具备微控制器、可实现计算和逻辑控制功能的硬件装置。目前随着整车电子电气架构的多样化，在智能传感器中也会集成微控制器并实现计算和逻辑控制功能，在本书中将智能传感器的计算功能也拆分至"控制器"中统一讨论。——译者注

- 测量值或返回值　　　　　　　　　$\underline{R}$
- 开环控制或闭环控制输出值　　　　$\underline{U}$
- 控制协调目标值　　　　　　　　　$\underline{W}$
- 驾驶员原始需求目标值　　　　　　$\underline{W}^*$
- 开环控制或闭环控制的实际值　　　$\underline{X}$
- 控制量　　　　　　　　　　　　　$\underline{Y}$
- 扰动值　　　　　　　　　　　　　$\underline{Z}$

开环控制和闭环控制系统由功能块（block）组成，典型的功能块包括执行器模块、被控对象模块、设定值发生模块、传感器反馈模块、驾驶员模块以及环境模块等。驾驶员可以通过目标值的设定对开环或闭环控制产生影响。用来收集驾驶员需求的组件统称为设定值发生器，例如车上各类开关或加速踏板。与之对应的是传感器，用来收集被控对象的相关信号。

一般情况下，控制目标值 $\mathbf{W}$ 来源于系统用户的直接设定或上层系统输入。这种层级系统架构在控制领域有着广泛的应用场景。

开环/闭环控制模型是技术实现的抽象描述。该类模型也适用于电控系统中开环/闭环软件功能的建模，并且还可以描述设定值发生器、传感器、执行器与车辆零部件及其他电控系统间的交互。而方块图因为通用性方面的优势，则被广泛作为车辆电控软件控制建模的图示表达法。这种图示模型尽管可能导致软件的重要特性细节被忽略，但它在一套完整的开发过程中仍能起到承上启下的作用。

案例：PI 控制器方块图

方块图模型也可用来描述控制系统中的功能块（block），例如用于控制器的描述。图 2.2 的控制器方块图模型由两部分组成，其中一部分具有比例特性，也称为 P 项；另外一部分具有积分特性，称为 I 项。此类控制器被称为 PI 控制器。

对控制器而言，其一般特性是输入值 $\underline{W}$ 和 $\underline{R}$ 的比较和校准。在 PI 控制器中，该比较通常基于两个输入值的差值来实现——即计算目标值 $\underline{W}$ 和实际值 $\underline{R}$ 的差值。该计算的差值称为控制偏差，PI 控制器的实现原理如下：

P 部分特性

$$X_{\text{out}}(t) = k_P X_{\text{in}}(t) \tag{2.1}$$

I 部分特性

$$X_{\text{out}}(t) = \int k_I X_{\text{in}}(t)\,\mathrm{d}t \tag{2.2}$$

式中，k_P 为 P 项的增益系数，k_I 为 I 项的增益系数。两项的输出相加得到了该 PI 控制器的控制输出值 U。该 PI 控制器的传递函数为

$$U(t) = k_P\big[W(t) - R(t)\big] + \int k_I\big[W(t) - R(t)\big]\mathrm{d}t \tag{2.3}$$

对于方块图模型中的任意功能块均存在外部及内部视图，如图 2.2 所示（以

PI 控制器为例）。

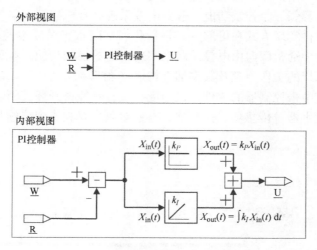

外部视图

内部视图

图 2.2 PI 控制器的方块图模型

由控制闭环中各功能模块组成的控制模型是系统分析、规范定义、设计、实施及测试的基础。如果对控制系统的建模、分析以及开发流程感兴趣，可以进一步参考文献［33－36］。

开环或闭环控制的控制效果一方面取决于控制算法本身，另一方面也和控制参数的优化密切相关。开环控制或闭环控制相关的控制参数统称为设定参数（parameter set）。除了诸如 PI 控制器中的 k_P 和 k_I 等标量外，设定参数通常还可以通过查找特征表的方式实现，常见的特征表包括特征曲线或特征图。

案例：点火角参数特征图

以发动机控制器中的点火角控制功能为例（图 2.3）。在当前发动机工况点下，即发动机转速及负荷（相对进气量）已知条件下，可通过点火角特征图中的二维表查找到响应的点火角数值，从而实现最好的油耗及排放表现。

不同发动机具有不同点火角特征图。因此，需要在研发阶段即确认不同工况下的最优点火角数值并填入特征图中。

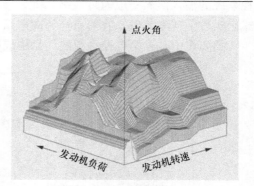

图 2.3 发动机控制器中的
点火角参数特征图[4]

如前文所述，从控制角度看，控制功能的具体技术实现方式（如通过机械系统、液压系统、电气系统或电子系统实现）本身并不重要。仅以上文所述的 PI 控制器举例，无论采用机械、液压、电气或电子的方式实现，控制方法都是相同的。当前，在车辆工程领域，控制功能一般由电控系统结合机械型、电气型或液压型零部件来实现。这种实现方式在可靠性、轻量化、空间布置及成本控制上具有优势。因此，实际应用中通常倾向由电控系统来实现指定的控制功能。本章以下内容将进一步研究电控系统的工作原理及其零部件构成（图2.4）。

从电控系统中微控制器的软件开发角度出发，一般将开环或闭环模型称为**功能模型**，设定值发生器、传感器、执行器、被控对象、驾驶员则统称为**环境模型**。

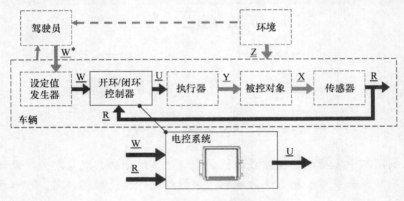

图 2.4　电控系统的控制功能

2.2　离散系统

机械、电气或液压零部件的物理特性一般是连续的，具有模拟量的特征。而电控系统的输入信号一般通过数字式微处理器处理，因此控制功能必须通过离散的形式来实现。在本节中，我们将介绍离散系统的基本概念及基础知识。

图2.5中是一个电控系统的简易构成图。首先在控制器的输入级会对设定值发

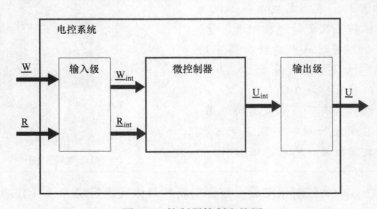

图 2.5　控制器控制方块图

生器输出的目标值$\underline{W}$及传感器采样的实际值$\underline{R}$进行预处理，得到$\underline{W}_{int}$及$\underline{R}_{int}$，后者将在微控制器中经过进一步处理，得到内部输出量$\underline{U}_{int}$，再由输出级进行处理，转化为外部执行器可用的形式$\underline{U}$。一般情况下，输入级会进行信号调节处理，输出级则进行信号放大处理。对软件开发而言，微控制器使用的内部信号更为重要。为简化书写，后文不再对内部及外部信号做区分，如无特殊说明，$\underline{W}$、$\underline{R}$ 和 $\underline{U}$ 均表征内部信号。

2.2.1　时间离散系统及信号

在模拟信号系统中，所有信号出现的相对时间都是连续的。因此，对于信号X，其在给定时间观察窗口内的任意时间点 t 上均有一个唯一的状态 $X(t)$ 与之对应（图 2.6a）。将此类信号称为**时间连续、数值连续信号**。

如果存在图 2.6b 中所示的信号 $X(t)$，其仅在特定的时间点 $t_1,t_2,t_3,\cdots$ 下进行测量或者进行采样。那么就会出现**时间离散、数值连续的信号**（采样信号），可通过如下集合表示：

$$X(t_k) = \{X(t_1),X(t_2),X(t_3),\cdots\} \tag{2.4}$$

式中， $k = 1,2,3,\cdots$。

时间间隔 $\mathrm{d}T_k = t_k - t_{k-1}$，也被称为采样频率。采样频率在采样过程中可以是固定的，也可以是变化的。

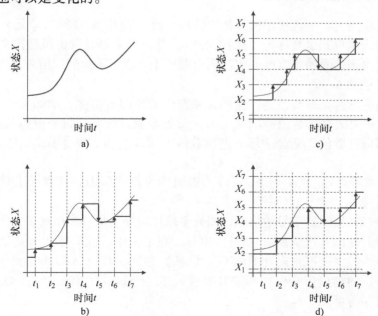

图 2.6　连续信号的不同采样形式

a）时间及数值连续　b）时间离散、数值连续　c）时间连续、数值离散　d）时间及数值离散

案例：发动机控制器中的采样频率

发动机控制器运行着一系列子模块功能。这些功能通过传感器获取发动机的运行状态及驾驶员的驾驶意图，并输出可控制发动机相关执行器运行的指令。

点火及喷油是发动机控制器的两个基础功能。这两项功能都要求在曲轴同步时刻对执行器（例如喷油器电磁阀）进行控制。发动机转速变化时，喷油及点火的采样频率也会发生变化。

还有一些功能则通过固定采样频率实现，例如根据加速踏板行程信号获取驾驶员踏板信息，并基于此解析驾驶员意图。

在离散系统中，采样频率 dT 是一个非常重要的设计指标。该采样频率通常由控制器或被控对象的动态特性决定。设计时我们可以参考经验公式，将频率值设定在被控对象所具有的最小时间常数的 1/10 到 1/6 区间内[34]。离散系统的控制效果在很大程度上取决于采样频率。通常而言，一个控制器需要处理多种采样频率各不相同的功能，上述的发动机控制器系统就是个典型例子。

在一个系统中，只要出现了一个时间离散信号，我们就将该系统称为时间离散系统。在微控制器中，离散主要体现在对输入信号的时间离散采样。

2.2.2 数值离散系统及信号

在工程应用上，一般使用模拟数字转换单元（简称 A/D 转换单元）采集输入信号，这种采集单元也被称为"采样元件"。受限于采样元件的位数限制，实际应用中一般会出现信号的精度丢失或数值离散现象，这时采集到的信号即被称为**数字离散信号**（图 2.6c）。

精度丢失通常是非线性的。这种现象产生的原因有很多，例如采样受到了 A/D 转换单元中可表达的数值范围 X_{min} 与 X_{max} 的限制。因此，每个模拟量状态 $X(t)$ 可以通过离散的数值 X_i 近似表示。离散数值 X_i 可通过如下集合形式描述：

$$\{X_1, X_2, X_3, \cdots, X_n\} \tag{2.5}$$

式中，$X_{min} \leqslant X_i \leqslant X_{max}$；$X(t) - X_i(t)$ 的差值称为量化误差，它表征了数值离散带来的精度丢失。

同样的，在控制器信号输出端，即数字模拟转换上也有类似现象。大多数情况下，控制器会输出脉宽调制（PWM）信号。在下文中，我们将所有离散形式的输出信号统称为数字模拟转换（简称 D/A 转换）单元。在 D/A 转换单元中，一个运算周期中给定的输出值会保持不变直到进入下一个运算周期。因此，D/A 转换单元也称之为保持单元[34]。

2.2.3 时间离散且数值离散系统及信号

时间离散或数值离散现象同时出现在某一信号上时，我们称之为**时间离散且数**

值离散信号（图 2.6d）。当系统中至少存在一个时间离散且数值离散信号时，该系统称为时间离散且数值离散系统，或数字系统。

控制器中参与微控制器计算的输入信号均为时间离散且数值离散信号，这些输入信号会在特定程序中被处理。在闭环回路或开环链路中，可以将微控制器抽象描述为一个方框，如图 2.7 所示。

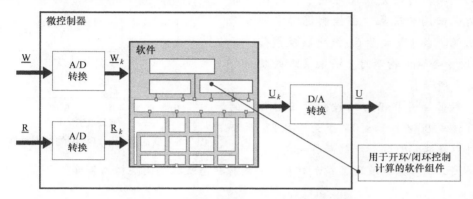

图 2.7　控制系统的微控制器抽象方块图模型

首先，时间连续且数值连续的输入信号 $\underline{W}$ 和 $\underline{R}$ 会被处理成为时间离散且数值离散信号 $\underline{W}_k$ 和 $\underline{R}_k$，两者经过程序计算得到时间离散和数值离散的输出信号 $\underline{U}_k$，该信号通过 D/A 又被进一步转化为时间连续且数值连续的物理输出信号 $\underline{U}$。在微控制器内部则是开环控制或闭环控制功能，其算法及控制参数均由软件来实现。

2.2.4　状态机

物理变量一般是时间连续且数值连续的，对时间连续且数值连续的系统通常使用微分方程来描述其响应特性；而离散系统则通常使用差分方程描述。

经过时间离散及数值离散处理，可以将一个状态 $X(t_k)$ 到其下一个状态 $X(t_{k+1})$ 的转换动作简化为一个事件。事实上，离散系统中一般会存在有限种状态且状态间的相互跳转事件也是有限的。在这种情形下，可以使用状态机作为建模工具。

案例：低油量指示灯控制

油位传感器可以测量车辆的油位状态并将当前油位状态通过 0 ~ 10V 的电压线性反馈出来。该模拟信号采用时间离散且数值离散的方式处理并传递给低油量指示灯，作为控制的输入信号。

基于传感器特性，8.5V 的反馈电压表征油箱中剩余油量为 5L，10V 反馈电压表征油箱已空，0V 则表征当前油箱处于满位状态。因此，当反馈电压大于 8.5V 时需要点亮低油量指示灯提醒驾驶员。

车辆运行时油位振荡会导致传感器信号的波动，为避免由此可能带来的油量指示灯来回闪烁现象。在控制逻辑中加入滞回功能。当油量大于 6L 或电压反馈值小于 8V 时才会熄灭指示灯。滞回实现的跳转如图 2.8 所示。

对低油量指示灯的控制真正起作用的是反馈电压值小于 8.0V 或大于 8.5V 两个事件以及指示灯的开和关两种状态。

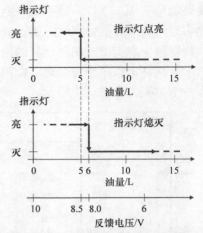

图 2.8　低油量指示灯控制的滞回跳转

图 2.9 形象地展现了指示灯开、关两种状态及状态间跳转的事件。

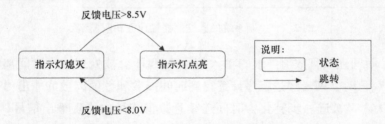

图 2.9　低油量指示灯状态跳转图示

此类状态跳转图称为状态机，可用于离散系统的可视化描述。状态机经常被用于离散型车辆功能建模中。

关于连续系统、离散系统、连续信号、离散信号的进一步了解可阅读参考文献 [37，38]。

2.3　嵌入式系统

电子控制器、设定值发生器、传感器及执行器构成了可影响被控对象状态的电子系统。作为驾驶员、整车、周边环境所构成的完整系统中的组成部分，电子控制器的作用通常是不易被察觉的，特别是对乘员而言。当电子控制器用于实现某些功能时一般很少配置可与驾驶员直接互动的接口，在动力系统、车身系统及底盘系统中尤为如此。通常情况下，驾驶员及乘员不会直接影响这些电子控制器的功能运行，与驾驶员交互以接收某些需求指令在大多数情况下也是间接实现的，并且这种交互通常有相应的限制（参考图 2.10）。我们将具有此类特征的系统统称为**嵌入式系统**。

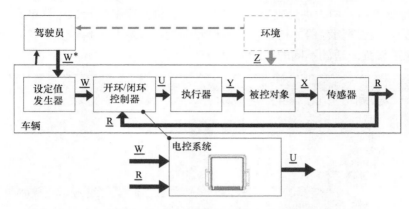

图 2.10　整车环境中的嵌入式系统

从电子控制器的角度出发，用于获取驾驶员驾驶意图的传感器可作为系统的设定值发生器。为便于理解，在后文中我们将设定值发生器简化为一种特殊类型的传感器。类似的，将可通过视觉或声音形式反馈给驾驶员信息的零部件作为特殊类型的执行器处理。

执行器和传感器通常是一个由电气部件、液压部件、气动部件、机械部件或电子部件组成的系统，且随着技术发展，所包含的电子部件数量仍在不断增加。当执行器或传感器中的电子部件具有某些预处理或后处理功能时，我们称之为**智能执行器或智能传感器**。

在电子控制器的功能开发过程中必须同时考虑控制器交互接口、设定值发生器、传感器以及执行器的响应特性。响应特性包含了时域内的动态特性以及诸如物理范围及物理分辨率等静态特性。

嵌入式系统与其所处环境之间一定存在直接的交互接口，而在系统和终端用户如驾驶员和乘员之间一般仅存在间接接口。在电子控制器软件开发时需要注意这两种交互接口的区别。对于电子控制器与所处环境的交互，例如处理被控对象的动态特性时，一般使用固定频率或可变频率的信号采样来获得当前被控对象的实时状态。但处理驾驶员请求时则有所不同。例如当驾驶员通过操作车上的某些开关传递驾驶意图时，可以将该操作理解为一个事件，该事件从时间角度考虑是独立的、非周期性的，且一旦出现就需立即执行，这与被控对象的周期性采样截然不同。

一般而言，微控制器可以兼具对周期性和非周期性任务的处理。参与功能开发的人员应该对微控制器构造、工作原理、编程及其在 ECU 中的应用场景有基本了解。

2.3.1　微控制器构造

一个简易的微控制器由如下组件构成（图 2.11）[39-41]：

- **微处理器**：即中央处理器（CPU）。CPU 包含控制单元和计算单元。控制单元会执行来自程序储存器的指令。计算单元会运行算数及逻辑运算。这一架构设计分工可通过编程来适配不同的实际应用场景。

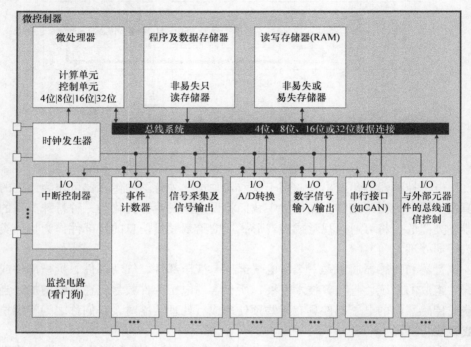

图 2.11　微控制器构造（博世集团[39]）

- **输入/输出单元**：简称 I/O，负责处理微控制器与外围环境（即外设设备）的数据交互。外设设备包含输入/输出设备、程序中断控制电路以及与其他控制器通信的总线系统，例如 CAN 总线[2]。

- **程序及数据存储器**：主要用于存储控制算法程序（例如开环和闭环控制算法）以及控制算法中的标定参数（例如开环和闭环参数）。其存储内容必须保证在微控制器下电后不会丢失，因此一般采用非易失只读存储技术。实际使用中，算法程序和数据（标定参数）会按规则存储到内存的不同区域。因此，称该类存储器为程序及数据存储器。

- **读写存储器（RAM）**：用于存储在程序运行时发生变化的数据。因此，读写存储器也称为随机存储器。RAM 一般使用读/写存储技术。基于不同的应用场景可选择易失或非易失存储技术。

- **总线系统**：负责连接微控制器中各软件组件。

- **时钟发生器**：也称晶振，为微控制器中的所有程序运行提供了统一的时钟频率。

- **监控电路**：通常也称作看门狗，用来监控程序的执行状态。

随着技术的进步，上述微控制器中的组件已经逐渐被集成到一块芯片上。因此，微控制器成为一个可独立运行的单元。同时通过连接不同的外部模块，实现不同场景下的需求，例如我们常会将存储器区分为**内部存储器**和**外部存储器**，其中的外部存储器指的就是微控制器外接的拓展数据存储器。

随着技术进步，微控制器的构造日渐复杂且功能愈发多样。有如下几个技术发展领域值得关注[⊖]：

- 单一微控制器中集成多个微处理器（多核技术）。
- 硬件架构支持分布式总线和存储器来存储地址及数据。
- 支持数据的加密和解密以提高安全性。
- 支持触屏控制。

若想进一步了解这些趋势，可阅读参考文献［99］。

2.3.2　存储技术

前面的介绍中，我们简要提及了对程序存储器及数据存储器的不同需求。本节中将进一步介绍各类半导体存储器。

半导体存储器具有如下基本功能：

- 将信息写入存储器。
- 将信息在存储器中短时或永久储存。
- 对存储器中的信息检索和读取。

半导体存储器所存储的内容包括：

- 需要频繁进行快速读写操作的数据，如 I/O 数据、状态及中间计算结果。
- 程序，通常需要永久储存。
- 固定的标定参数，通常也需永久储存。

半导体存储器利用了电子元器件容易产生和识别两种明显对立状态的物理效果，并且由于它与微控制器中其他组件间具有良好的兼容性，更利于系统的集成。

半导体存储器利用"导通和非导通""带电和非带电"这两组互斥的状态完成信息的存储。这也导致信息只能以二进制的形式表征。二进制使用"位（bit）"作为单位，可以表征 1 和 0 两种逻辑状态。

下文将介绍几种重要的存储器技术以及它们的标准和使用场景（图 2.12）。

根据应用场景的不同，半导体存储器使用**位（bit）**或**字（word）**作为最小存储单元。其中，字是位的集合，因其可更好地支持微控制器的运行而被广泛使用。字的长度等于该集合中位的个数。在微控制器中，常用的字长包括 4bit、8bit、16bit、32bit 或 64bit。其中 8bit 的字长也被称为字节（Byte）。

⊖　这四项趋势均已基本成为当前智能电动车标配。——译者注

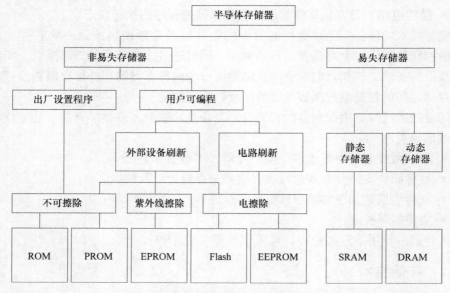

图 2.12 存储技术概览（博世集团[39]）

2.3.2.1 读写存储器

● RAM

随机存取存储器（Random Access Memory，RAM）一般用于短时存储场景，它允许对任一主存储单元进行直接访问。有需要时，信息可随时写入 RAM 或从 RAM 中读取。RAM 是一种易丢失（Volatile）存储器。一旦取消供电，存储内容就会丢失。RAM 又可分为静态 RAM（简称 SRAM）和动态 RAM（简称 DRAM）[39]⊖。

静态 RAM 在写入一次信息后，只要有供电电压存在，内容就不会丢失。而动态 RAM 则因为漏电流会导致存储内容的失效，必须周期性更新。

如果 RAM 有额外的电池持续供电，那么数据也可以非易失的形式储存，我们将其称为 NV - RAM（Non Volatile RAM）。

2.3.2.2 非擦除只读存储器

只读存储器（Read Only Memory，ROM）一般用于长时间存储场景。与 RAM 相同，ROM 也允许对任一存储区域进行直接访问。但顾名思义，ROM 中的内容只可以读取而无法更改。

● ROM/PROM

作为非易失存储器，ROM 在没有供电的情况下仍可保留存储内容。在 ROM 中

⊖ 随着车辆智能化趋势，摄像头 LVDS 信号、雷达点云信号等带来了车辆数据的激增，对数据的传输速度也提出了更高要求，受此影响显著的存储技术是 DRAM 技术，目前比较流行的 DDR3、DDR4 等均属此类技术；DRAM 在车端作为数据缓存通常为外挂芯片，存储量可达 10Gbit 数量级，占据智能汽车存储成本的一半以上，与之响应的 SRAM 技术则主要应用于安全相关系统，存储空间在 10Mbit 量级，价值占比相对低。——译者注

一般存放控制算法对应的程序代码以及随时会被调取的控制功能标定参数。ROM 中的信息既可以在其出厂时写入，也可以由用户基于特定的编程规则写入特定的区域。这种可编程的非易失存储器也被称为 PROM（Programmable ROM）。

2.3.2.3 可重复擦除非易失存储器

还有另一类只读存储器，允许擦除内容并写入新的内容，它们包括：

- EPROM

可擦可编程只读存储器（Erasable PROM，EPROM）通过紫外线照射将存储内容完全擦除并用于后续新程序的写入。但擦除及刷新的过程相对复杂，需使用特殊的仪器设备。

- EEPROM

电可擦可编程只读存储器（Electrical EPROM，EEPROM），也叫作 E^2PROM，它可以通过电擦除的方式清空存储内容并写入新程序。内容擦除及程序刷写既可通过外部设备实现，也可在控制器中实现。同时，EEPROM 允许对单个最小存储单元进行独立刷新。

基于 EEPROM 的特性，该存储技术可用于非易失数据的存储。例如在发动机控制系统中，EEPROM 可在发动机下电时存储控制功能相关的自适应特征值，也可在规定的故障存储区域内储存诊断功能识别到的相关故障码。故障存储区域的构成会在 2.6 节展开介绍。它还可以用于存储软件相关的特征码，以此记录生产过程及车辆售后过程中的软件版本，它的机制方法会在第 6 章进一步展开。

- Flash[⊖]

闪存可擦可编程只读存储器（Flash EPROM，Flash）是基于 EPROM 和 EEP-ROM 开发的更先进的非易失类型存储器。Flash 存储器可通过电脉冲信号的方式将全部存储区域内对应的全部存储内容删除，并在随后将新的程序写入擦除区域。

Flash 的编程可通过相应的工具实现。采用 Flash 型存储器的控制器的一大优点是可在整车封闭环境下通过工具进行程序刷新[⊖]。因此，Flash 技术在 ECU 的程序及数据存储中被广泛应用。尤其适用于存储量较大并且在产品生命周期内存在迭代需求的系统。

2.3.3 微控制器编程

微控制器中的中央微处理器所执行的程序通常存储在非易失存储单元中。无论控制器在处理何种场景，程序都不会改变。除非如前文描述，通过 Flash 完成软件

⊖ Flash 技术包括 NOR Flash 和 NAND Flash 两种，其中 NOR Flash 容量通常较小，在数百兆位至 1Gbit 之间，但读取速度快，主要应用于初始化场景；NAND Flash 通常容量较大，在 10Gbit 数量级，读写速度相对慢，但因芯片自身特点，若想达到与 NOR Flash 相同的车规级可靠性，挑战更大。——译者注

⊖ 当前逐渐成为汽车标配的远程软件升级功能（Over – The – Air，OTA）也是基于 Flash 技术实现的。——译者注

刷新升级后，执行程序才会相应地发生变化。

本节我们会对微控制器的编程做进一步讨论。在微控制器中，所有的程序和数据都储放在内存中，被统称为"软件"，而程序的执行则由微处理器完成。

为保证程序的顺利运行，软件编程流程中必须要遵循一定的规范。例如，控制功能的执行代码必须符合微处理器可识别的规范要求，参数需要存储在微处理器的内存中等。

2.3.3.1 程序版本及数据版本

以下讨论中，将**程序代码**简称为**程序版本**，程序需要刷新到微控制器的**程序存储单元**中。标定**参数**的集合则统称为**数据版本**，数据需要刷新到微控制器的**数据存储单元**中。

在日常表达中，我们通常会提到"控制器软件"一词。需要注意的是该类说法并不精确。因为一个控制器可能带有多个微控制器，其中一些运行控制功能，另一些则运行监控功能。因此"控制器软件"这种表达必须加上对软件具体功能的描述才能具有明确指向性，并且在描述时还需要对程序版本及数据版本进行区分。

2.3.3.2 微控制器工作原理

我们先从微控制器的简易模型入手。如图 2.13 所示，一个微控制器包含中央处理器、指令存储单元、数据存储单元以及输入/输出单元。这些组件通过总线完成数据及控制信息的交换。

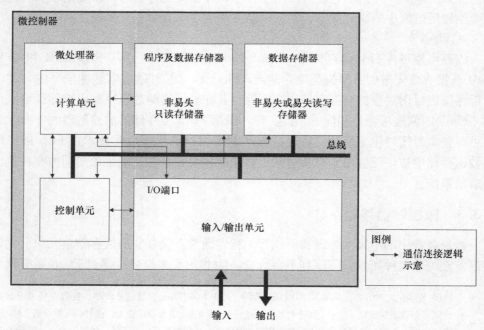

图 2.13　微控制器构造简图

微处理器（中央处理器）是一个可编程单元，其作用是数据的寻址和处理，以及程序的执行时间及执行逻辑控制。

存储单元用于存储数据和程序指令。对于可变数据通常采用读写存储器，例如 RAM。对于程序指令及固定数据则适合使用只读存储器，例如 ROM。如今，大多数微处理器都自带了一个小存储器，以支持更快速的信息读写，该存储器被称为**寄存器**（register）。

通过**输入和输出单元**（I/O 端口）可获取外围设备采样的信息或将相关信息向外围设备传递。为使程序功能适配具体应用场景，输入/输出单元通常可提供一定的编程操作。模数（A/D）转换单元在输入端口中最为常见；相应的，典型的输出端口包括脉宽调制（PWM）及数模（D/A）转换单元。系统中还会配置定时器，一般用于外部脉冲信号的计数及事件之间时间间隔的计算。微控制器与外围设备或其他微控制器的通信可以通过串行或并行接口实现，例如通过 CAN 总线与其他控制器进行数字信号通信就是一个典型的应用[2]。微控制器通常具有扩展性，可基于实际使用需求集成更多功能。

2.3.3.3 微控制器主要操作指令

图 2.13 所示的方块图体现了微控制器的主要操作指令，包括：

- 数据处理。
- 数据存储。
- 和外界的数据交换。

有了这些基础功能后，微控制器才可以实现数据传输、存储及处理等功能。下面我们将对微控制器中的每个组件进行详细介绍，它们都是微控制器功能实现所不可或缺的基石。

2.3.3.4 微处理器架构及指令系统

2.3.3.4.1 基本构成

中央微处理器（下文简称 CPU）会处理从输入端口获得的外部数据并对信号流进行控制。在 CPU 寄存器中会保存指令操作、计算结果以及相应的地址信息。图 2.14 给出了一种 CPU 的典型架构图[39]。

为便于读者理解，此处我们不对诸如提高计算速度的可扩展方法等专业问题进行深入讨论。

通常微处理器架构的度量方式以其可供编程人员使用的寄存器数量作为标准。

一些极少改变的配置可由特殊控制寄存器实现。因此控制寄存器可视为指令的准静态扩展。例如，中断控制寄存器定义了哪些中断可被允许或禁止。另外，控制寄存器还可以定义计算逻辑单元（Arithmetic Logic Unit，ALU）或输入、输出端口的功能。

部分操作指令可以影响当前 CPU 处理指令程序的进程。例如，来自外部的中断请求会将程序指引到指定地址并执行在该指定地址上存有中断服务的指令。在此

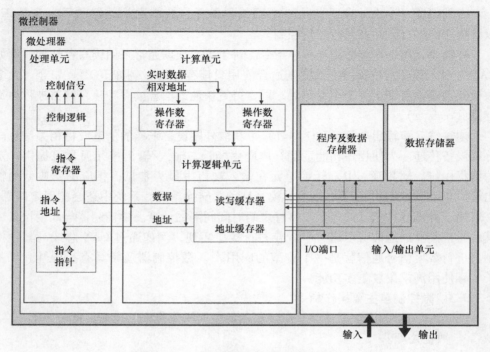

图 2.14　CPU 的典型架构（博世集团）

过程中，仅有优先级更高的中断指令可将其打断。

其余优先级较低的中断请求首先会被保存，并在当前中断服务指令执行完成后再被处理。此过程中积累产生的相关状态信息可临时存储到指令存储单元中。但这种操作可能会导致指令过长。为解决这一问题，可在 CPU 中集成除控制寄存器外的特殊寄存器用于保存 CPU 的状态。此类寄存器包含程序寄存器、中断状态寄存器及乘法器状态字。这种借由硬件实现中断逻辑的系统被称为**硬件中断系统**。

为减少 CPU 的读写操作次数，通常还会在 CPU 内集成一些特殊的计算寄存器，即累加器，用以保存 CPU 计算的中间结果及常用变量。读写次数的减少为提高时钟频率提供了可能，同时也降低了 CPU 功耗。

2.3.3.4.2　架构分类方法一：操作数存储器

我们有不同的方法对数值运算或逻辑运算涉及的操作指令进行部署。这些部署可在运算前实现，也可在运算后实现。微处理器的架构基于这些操作的存储位置差异来定义：

存储器 – 存储器架构

用于操作指令部署的存储器 – 存储器架构使用普通的读写存储单元，例如 RAM。该架构下，操作指令与其所对应的存储地址及算数计算结果有明确的映射关系。这样的好处是可以使用一条指令来实现两条操作，例如通过一条指令将

RAM 中存放的两个数相加，相加后的结果可立即回写到 RAM 存储单元上。"存储器 – 存储器架构"是基于对应操作指令的存储位置命名的。

累加器架构

累加器架构使用 CPU 自带集成的存储单元（累加器）实现数值计算的取值或计算结果的保存。在累加器架构下，指令编码中只需要给出第二操作数的地址。其工作过程为：在数值计算前，通过读取指令将第一个操作数从存储器复制到累加器中。在数值计算后，累加器中的计算结果回写到存储器中。

存储器 – 寄存器架构

在存储器 – 寄存器架构（Memory Register Architecture）下，CPU 会集成一系列的寄存器。在指令中会对两个操作数都进行明确的编码，但只有一个操作数可以进行直接寻址，另一个操作数及计算结果会被存储到寄存器中。与累加器架构类似，在数值计算前，其中一个操作数从存储单元复制到寄存器中；数值计算后，计算结果则会被回写至存储器。当寄存器数量足够多时，计算的中间结果可以保存在寄存器中从而不需要和存储器间进行来回的复制操作。"存储器 – 寄存器架构"也是基于操作数的存储地址命名的。

寄存器 – 寄存器架构

又称为"载入 – 存储架构（Load Store Architecture）"，在该架构下数值运算的两个操作数都会在寄存器中明确编址。因此，在每次运算前两个操作数都需要载入到寄存器中，运算后的结构再回写到存储器中。

2.3.3.4.3　架构分类方法二：操作数地址

另一个用于区分微处理器架构特征的是隐式编码和显式编码所占地址的位数。为方便理解，我们举一个简单的例子。C = A + B 的运算操作需要用到以下 3 个地址：

- 操作数 A 的地址。
- 操作数 B 的地址。
- 结果操作数 C 的地址。

显式寻址

指令集式架构（Instruction Set Architectures），三个操作数被允许随机选择地址，架构为三个地址提供显式编码，该结构也叫**非破坏性指令集架构**。

隐式寻址

由于三个地址在指令中通常会占用较多位数，因此隐式寻址方法在许多架构中更为适用。在隐式寻址中，源操作数 A 或源操作数 B 的地址也将用于存储结果操作数 C。在隐式寻址的操作过程中，计算结果会存储到某个源操作数的地址上并将源操作数覆盖掉，也就意味着源操作数将被破坏。因此隐式寻址也被称为**破坏性指令集架构**。

CPU 指令的集合称为**指令集**。对于 CPU 的指令集架构，除可通过操作数存储器及操作数地址对其分类外，还在可通过一些其他方面的特性以示区分，如指令长度、指令的执行方式等[39]。

在面向硬件的编程过程中还要考虑微控制器的一些其他特性，包括：微控制器的中断处理方式、存储器结构、Flash 编程或者可降低功耗的运行模式（Power Reduction Modes）等。以上的知识内容在本书中不做进一步展开，有兴趣的读者可以参阅微控制器的详细介绍读物。

2.3.3.5　输入输出（I/O）模块架构

I/O 模块负责读取外部信号或将控制信号输出到被控对象上，即 I/O 模块实现了微处理器与其外部环境的连接。首先，I/O 单元一方面与微控制器内部的总线相连，通过总线实现与微处理器的交互，另一方面通过引脚与微控制器外部的传感器和执行器相连。

图 2.15 给出了 I/O 单元的原理图[39]。其任务包含：

- 与微控制器内部总线的通信。
- 与外部环境的通信。
- 数据存储。
- 看门狗及定时器控制。
- 故障识别。

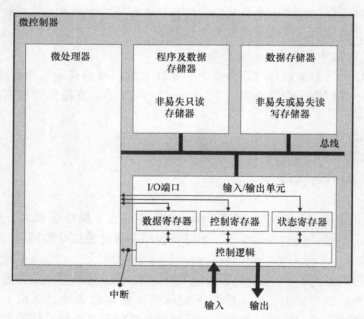

图 2.15　I/O 单元原理图

2.3.3.5.1　寻址

基于寻址的不同，I/O 单元可分为以下几类：

独立 I/O

又称端口映射 I/O。CPU 内存与 I/O 单元内存在地址上是区分开的。由于 I/O 单元的指令相对特殊，因此须遵从相对严格的编码规范。

内存映射 I/O

CPU 内存与 I/O 单元的内存共用相同的地址。内存映射 I/O 会占用 CPU 地址，这对 4bit 或 8bit CPU 是不友好的。然而，一旦 CPU 地址充足，达到 16bit 或 32bit，该类 I/O 模块可复用 CPU 大多数寻址指令的优势也将体现，因此会广泛采用内存映射架构。

2.3.3.5.2　操作模式

I/O 单元也可以按照其所支持的操作模式进行分类，一般存在四种不同的操作模式：

可编程 I/O

I/O 单元直接由 CPU 控制，CPU 通过一个单独的程序处理 I/O 单元的所有功能。在 I/O 单元运行某一操作指令时，CPU 必须等待。因此该操作模式仅针对那些专门用于控制输入、输出指令的 CPU 才使用，例如控制智能传感器或智能执行器。

轮询 I/O

在轮询 I/O 模式中，输入、输出单元可独立执行操作。操作过程中输入、输出数据会缓存到特殊的缓冲区中，CPU 则周期性检查 I/O 单元的状态并基于需求传输新的数据。轮询 I/O 的运行模式适用于带有**软件中断系统**（Software Interrupt System）的 CPU 上。

驱动中断 I/O

在驱动中断 I/O 模式下，输入、输出单元独立处理输入、输出相关指令，并在接收到新的数据或对 CPU 有指令请求时，通过所谓的中断信道向 CPU 发出信号。该操作模式的优势是 CPU 与 I/O 单元可并行工作。CPU 的程序仅在 I/O 单元对其有请求指令时才会被中断。

直接内存访问 I/O（Direct – Memory – I/O – Access，DMA）

在 DMA 操作模式下，I/O 单元可与存储单元直接进行数据交换而不需要 CPU 的参与。一般可支持该类操作模式的都是高性能 CPU。与驱动中断 I/O 模式类似，在直接内存访问模式下需要对已有的中断及请求进行优先级排序并在特定条件下将部分请求阻止。

AUTOSAR 架构下，用于微控制器输入、输出单元偏硬件层处理的软件组件一般被归为微控制器抽象层。用于通信的软件组件将在 2.5 节及 2.6 节进一步讨论。此外，为评估中断对微控制器操作实时性的影响，开发人员还需对中断系统有基础的认识。

2.4 实时系统

如前文提到的，微处理器（下文简称处理器）在执行开环或闭环控制功能时存在时间上的要求，"实时系统"一词由此被提出。

随着 ISO 26262 功能安全法规的实施，对软件实时行为的精确定义变得越来越重要。这一点在 AUTOSAR 的标准中也有体现。

在本节中，我们将主要介绍实时系统的必要条件、基础概念及其结构，其中实时操作系统将是我们的重点关注对象。

2.4.1 任务的定义

为了描述一个处理器或处理器网络中资源的管理和分配方法，我们可以首先将所有待处理的任务作为一个整体，统一分析。

一个由多处理器组成的网络通常可同时处理多个作业。我们将这种可被并行处理、由处理器/处理器网络调度并执行的作业单元称为"任务（task）"。至于这些任务是否真的在一个处理器网络中被并行执行或在单一处理器中以准并行方式被执行，在本书中不做区分。

本书中"任务"这一概念引用自 AUTOSAR[3] 和 OSEK – OS[17] 标准。其中的 AUTOSAR – OS 是基于 OSEK – OS 做了一定限制和拓展而来。在一些文献中，常用"进程"来描述并行处理的作业单元，但在本书中我们参考 OSEK – OS 标准将作业单元统称为"任务"。本节主要介绍了任务处理在时间维度下的定义和组织方式。

案例：发动机控制器中的不同类型任务

发动机控制器中，我们可将点火、喷油、获取踏板位置这些子功能理解为一个个任务。发动机控制器在执行这些任务时有时间先后顺序要求。图 2.16 以条形图的方式展示了以上不同任务的相对时间关系。

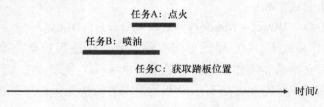

图 2.16 发动机控制器的不同任务

为避免描述任务处理过程中使用的术语不统一（如点火、喷油、采集），我们将这些功能统称为**任务的执行**。

处理器中的任务是顺序执行的，即按照一条接着一条的方式来处理任务。后续示意图中，处理器中执行任务的顺序将通过时间轴给出，遵循从左向右执行的原则。

当多个任务在一个处理器中以准并行的方式执行时，有必要对待执行的任务进行时间分配。在某个时间点上，处理器所执行的任务将发生跳转。这种将处理器中不同任务按执行时间排序的描述图称为分配图（图 2.17）。

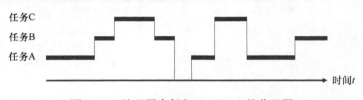

图 2.17　处理器中任务 A、B、C 的分配图

案例：处理器中三个任务的分配

图 2.17 展示了处理器中 A、B、C 三个任务的时间分配关系。

一个任务通常存在不同状态。在图中，我们将各任务的"运行"所对应的时间片段标记了出来。对于这一状态，本书沿用 AUTOSAR – OS 术语，将其称为"运行中"（running）。

在图 2.17 所示的例子中，任务 A 首先运行。向下一个任务 B 跳转后，任务 B 进入 running 状态。随后处理器以相同机制跳转到任务 C，任务 C 进入 running 状态。

由于单个处理器中任务是顺序执行的，所以在任务分配图上某一时刻只有一个任务处于 running 状态。因此，在由某一任务跳转到下一任务后，前一任务的状态必须发生变化。

后续章节中，我们将介绍任务的不同状态、任务跳转事件以及实时系统中任务跳转使用的不同策略。

2.4.2　实时需求的建立

若想清晰地描述一个实时任务，首先需要精确定义任务的时间需求，以便在处理器中对其调度和控制。为此，我们需要区别"时间点"和"时间段"两个概念。

2.4.2.1　任务的激活时间点及截止时间点

任务的激活时间点及截止时间点是实时系统有别于非实时系统的两个关键体现，如图 2.18 所示[42]。

- 任务的**激活时间点**对应实时系统中触发或使能该任务执行的时刻。
- 任务的**截止时间点**对应该任务已经执行完成的时间。

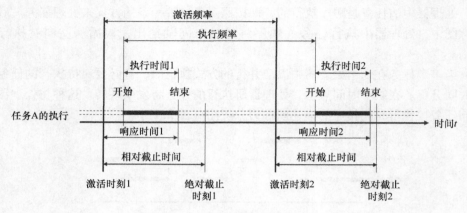

图 2.18 实时需求的定义[42]

- **响应时间**对应激活时间点到任务执行完成时间点间的时长。
- 任务的最大允许响应时间也被称为**相对截止时间**。任务的截止时刻，有时也称为**绝对截止时间**，可通过相对截止时间与任务的激活时刻相加得到。
- 同一任务相邻两次激活时刻的间隔对应**激活频率**。而**执行频率**则对应同一任务相邻两次开始执行时间点的间隔。需要注意激活频率和执行频率两者的区别。

以任务执行时间窗口的形式给出的任务时间响应边界条件被称为**实时需求**。一个最简单的实时需求描述可以是给出某一任务的激活时间点以及对应的相对或绝对截止时间。通常情况下，对任务的实时需求是通过激活频率或激活事件以及相对截止时间确定的。

需要注意的是，任务的实时需求（即执行任务的时间限制）和任务**执行时间**（Execution Time）是两个不同的概念。如图 2.18 所示，当任务在执行过程中没有被中断时，执行时间对应该任务开始执行和结束执行之间的时间长度。当任务执行中断，那么执行时间就是该任务每次分段运行的时间总和。

2.4.2.2　硬实时需求和软实时需求

通过定义任务的激活时间点及截止时间点，我们明确了实时系统必须在规定时间窗口内对输入信号做出正确的输出响应。

进一步，我们可以将实时系统需求分为硬实时需求和软实时需求。关于硬实时系统和软实时系统在不同的文献中定义略有差别，本书采取参考文献［42］中的定义。

当我们要求一个特定任务在各种条件下都一定会在规定的期限内完成时，我们称该任务为**硬实时任务**，而对应的需求则为硬实时需求。对于硬实时任务而言，必须有可验证的、正确的方法确保任务确实在规定时间内执行完成。而与之对应的是**软实时任务**和软实时需求，我们并不需要为任务设置一套明确的方法以证明其在规定期限内被执行。

必须说明，硬实时需求绝不等同于任务更为安全，与任务的执行"速度"也无关。

案例：发动机控制器功能的实时需求

发动机不同子系统的动态响应特性差异较大。因此，控制器中不同功能的实时性需求也存在差异。

对基于曲轴转角同步计算的功能，其输入变量也是基于可变的频率完成采样的。当发动机转速越高时，变量的采样间隔越小，相应的执行计算周期也越短。以喷油控制和点火控制为例，根据发动机缸数和最高转速，其最短的执行周期可低至 $1 \sim 2\text{ms}$。

同样，对进、排气电磁阀或者燃烧室压力的控制也需要基于高频的变量采样实现。对于电磁阀控制，一般需求的采样频率在 $50\mu s$ 左右，而对燃烧室压力采样的频率则在 $5\mu s$ 的区间范围。

相对来说，发动机其他子系统动态迟滞更大，因此其功能通常使用较长的采样频率，例如发动机热管理功能。总结来说，发动机控制是一个具有多种实时性需求任务集合的实时系统，这些任务中有不少是硬实时需求，在系统中是通过固定频率或可变频率进行调度的。

2.4.2.3 进程的定义

对于具有相同实时需求的不同任务单元，可以将其合并为任务集甚至一个任务来处理。由此我们可以引出"**进程（Process）**"这一概念：一系列具有相同实时要求的进程可以被合并为一个任务（图 2.19）。实时需求不是针对进程的，

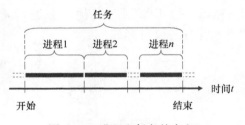

图 2.19　进程和任务的定义

而是针对任务而提出的。在一个任务中，多个进程将按照静态定义的先后顺序逐条执行。

2.4.3　任务的状态

2.4.3.1　基于 AUTOSAR – OS 的任务状态基本模型

回顾图 2.18 不难总结，在满足任务实时需求的前提下，并不要求任务的激活时间点和任务实际执行的起始点完全一致。在任务激活后到实际执行前的时间段内，任务可以处于某种特殊的中间状态，此时 CPU 可能仍在处理其他任务。基于 AUTOSAR – OS 的规范，本书称这种状态为"就绪（ready）"状态。而在任务已经执行后到下一次尚未激活前的阶段则称为挂起（suspended）状态。任务的状态和

状态间的跳转可以通过状态机来描绘。图 2.20 展示了基于 AUTOSAR – OS[⊖]的任务状态基本模型。

状态间的跳转事件包括"激活（activate）""开始（start）""抢占（preempt）"和"终止（terminate）"。结合图 2.18 和图 2.20，激活事件在任务激活的时刻被触发；开始事件发生在任务开始的时刻；终止发生在任务执行结束的时刻；而抢占事件是为了应对多个任务抢占 CPU 的情形而设计的。基于给定的 CPU 任务资源分配策略，可能会出现一个处在运行状态的任务在结束前即被另一个任务打断的情形。此时后者将触发抢占的任务状态跳转。我们将在 2.4.4 节中进一步介绍不同的 CPU 任务分配策略。

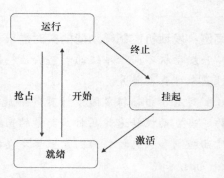

图 2.20　基于 AUTOSAR – OS 的任务
状态基本模型

2.4.3.2　基于 AUTOSAR – OS 的任务状态拓展模型

除任务状态的基本模型，在 AUTOSAR – OS 中也定义了任务状态的拓展模型。如图 2.21 所示，在扩展模型中新增了任务的"等待（waiting）"状态。

若任务在某个时间点被打断，必须等待特定事件发生后才能继续执行，则将这段时间定义为任务等待状态。一个任务向等待状态的跳转由任务本身触发，在进入等待状态后，CPU 可对其他任务进行调度。在拓展模型中对应的跳转事件称为"进入等待"及"释放"。

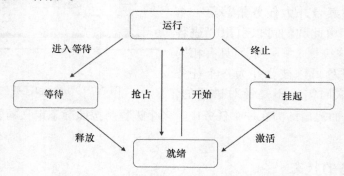

图 2.21　基于 AUTOSAR – OS 的任务状态拓展模型

2.4.4　处理器的调度策略

本节将介绍处理器的不同**调度（scheduling）策略**。调度策略用于处理多个任务争抢处理器时间资源的场景。基于任务状态的拓展模型，图 2.22 模拟了一种多

⊖　OS 为英文 Operating System 缩写，表示操作系统，下同。——译者注

任务冲突的场景。在该场景中，5 个处于就绪状态的任务在同时争夺处理器资源。

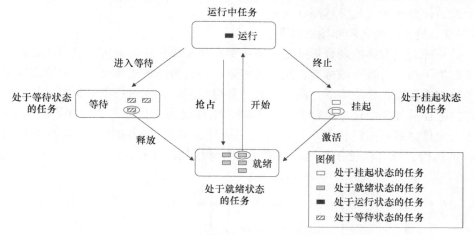

图 2.22 通过不同状态来管理任务

在任意时刻，我们都可以将处理器中的众多任务划分为不同的任务集，包括处于挂起状态的任务集、处于就绪状态的任务集、处于等待状态的任务集，以及运行状态。运行状态在某一时刻只能包含一个任务[43]。

实时操作系统不仅支持上文介绍的不同状态模型[101]，同时也支持不同的 CPU 调度策略。操作系统中实现该调度的组件称为**调度器（scheduler）**，用于触发执行的操作系统组件称为**调度程序（dispatcher）**。

下面将介绍几种常见的调度策略分类。

2.4.4.1 基于顺序调度和基于优先级调度

基于顺序的调度：对一组处于就绪状态的任务可基于其进入激活状态的顺序进行处理器调度。基于先进先出原则（First – In – First – Out，FIFO）将这些处于就绪状态的任务排序管理。这也就意味着后激活的任务必须要在先激活的任务运行结束后才能执行。显然，这种调度策略在某些情况下会占用较多时间。

基于优先级的调度：除基于激活顺序的调度策略外，也可将就绪状态任务按设定的优先级进行排序。

基于顺序和优先级结合的调度：我们还可以将顺序和优先级调度相结合。首先，我们对每个任务定义一个优先级，数字越大代表优先级越高。当两个任务的优先级相同时，则基于 FIFO 原则进行处理。图 2.23 展示了基于顺序和优先级结合的调度策略对一组处于就绪状态任务的管理形式。左上角的任务表示最先激活且拥有最高优先级，会在下一时刻被调用。

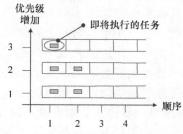

图 2.23 基于顺序和优先级结合的就绪状态任务集调度策略

因此，在任务分配图中，表征不同任务的纵向坐标通常按照任务优先级排序，越上面的任务代表优先级越高（可参考图 2.24）。

2.4.4.2 抢占式调度和非抢占式调度

另一种调度策略的划分标准是对调用更高优先级任务时是否对当前正在运行的任务发生了抢占。基于该标准，我们可将策略划分为**抢占式调度和非抢占式调度**。

抢占式调度：该策略下，高优先级任务可打断低优先级任务的运行。如该打断允许发生在低优先级任务运行的任一时刻，则称之为完全抢占式调度。图 2.24 展示了完全抢占式调度的情形。只要高优先级任务 B 进入就绪状态，将立即打断任务 A 的运行。只有在任务 B 运行结束后才会继续处理任务 A。

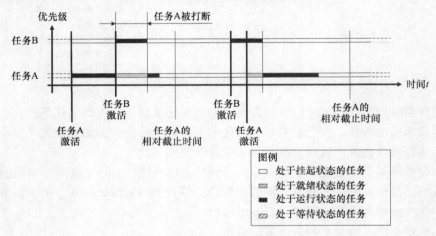

图 2.24 完全抢占式的调度策略

非抢占式调度：该策略下，由低优先级任务向高优先级任务的跳转只出现在特定时刻。例如在低优先级任务的某一进程运行结束后，或在低优先级中的所有进程运行结束后。这就可能导致低优先级的进程或任务不能被打断从而造成高优先级的任务被延迟执行。图 2.25 展示了非抢占式调度策略的情形。

与实时需求、任务运行状态的概念相同，优先级是任务的一种属性。而抢占式调度和非抢占式调度则不同，两者的差异并不是任务的属性区别，而是调度策略的区别。它适用于所有处于就绪状态的任务。

此外，还可以将处于就绪状态的任务分为两组，第一组为抢占式任务，第二组为非抢占式任务。当出现两组任务对同一处理器的请求存在冲突时，则需要针对两个任务组的层级定义调度的优先级顺序。

2.4.4.3 事件驱动型调度及时间控制型调度

在动态任务调度机制下，调度策略只在程序运行期间（在线）确定。这就意味着处理器运行过程中，可通过改变调度策略灵活响应不同事件，持续重新排列已就绪任务的执行顺序。我们将这种策略称为**事件驱动型调度**。用于计算调度策略的

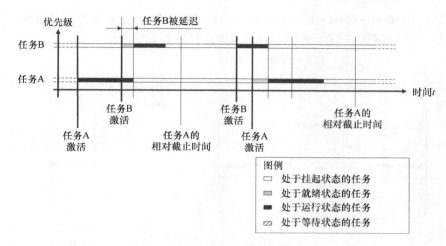

图 2.25 两项任务的非抢占式调度

时间（即调度程序自身的执行时间）会影响整个系统的实时性表现，从而导致实时操作系统自身所需执行时间（也被称为**运行时间开销**）的增加。因为对事件的响应始终随调度策略而变化，事件驱动型系统的运行时间很难被准确预测。

与动态相对的另一种策略是静态调度，所有的调度决策在程序运行前（离线）确定。因为所有的事件必须是事先已知的，这就导致了对事件响应的局限性。只有事先定义的事件才会得到响应。能够被"事先定义"通常意味着事件的运行时间是明确的，因此该策略也被称为**时间驱动型调度**。采用该调度策略几乎不会影响整个系统的实时性表现，因为所使用的调度程序非常简单。整个实时系统的运行时间开销也因而较低。

在程序运行前我们可以计算得到分配图，并通过**静态调度表（dispatcher table）**的形式呈现。通过静态调度表，可确定每个任务的激活时间点以及开始执行的时间点。

图 2.26 给出了静态调度表的示例。与之对应的任务分配图如图 2.27 所示。图中所描述的每个任务都有固定的运行时间窗口。任务运行是周期性的，因此基于调度表运行一轮后，会按照设定的任务顺序再从表格的第一个任务开始重复运行。本实例中，任务运行一轮需要 40 个单位时间。

如果调度策略定义的时间窗口足够每个任务完成运行，我们就可以事先预估该系统的运行时间。由于程序运行的路径不同会导致程序的运行时间差异，有必要事先对任务的最大所需执行时间给出估算。我们将该时间称为**最坏情况**

时间	动作	
0	开始任务A	
8	开始任务B	
11	开始任务C	调度顺序
20	开始任务A	
31	开始任务D	
35	开始任务E	

图 2.26 静态调度表

执行时间（Worst – Case – Execution – Time，WCET），通常以此为基准确定相应任务运行的时间窗口下限。WCET 的估算方法将在 5.2 节介绍。

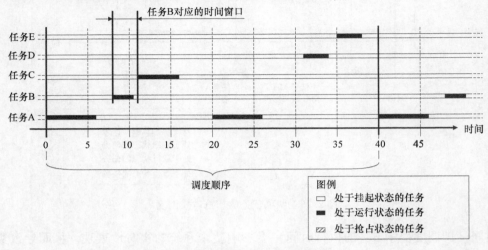

图 2.27　静态调度的任务分配图

2.4.5　实时操作系统构成

如图 2.28 所示，实时操作系统可分为三个基础组件：

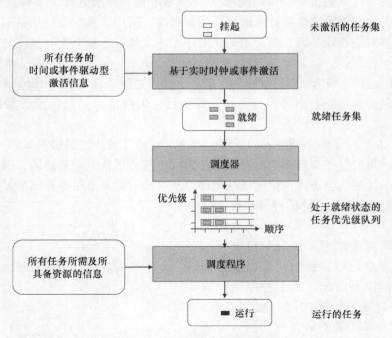

图 2.28　实时操作系统简易构成

激活组件：负责接收任务激活指令并管理处于就绪状态的任务集。任务的激活方式可以是时间驱动（基于实时时钟）或事件驱动（例如中断）。为实现这一功能，该组件需要用到所有任务的激活时间点和激活事件信息。

调度器：评估当前处于就绪状态的任务并制定调度策略对各任务的运行顺序进行优先级排序。

调度程序：管理所有任务所需资源。一旦所需资源被满足，将会运行优先级最高的任务。

2.4.6　任务间的交互

在上文中，我们提到了任务作为潜在或实际可并行处理的工作单元被引入。每个任务都具有相应的实时性需求，但通过多个任务协作的方式也可以完成更高层级的任务，例如图 2.16 中，通过喷油、点火、获取加速踏板位置三项任务的协作，我们可以在更高层级上实现发动机控制器的基本任务。

任务的协作要求任务间的信息交互。下面我们将介绍任务交互中使用的不同协作机制，包括基于事件的**同步**、基于全局变量的**协作**以及基于报文的**通信**。

2.4.6.1　同步

图 2.29 给出了通过事件进行交互的两个任务的执行序列。该类型的可视化描述称为消息序列图。图中的时间轴的方向是从上至下给出的。在后文中都将采用这种图示法来描述任务间的交互。

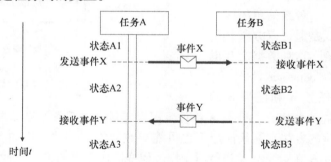

图 2.29　用于描述并发任务 A 和 B 同步的消息序列图

任务 B 一旦接收到事件 X，则会由状态 B1 跳转到状态 B2。同理，任务 B 反馈事件 Y 后，任务 A 也相应地进行状态跳转。不难发现，事件 X 和 Y 确保了任务的逻辑执行序列，由此可使多个任务通过准并行的方式同步执行，这些任务也被称为**准并行任务**。在本例中，任务 B 若想进入 B2 状态，必须在任务 A 处于 A1 状态且在接收到事件 X 后才会实现。同理，任务 A 的状态 A3 也必须在任务 B 跳转至 B2 状态且接收到事件 Y 后才会实现。

由于任务是以准并行的方式执行的，不同的任务可能因访问共用资源而发生冲突。其中的典型冲突场景会在下文给出实例。而这里需要强调的是，任务间交互机制必须考虑到这些冲突的可能性，并通过同步机制予以解决。

在分布式系统中，任务的所有状态及任务间跳转的事件均可通过状态机来描述，如图 2.30 所示。

此类任务间的交互只涉及事件触发而没有数据的传输，我们称之为"同步（synchronization）"。实时操作系统可支持不同类型的同步机制。

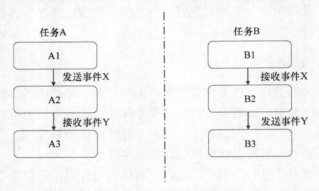

图 2.30　任务 A 和任务 B 的状态机

2.4.6.2　协作

同步机制存在局限性，当任务间交互也伴随数据传输时，必须采取额外的机制。一种最简单的任务间数据交互方式是通过双方所共用的全局变量实现。这种数据交互也称为"协作（Cooperation）"。如图 2.31所示，任务 A 和任务 B 的

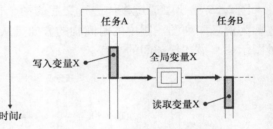

图 2.31　基于全局变量的协作

协作以全局变量 X 为媒介，任务 A 将值 x 写入变量 X，任务 B 则读取变量 X。

但全局变量的方法在某些情形下也可能导致数据不一致。例如图 2.32 所示的典型场景，任务 A 在对变量 X 进行写操作过程中被任务 B 打断。此时写操作尚未完成，而任务 B 则对变量 X 进行了读取，此时所读取的变量 X 要么是无效的，要么与任务 A 中的数据不一致，从而在任务 B 的后续执行过程中产生不符合预期的结果。

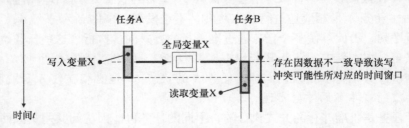

图 2.32　由全局变量引发的数据不一致问题

　　为避免此类问题发生，任务协作时还必须有相应机制保证数据的一致性。对这一要求的严谨表述是：在任务 T_i 开始和结束的时间段内，必须保证任务 T_i 存取的数据保持不变，除非该数据被任务 T_i 主动改写。这一要求可通过两种方式实现：

　　第一种方式是在写操作期间保证数据一致性，即在对某全局变量进行写操作时将所有中断禁止（图 2.33）。但需要注意的是，针对处理器自身实现的原子操作，即操作由处理器以连续方式处理时，该方法并非必需的。例如，对 16 位字长处理器而言，8 位和 16 位变量的写操作属于原子操作，32 位变量的写操作则不是原子操作，因此中断限制仅在对字长大于 16 位的变量进行写操作时才需激活。

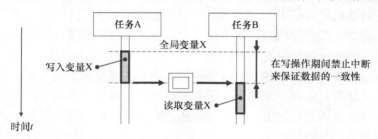

图 2.33　通过在写操作过程中禁止中断来保证的数据一致性

　　第二种方式是基于读操作考虑的。如果任务执行过程中需要多次读取某个全局变量，则可能导致该任务执行过程中的数据不一致性问题。如图 2.34 所示，任务 A 在对变量 X 进行 x_1 的赋值后，任务 B 读取 X（数值为 x_1）并做相应处理。之后，任务 A 又将任务 B 打断，并对变量 X 重新进行了赋值（数值为 x_2）。当任务 B 恢复并使用更新后的 X（数值为 x_2）进行计算时，由任务 B 的计算输出的结果显然无法保证一致性，从而导致无法预知的后果。例如，如果任务 B 的运算是读取 X

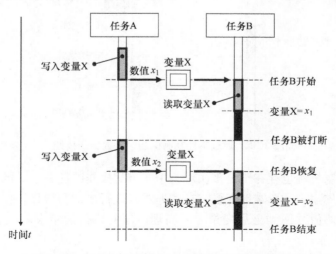

图 2.34　任务 B 打断任务 A 造成的数据不一致问题

然后进行除法运算 Z = Y/X。因为该除法运算要求在 X≠ 0 时才进行，因此在做除法前会检查 X 是否不等于 0。任务 B 第一次读取 X 的数值 x_1 满足不为 0 的条件；而在中断恢复后第二次读取的值 $x_2 = 0$，因此导致除法计算时使用的除数为 0。因为读操作导致的数据不一致必须通过设计专门的事件，通过同步机制予以规避。

2.4.6.3 通信

当两个任务位于彼此独立的局部数据区域时，两者之间的交互就无法依赖全局变量实现了，数据的传输必不可少。这其中，一种数据传输机制被称为"通信（Communication）"[43]。

我们不妨继续沿着图 2.34 中的数据一致性问题探讨通信机制。事实上，通信是解决上述数据一致性问题的有效手段之一。它通过额外的复制机制来保证任务读写过程中所访问的全局变量的一致性。

对读取变量而言，在任务开始时会将输入的全局变量复制到本地，后续任务执行过程中一律使用复制到本地的值。任务执行的开始即设置为同步时刻。同步时刻完成后的本地值即视为有效值，并在后续任务运行中持续使用。另外，在复制操作过程中需要激活中断限制。

对图 2.34 中的例子意味着，在任务 B 开始运行时就将变量 X 复制到本地。在图 2.35 中，复制后的 x_1 自始至终都会用在任务 B 中。

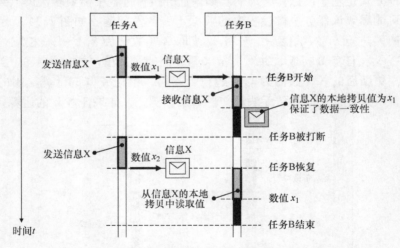

图 2.35　通过本地复制机制保证数据一致性

相似的复制机制也存在于需多次对一个变量写操作的任务上。同样的，在任务开始执行后首先建立一个本地变量，在本地对其进行多次写操作，仅在任务结束时才将本地变量的值写回到全局变量上。同理，任务执行的结束时刻会设置为同步时刻。

复制机制必须应用到任务所有的输入、输出变量上。但需注意，所有输入、输出变量需复制同一时刻的值，即不可出现变量 Y 已使用新值而变量 X 仍使用旧值的现象。

基于 AUTOSAR‑OS 命名，本书将上述任务间通信机制称为"报文（message）"机制。因此，我们将前文所描述的全局变量写操作的保护措施用发送报文代替，将全局变量读取操作的保护措施用报文接收来代替。第2.5.5.1节会对报文机制做进一步介绍。

另外，上述数据不一致的情形在非抢占式任务调度中是不会出现的，因为非抢占式调度通常不允许中断对全局变量的写操作。此外，高优先级任务也仅在预先设定的非关键点上可打断低优先级任务。在这种情况下，在任务交互中的全局变量和报文的表现是相同的。此时，可以采用离线的方式尽可能减少不必要的复制变量来优化存储及运行时间资源。基于 AUTOSAR 架构的电子控制器（图1.22）都支持该机制，这些控制器一般会采用已优化了存储和运行时间的运行时环境（RTE）。我们将在5.4节做进一步介绍。

2.4.6.4 逻辑系统架构下的任务交互

通过上文的几个例子不难发现，使用**逻辑视图**描述任务间的交互在许多场景下是有价值的。逻辑视图从事件同步、全局变量或报文等任务交互的具体技术实现中抽象而来。在后文中，我们仍将采用这种消息序列图的形式（图2.36）在逻辑系统架构层面来描述执行于单核或多核的任务间的交互。针对交互实现所依赖的机制如事件同步、全局变量和报文机制，我们在图中统一以信号的形式表示。例如图2.36中任务 A 向任务 B 传输的信号 X，其背后可通过不同的机制来实现。

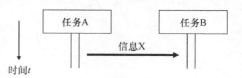

图2.36 任务 A 与 B 交互的逻辑视图表达

读者若想进一步了解实时操作系统，可参阅参考文献［42，43，45］。如果对 AUTOSAR 及 OSEK 规范感兴趣，可参阅参考文献［3，17，50］。

2.5 分布联网式系统

到目前为止，我们的讨论的对象都是可独立自主工作的电子系统（图2.37）。

然而，对电子系统功能的期望不断增加也对系统架构提出了更高的要求。其中一个最重要的变化是，我们需要在设计的前期阶段将这些自主独立工作的电子系统整合为一个完整的"大系统"，它包含了整车所有重要的信号及功能。整车上各控制器的联网是构建大系统的前提，同时也使跨控制器协作的功能实现成为可能（图2.38）。例如牵引力控制就是由发动机控制器和 ABS 控制器协作实现的功能。另外，设计优化也不再直接落实到单个控制器层面，而需要首先在大系统层面开展。我们通常将这种大系统称为"分布联网式系统"。

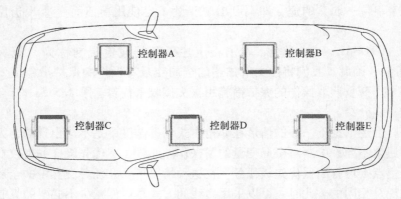

图 2.37　自主工作的电子系统

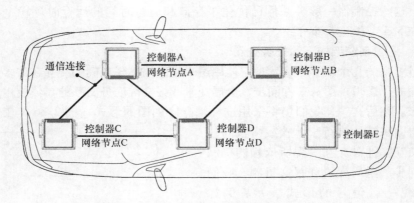

图 2.38　分布联网式控制器网络

　　系统的分布化和网联化在设计和实施过程中存在诸多新的挑战。在自主工作的独立电子系统中，CPU 处理的任务可以是准并行的，而在分布联网式系统中我们要处理的是**真正并行执行的任务**。同时这些任务又分布在不同控制器上运行，彼此之间还存在依赖关系，由此带来的跨控制器的任务交互必须通过增设通信网络实现（图 2.39）。

　　2.4 节中已经涉及了一些分布式系统的特征、性质和运行机制。本节会进一步介绍分布式系统的其他概念和术语，作为读者理解本书后续章节内容的基础。

　　在本书中，我们引用参考文献 ［38］ 对分布联网式系统的定义：

　　"一个分布联网式系统由多个互相通信的子系统构成。系统中所包含的控制器、硬件以及数据至少有一部分是以离散化方式来布局的。"

　　一个分布联网式系统通常由多个处理器组成，每个处理器都自带存储单元。处理器间通过通信网络进行连接。控制功能是在各处理器本地并行运行的，并会同时接收来自其他任务的协调请求。任务执行过程中所处理的数据也分布在不同的存储

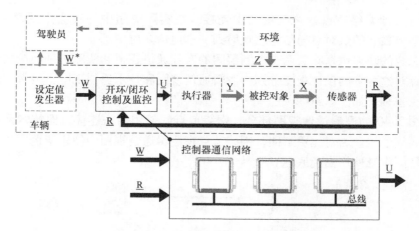

图 2.39　通过控制器网络实现控制和监控功能

单元中。

　　根据该定义，车辆上的控制器网络显然也属于分布联网式系统的一种。

　　相对集中式系统，在车辆上使用分布联网式系统具有如下优势：

　　● 单一功能不再要求集中于单个系统中，而是可通过分散布置的多个独立系统相互协作实现。例如，车身系统中的车辆进入功能需依靠多个在空间上极其分散的子系统协作完成，包括位于车门中的车锁、车窗升降和后视镜调节，位于车顶中的天窗控制或敞篷车顶控制，位于车尾部的尾门控制，位于车辆座舱中的座椅调节和方向盘控制等。相比于集中式系统，使用分布联网式系统可大大减少线束设计所需工作量。

　　● 分布联网式系统在拓展时更具成本优势且更灵活。这让终端客户个性化定制车辆功能成为可能。车企在研发、生产车辆时可采用模块复用的策略，通过分布联网式系统来实现车型的差异制造（如轿车、敞篷车、轿跑车或旅行车）或者动力系统的差异选型（如发动机和变速器参数）。

　　● 相比于自主工作的系统，分布联网式系统的协作模式通常可以实现更复杂的功能。例如，自适应巡航控制系统是用于交通流量适应速度控制的驾驶员辅助系统，该复杂功能是通过发动机控制器和制动系统协作完成的。

　　● 分布联网式系统在容错设计方面也更具潜力，这对系统的可靠性、可用性及信息安全性而言至关重要。系统可靠性和安全性相关知识将在 2.6 节做进一步介绍。

2.5.1　系统的逻辑和技术架构

　　如果车辆上的任意两个控制器间的通信都是基于彼此点对点的连接完成，从成本、可靠性、重量及维护角度看是不现实的。因此，必须通过更简单的方式实现网络参与者（即**网络节点**）之间的技术连接。在实际应用中一般会采用**总线技术**，其原理是将独立的点对点通信连接映射到共享通信介质中。

而总线的映射也意味着两个控制器间的实际通信逻辑和实际物理连接之间存在区别，针对这两者的设计视图分别为逻辑通信视图和技术通信视图，两者在图示细节上存在差别，如图 2.40 所示。

在图 2.40 的**逻辑通信视图**部分，网络节点间使用箭头连接，而**技术通信视图**则使用实线连接。为对比更鲜明，网络节点在逻辑通信视图中使用灰色底色而在技术通信视图中则使用白色底色。

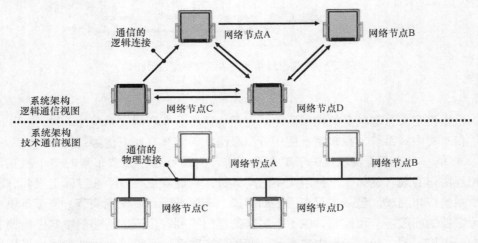

图 2.40 分布式网络系统的逻辑和技术架构

分布联网式系统的设计、调试和测试最大的挑战就是将逻辑通信视图中节点间的通信关系映射到实际的技术通信连接（例如共用的通信介质、总线）中。

一个最典型的例子是多个网络节点对总线访问资源的争夺。为此，通信系统必须保证在某一时刻总线上只有一个节点在发送报文。在 2.5.6 小节会详细介绍用于总线访问控制的策略。

2.5.2 通信逻辑关系的定义

不同控制器上运行任务间的通信逻辑关系可用消息序列图描述，如图 2.36 所示。这里重点介绍两个用于描述通信的逻辑关系的模型——客户端/服务器模型以及生产者/消费者模型。

2.5.2.1 客户端/服务器模型

图 2.41 展示了基于客户端/服务器（Client – Server）模型的通信流程。位于客户端（Client）的任务 A 通过通信系统向服务器（Server）提出了请求。该请求将以提示（Indication）的形式流转到服务器（任务 B）端。任务 B 为响应该请求，通

过通信系统对该请求做出回复（Response）并在请求服务成功执行时给出确认（Confirmation）信息。在该模型中，对未响应的请求不会进行回复和确认。

即便存在多个客户端或者服务器，客户端/服务器模型始终描述的都是客户端和服务器间点对点的对等通信关系（Peer to Peer Relation）。

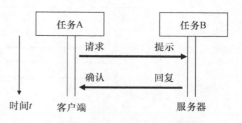

图 2.41　客户端/服务器模型的消息序列图

案例：控制器与诊断仪的通信

车载系统中，一个适合采用客户端/服务器模型的场景是控制器与诊断仪间的通信。诊断仪将使用者的诉求转化为其与控制器间的事件驱动型通信。诊断仪将扮演客户端的角色，作为临时节点向控制器（扮演服务器的角色）发送请求。图 2.42 给出了控制器与诊断仪通信对应的逻辑和技术系统架构示意图。

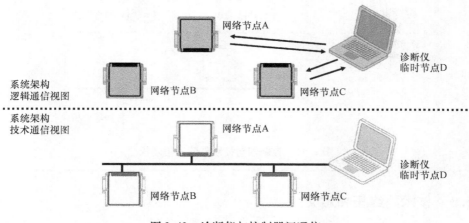

图 2.42　诊断仪与控制器间通信

2.5.2.2　生产者/消费者模型

图 2.43 展示了基于生产者/消费者（Producer – Consumer）模型的通信过程，这一模型也称为发送者/接收者（Sender – Receiver）模型，一个任务作为发送者在无事先请求的状态下向其他不同任务（作为接收者）发送信息。

生产者/消费者模型描述的是一个发送者和多个接收者间信息传递的关系。因此，它适用于向一组节点或所有节点发送信号的广播通信关系（Broadcast Relation）。

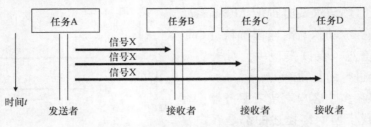

图 2.43　生产者/消费者模型中的消息序列图

案例：车载控制器间的通信

生产者/消费者模型适用于通过分布在不同节点上并需要周期性交互信号来实现的控制或监控功能。因此该模型主要用于车辆不同控制器间的通信（即车载通信）。图 2.44 给出了控制器间通信对应系统架构的逻辑和技术示意图。

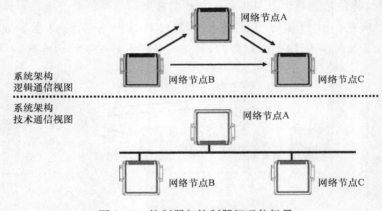

图 2.44　控制器与控制器间通信场景

2.5.3　技术网络拓扑定义

用以技术上实现通信连接的架构被称为**网络拓扑**。图 2.45 展示了网络拓扑三种最重要的基本形式：星型拓扑、环型拓扑及总线型拓扑。

其他复杂的拓扑结构由这三种基本形式的组合衍生而来。单独的网络区段可通过**网关**进行互联。

2.5.3.1　星型拓扑

星型拓扑中，各网络节点通过点对点的方式和中央节点 Z 进行连接。所有的通信都需由中央节点 Z 处理。因此，对 n 个节点来说，需要存在 $(n-1)$ 个接口。该拓扑结构的缺点是，一旦中央节点出现故障，则将导致整个网络系统无法通信。

2.5.3.2　环型拓扑

环型拓扑是一种由点对点连接构成的闭环连接。所有节点均设计为主动元件，可重建或转发接收到的信息。该拓扑结构可实现网络在空间上的大规模扩展。但需

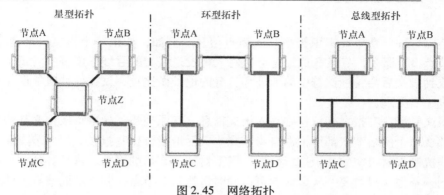

图 2.45　网络拓扑

要注意的是，除非设计了专门的防护措施，例如故障节点的探测和桥接，否则单个节点的故障仍将导致整个网络的失效。

2.5.3.3　总线型拓扑

总线型拓扑的特点是所有节点都被动介入到公共通信介质中。从一个节点发出的信息可送达其他所有节点。总线型拓扑可以简化线束布置和节点耦合，且易于扩展。同时，拓扑中单个节点的失效不会导致整个网络的故障。总线型拓扑结构可实现任意形式的通信关系。

正是由于这些优点，该拓扑形式被广泛应用于车辆系统中。其中最著名的就是CAN 总线，从 20 世纪 90 年代初发展至今已成为车载通信的事实标准之—[2]。

2.5.4　报文的定义

大多数车辆应用中使用的都是串行通信系统。这意味着在不同处理器上运行的任务间交互的信号必须通过串行的方式发送，待传输的信号一般会以固定长度嵌入到标准**报文帧（Message Frame）**中。嵌入信息内容后的报文帧被简称为**报文（Message）**。

在传输过程中允许存在一个信号被分解到多个报文或一条报文包含多个信号的情况。报文的传输通过通信介质（如电气介质或光学介质）进行。同时也允许未装有信号的"空"报文存在，它们通常被用于帮助不同处理器上运行的任务实现同步。

通过报文传递的信号通常被称为有效负载数据（Payload Data）。图 2.46 展示了典型的报文结构。

除有效载荷数据外，报文帧还包含了自身属性相关信息。例如用于寻址的标识符以及用于识别和处理传输错误的控制和校验信息。

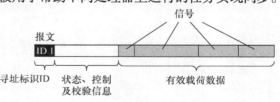

图 2.46　报文的典型构成

2.5.4.1　寻址

寻址用于映射报文发送节点和报文接收节点的关系。寻址分为**节点寻址**及**报文**

寻址。

节点寻址：在报文标识符中写入节点信息。例如，如果一个报文由节点 A 传输到节点 B。那么，节点 B 的地址会被写入待发送报文的寻址标识符中。每个节点在接收到报文后会将标识符中的地址和自身的地址做比较，仅在地址匹配后才对信号做进一步处理。

报文寻址：在报文标识符中写入报文信息。其原理是，如果每条报文都明确标识，那么每个网络节点都可根据自身需要，灵活地接收这些报文。每个节点通过报文过滤机制来对报文的标识进行筛选，留下对节点有用的报文。这种寻址方法的优点是同一条报文只需要一次传输就可以同时送达每个节点，并在不同节点上使用。

2.5.4.2 通信矩阵

网络中所有发送方/接收方的通信关系可以用表格的形式归纳和呈现，这种**通信矩阵**被简称为 C 矩阵。C 矩阵包含了该网络所有通信相关信息。

图 2.47 节选自一个通信网络的 C 矩阵。首先，最左列给出了所有联网的节点（即控制器）。后续两列则分别给出了报文名称和各网络节点以信号形式发送的有效载荷数据。最后的数列则再次表示各网络节点，其单元格中字母 S 代表报文的发送方，字母 R 则代表报文的接收方。

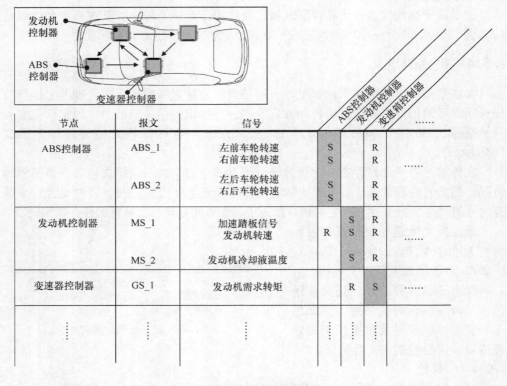

节点	报文	信号	ABS控制器	发动机控制器	变速箱控制器	……
ABS控制器	ABS_1	左前车轮转速 右前车轮转速	S S		R R	……
	ABS_2	左后车轮转速 右后车轮转速	S S		R R	
发动机控制器	MS_1	加速踏板信号 发动机转速	R	S S	R R	……
	MS_2	发动机冷却液温度		S	R	
变速器控制器	GS_1	发动机需求转矩		R	S	
⋮	⋮	⋮	⋮	⋮	⋮	

图 2.47 通信矩阵

2.5.5 通信网络管理

尽管通信在技术实现层面表现为报文的发送和接收，但在逻辑层面，大多数情况下我们所感兴趣的仅是网络传输的有效载荷数据，即信号。因此，各网络节点需要建立一个将我们更关心的"信号"与用于实现通信的"报文"进行映射的组件。在通信系统中，该组件被称为传输层，如图2.48所示。

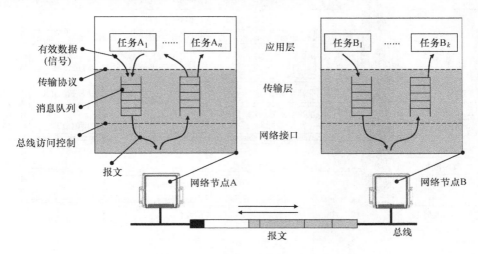

图2.48　通信模型

本节中将对 AUTOSAR 定义的传输层结构做进一步介绍。AUTOSAR 的定义是基于 ISO 的数据通信参考模型，即所谓的 OSI 模型（Open System Interconnection）给出的[51,52]。

AUTOSAR 定义了用于节点间通信及网络管理的软件组件并对其接口进行了标准化定义。图2.49概括展示了这些组件。

由于车载控制器几乎都是联网式的，AUTOSAR 的出现使通信层在全车范围内有了标准化定义，这对整车电子系统的规范化、集成化及产品质量提升意义重大。此外，AUTOSAR 标准还涵盖了车外通信，例如在维修站使用的诊断通信或软件刷新服务等[18,14,25]。

2.5.5.1 基于 AUTOSAR 架构的通信

AUTOSAR 中的通信机制主体上从 OSEK 标准中的 COM 组件继承而来[17]，但也有部分采用了非 OSEK 的术语。考虑到本书之前的版本均基于 OSEK - COM 机制介绍，为保证阅读的兼容性，下文仍使用 OSEK - COM 中的术语规范。如 2.4.6.3 小节所述，在 OSEK - COM 中定义了消息机制的不同表达形式。对于任务间的通信，我们通常将其分为"可排队消息（Queued Messages）"和"不可排队消息（Unqueued Messages）"两类。

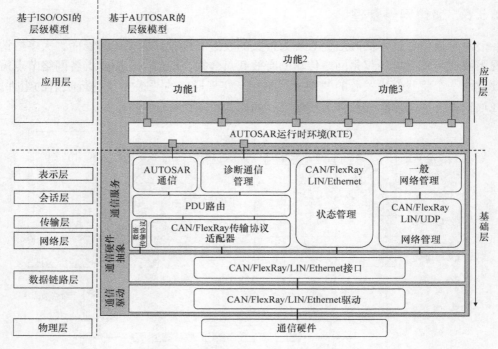

图 2.49　AUTOSAR V4.0 包含的软件组件

- 对于**不可排队消息**，消息接收缓冲区（即消息队列）的大小只限于接收一条消息。一旦新消息到达，原先的消息就会被"SendMessage（）"服务所重写。消息的内容通过服务程序"ReceiveMessage（）"读取。读取操作并不会删除报文信息，因此允许随时进行。这类通信方式特别适用于不同激活频率和执行频率的任务间的通信，因而通常用于同一网络节点上不同任务间的通信。

- 对于**可排队消息**，消息接收缓冲区可容纳多条消息。消息队列基于先进先出（FIFO）原则，按照消息出现的顺序进行读取和处理。"ReceiveMessage（）"服务一直从消息缓冲区中读取最"旧"的消息。消息一旦被读取就会被删除，后续参与计算过程的是消息的复制值。

此外，消息还被分为"**事件型消息（Event Messages）**"和"**状态型消息（State Messages）**"两类。两者间的区别在于报文与一个事件的发生有关还是与一个状态变量的数值变化有关。两者对应不同的适用场景。

- 对于事件型消息，一旦消息丢失就有可能导致发送方和接收方的信息不同步。因此这类消息对任务间的信息同步有决定性影响。例如利用增量编码器进行转速测量，当增量编码器某一刻的变化消息丢失时，就可能导致转速计算的错误。

- 对于状态型消息，它适用于更关注当前值的场景，即使曾发生过消息丢失，也可以用当前值覆盖旧值来保证信息传递的准确性。例如温度的测量，由于温度值的变化惯性较大，即使温度传感器在测量过程中丢失某个消息，对温度测量结果的正确性也无太大影响。

2.5.5.2　基于 AUTOSAR 的网络管理

除 OSI 模型各层所述的通信相关功能外，通信系统的正常运行还会需要其他一些协调功能的支持。该类功能一般在网络管理组件中实现。

网络管理组件会负责诸如操作系统参数设置、网络上各节点的微控制器运行模式控制等工作。具体而言，网络管理一方面需要切换微控制器的工作模式以降低功耗，另一方面还需要控制部分节点进入睡眠和唤醒状态。此外，网络管理还需对参与通信的网络节点进行监控，在其出现错误时报出故障以触发系统的故障修复动作。

案例：基于 AUTOSAR 规则的节点监控

如图 2.50 所示，节点诊断通过一个逻辑闭环实现。一种特殊的报文（称为**令牌**）从一个网络节点（逻辑前驱）向另一个网络节点（逻辑后继）传递。利用令牌在节点环之间的传递，可判断是否所有节点均激活并且处于无故障状态。如某个节点超过一定时长仍未收到令牌，则网络管理会判定该节点失效，相应的故障响应措施将被激活。

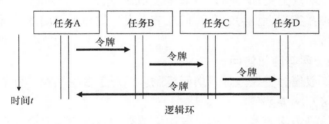

图 2.50　节点监控的逻辑环[3]

2.5.6　总线仲裁机制

为应对多个节点同时尝试向总线发送信息的场景，需要对总线的仲裁机制给出明确的规定。本节中，我们将概述解决此类访问冲突的主要策略，不同策略对通信系统运行能力造成的影响不同。参考文献［46］对这些策略做了详细的补充，供有兴趣的读者做进一步参考。

在图 2.51 中，我们汇总列出了一些常用的总线访问方法及其对应的不同策略名称。

2.5.6.1　中央控制与分散控制

总线访问方法一般分为中央控制型（通过所谓的主机节点执行）和分散控制

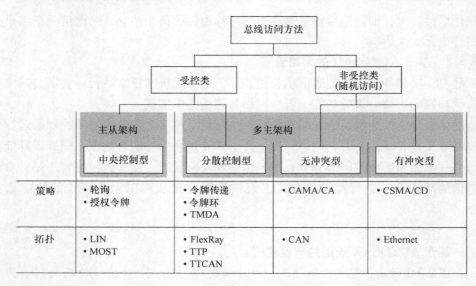

图 2.51　总线访问策略分类[46]

型（通过分散的节点执行）。中央控制型总线的访问一般使用**主从架构**（Master – Slave Architecture），而分散控制型则通过**多主架构**（Multi – Master Architecture）实现。主从架构在实现上更加容易，但如果主机出现故障将导致整个通信系统失效。分散式多主架构在实现上更为复杂，但在节点发生故障或关闭的情况下通信系统仍然可以正常运行。

2.5.6.2　受控访问与随机访问

主从架构一般遵循受控型总线访问机制。而对于多主架构，则需进一步分为受控和随机总线访问两类策略。

对于**随机总线访问**的多主架构，各网络节点在总线空闲时会立即发送报文。这就意味着存在多个节点同时访问总线的可能性。因此，此类随机访问策略也称为**载波监听多路访问**（Carrier Sense Multiple Access，CSMA）。

进一步地，基于随机总线访问是否存在冲突的可能，可将策略分为冲突策略或非冲突策略。对于不主动避免冲突但会识别并处理冲突的策略我们称为"**多点接入载波监听/冲突检测策略**"（CSMA/Collision – Detection，CSMA/CD）。最著名的 CSMA/CD 应用就是以太网[46]。

能主动避免冲突的策略称为"**多点接入载波监听/冲突避免策略**"（CSMA/Collision Avoidance，CSMA/CA）。技术上，可在仲裁阶段的实际用户数据传输前即由网络节点识别出冲突访问。由于传输报文存在优先级，只允许即将发送最高优先级报文的网络节点访问总线。当然，优先级也可以基于网络节点而非基于报文排序。最著名的基于报文优先级排列的 CSMA/CA 应用就是 CAN 总线[2]。

对于采用受控总线访问的多主架构，可将其策略分为令牌控制（Token – Controlled）和时间控制（Time-Controlled）两类。

令牌是一种特殊类型的报文，它会在不同的网络节点间穿梭。一旦某个节点获得令牌，则该节点被允许在一段时间内向总线发送报文。待该时间段结束后，令牌会传递到下一个节点。

时间控制策略则规定了每个网络节点在固定时间窗口内对总线独享访问权限。该策略也称为**时分多址机制**（Time Division Multiple Access，TDMA）。使用 TDMA 方法的协议有 FlexRay[48]、时间触发协议（Time Triggered Protocol，TTP)[49]以及时间触发 CAN 协议（Time Triggered CAN，TTCAN)[50]。

与实时操作系统的调度策略类似，我们在讨论总线策略时需要考虑上述不同策略组合的可能性。例如 FlexRay 本身是 TDMA 机制中的一种，但同时可以随机访问总线。

2.5.6.3 事件驱动及时钟控制

在进行通信系统选型时需要考虑多方面因素，例如传输能力、安全性要求、可靠性要求或者网络的空间限制。从实时性角度，可将访问方法区分为**事件驱动**及**时间控制**两类。与 2.4.4.6 小节处理器调度策略类似，两者的区别不仅取决于一个网络节点上执行任务所需时间的可预测性，还取决于通信系统中报文在两个节点间传输所需的时间（也称为通信时延）。事件驱动型总线（例如 CAN 总线）仅可实现对最高优先级报文延迟时间的评估，而时间控制系统则可对所有报文的延迟时间进行评估。

对跨处理器的多主架构系统，需要一个**全局的时基（Global Time）**。这是由于各处理器的本地时钟可能存在偏差，因此需要机制来保证所有网络节点上时钟的同步，且这种机制必须适用于通信系统以及其中所有网络节点的实时操作系统。在 AUTOSAR 中对不同的时钟同步算法给出了标准化定义。

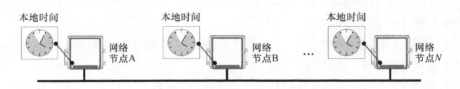

图 2.52　网络中不同本地时钟的偏差

2.6　系统的可靠性、安全性、监控和诊断

车辆功能失效（比如制动或转向失效）很可能导致严重事故，造成人员伤亡。因此，一项车辆功能无论通过何种方式实现，其可靠性和安全性都必须满足严苛的要求。

车辆电子系统更是如此，诸如 ESP 等功能虽然提高了车辆行驶的安全性，可一旦出现故障或失效，就将使驾驶过程暴露在危险之中，因此需要特别考虑安全方面的要求。

而对于用于支持驾驶员的辅助系统，由于其直接参与了驾驶任务，对其安全性的考量更加凸显。

案例：车辆电子系统不断凸显的安全相关性

与车辆安全相关的电子系统功能越来越多，例如：

● 用于情景分析的功能，例如车速、油箱液位、发动机或外部温度的显示。

● 用于情景评估的功能，例如结冰警告。

● 用于行动建议的功能，例如导航系统。

● 用于动作执行的功能，例如自适应巡航控制系统中的加速和制动干预，或主动前转向系统中的主动转向干预[23]。

因此，车辆功能的可靠性、安全性、监控和诊断正在变得越来越重要。在设计与安全相关的电子系统时，不仅要详细研究分布联网系统的特点，例如实时行为的可预测性，还要仔细分析其子系统或组件的故障和失效行为。另外，为了能够在车辆生产和服务期间快速检测出系统中的错误、失效及故障，在子系统和组件中还必须包含合适的诊断程序。在本节中，我们将介绍可靠性、安全性、监控和诊断的技术原理。而诸如法律限制等其他方面的知识，本节将不做展开。

2.6.1　基本术语

首先，我们要对与车辆功能需求相关的三个概念进行区分，即可靠性、可用性和安全性。在本书中采用 DIN⊖ 40041 和 DIN 40042 对可靠性和可用性的定义，以及 DIN 31000 中对安全性的定义如下[55]：

● **可靠性（Reliability）** 是指一个观测单元在给定条件、给定的一段时间内，适用于满足给定需求的所有相关特性。

● **可用性（Availability）** 是指在一个给定时间点上发现系统处于运行状态的概率。

● **安全性（Safety）** 是指风险不超过极限风险的情形。极限风险可被认为是系统可接受的最大风险。

此外，还需要区分错误（Fault）、失效（Failure）和故障（Malfunction）这三个概念：

⊖　DIN 为德国工业标准化协会，其中 DIN 40041 为《可靠性：概念》；DIN 40042 为《电子组件的可靠性》；DIN 31000 为《产品安全设计原则》。——译者注

　　错误（**Fault 或 Defect**）$^{\ominus}$是所描述对象的至少一项特性值出现的不可接受的偏差。错误是一种状态。"不可接受的偏差"指的是一个特性参数的实际值和目标值之差值超过了被允许的范围。

　　错误的类型有很多，例如设计错误、构造错误、生产错误、装配错误、维护错误、硬件错误、软件错误或操作错误。错误可能但不一定损害观测单元的功能。错误可能导致失效或故障。

　　失效（**Failure**）是指在一个任务开始执行后，由于其自身原因导致执行暂停的情况。失效是对先前完好单元功能的破坏。失效是一个事件，它是由一个或多个错误引起的。

　　失效有多种不同的分类方式，例如：
- 根据失效数量，例如：单次失效、多次失效或持续失效。
- 根据可预测性，例如：
  - 随机失效，即在统计学上与运行时间或其他失效无关的、不可预见的失效。
  - 系统性失效，由某些特定影响因子导致的高频发生的失效，例如早期失效或磨损失效等。
  - 确定性失效，在特定条件下可预见的失效。
- 根据损伤的大小和程度分类的失效。
- 根据失效行为的时间特征区分，例如跳跃失效或漂移失效。

　　故障（**Malfunction**）$^{\ominus}$是指任务开始执行后出现的短暂失效。故障是功能的中断或错误。"任务开始"可以是系统运营的开始，也可以是验收测试的开始。

案例：错误与失效的区别

　　一个灯泡烧坏了，我们可以将这一状态称为一个错误。然而只有在我们开启照明功能时，才可以说灯泡的照明功能出现了失效。

2.6.2　系统的可靠性和可用性

　　可靠性是指在给定时间内实现预期功能的能力。可靠性会受到失效和故障的影响，这两种情况都是错误产生的后果。因此，提高可靠性的方法也即阻止失效和故

$\ominus\ominus$　原书针对故障、错误给出的英文表述与目前汽车行业通用的 ISO 26262 标准存在差异，特此说明。在 ISO 26262 中，错误被表述为 error，而非原书中的 fault；故障被表述为 fault，而非原书中的 malfunction；malfunction 在 ISO26262 中的标准表述则为"异常"。具体解释可以参见标准的第十部分：指南。通常而言，错误可能导致失效，而故障则是失效中的一种情况。**站在实操角度，译者强烈建议，读者若非功能安全从业者或行业标准制定者，不必过分辨析三者之间的差异，在本书后文中，凡出现"错误"和"故障"二词，表述互换都不会影响对原作者主体观点的理解。——译者注**

障的方法。

应对与可靠性相关任务的一种常用的系统性方法是利用统计学模型[56-58]。在可靠性统计学中，有三个参数最为关键，即平均失效前时间 MTTF、可靠性函数 $R(t)$ 以及失效率 $\lambda(t)$。

2.6.2.1　可靠性函数 $R(t)$ 和失效率 $\lambda(t)$ 的定义

对于大量观测单位 $i=1$，2，3，$\cdots$，N 进行研究。观测单元 i 的失效行为可以用其正常工作的时长 T_i 来描述（图 2.53）。T_i 被描述为观测单元 i 在没有失效的情况下的工作时间。

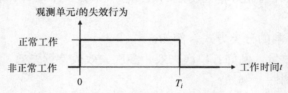

图 2.53　非失效工作时间 T_i 的定义

当在相同条件下大量相似的单元进行观测时，可得到相对累计失效频率 $\hat{F}(t)$：

$$\hat{F}(t) = \frac{n(t)}{N_0} \tag{2.6}$$

式中，$n(t)$ 为在观测了时间 t 之后，出现失效的观测单元数；N_0 为在时间 $t=0$ 初始时刻的观测单位单元数；$\hat{F}(t)$ 也称为经验失效函数。

进一步，经验可靠性函数 $\hat{R}(t)$ 由以下公式来定义：

$$\hat{R}(t) = \frac{N_0 - n(t)}{N_0} \tag{2.7}$$

根据大数法则，当 N 趋于无穷大时，失效频率 $\hat{F}(t)$ 将转化为失效概率 $F(t)$。相应地，失效概率的补数就是可靠度函数 $R(t)$：

$$R(t) = 1 - F(t) \tag{2.8}$$

因此，$R(t)$ 表示一个观测单位在 0 到 t 的时间间隔内正常工作的概率。通常用失效率 $\lambda(t)$ 代替可靠性函数 $R(t)$。它在可靠性和安全性分析中发挥着重要作用。

经验失效率 $\hat{\lambda}(t)$ 定义为时间区间 $(t, t+\delta t)$ 内的失效次数与在时间点 t 未发生失效的观测单元数量之比：

$$\hat{\lambda}(t) = \frac{n(t+\delta t) - n(t)}{N_0 - n(t)} \tag{2.9}$$

当 $N_0 \to \infty$ 且 $\delta t \to 0$ 时，经验失效频率 $\hat{\lambda}(t)$ 趋向于失效频率 $\lambda(t)$，将 $\lambda(t)$ 用可靠性函数 $R(t)$ 表示则为

$$\lambda(t) = -\frac{1}{R(t)} \cdot \frac{\mathrm{d}R(t)}{\mathrm{d}t} \tag{2.10}$$

当失效率 $\lambda(t) = \lambda = $ 常数时，则可靠性函数为

$$R(t) = -\frac{1}{\lambda} \cdot \frac{\mathrm{d}R(t)}{\mathrm{d}t} \qquad (2.11)$$

或

$$R(t) = \mathrm{e}^{-\lambda t} \qquad (2.12)$$

在这种情况下，失效概率服从统计学上的指数分布。通常失效率 $\lambda(t)$ 会随着时间的推移而变化。其典型的特征曲线如图 2.54 所示，也被称为"浴盆曲线 (Bathtub Curve)"。这样的失效概率分布在概率论中被称为威布尔分布 (Weibull Distribution)。

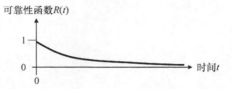
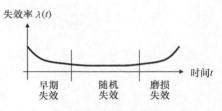

图 2.54　可靠性相关变量的定义

案例：失效率的计算

1000 台微处理器同时以同样的方式进行 1000h 的测试。假设在测试中的故障频率恒定，观测到 10 次失效，则失效率是多少？

已知

$$N_0 = 1000$$

以及

$$n(1000\mathrm{h}) = 10$$

计算可得经验可靠度：

$$\hat{R}(1000\mathrm{h}) = \frac{N_0 - n(1000\mathrm{h})}{N_0} = \frac{1000 - 10}{1000} = 0.99$$

进而通过 $R(1000\mathrm{h}) = \mathrm{e}^{-\lambda 1000\mathrm{h}}$ 可以得到失效率

$$\lambda \approx 1 \times 10^{-5}(每小时失效数)$$

2.6.2.2　平均失效前时间 MTTF 的定义

平均失效前时间 (Mean Time To Failure，MTTF) 适用于具有观测单位数量 N 非常大的情形，其定义如下：

$$\mathrm{MTTF} = \lim_{N \to \infty} \frac{1}{N} \sum_{i=1}^{N} T_i \qquad (2.13)$$

当且仅当失效率为常数时：

$$\mathrm{MTTF} = \frac{1}{\lambda} \qquad (2.14)$$

案例：MTTF 的计算

某车上使用 30 个微控制器，失效率 λ 恒定为 10^{-6}（每小时故障次数）。假设一个微处理器的失效可被容忍，则 MTTF 的值为多少？

已知

$$N_0 = 30$$

且

$$n(\text{MTTF}) = 1$$

则计算可得：

$$\hat{R}(\text{MTTF}) = \frac{N_0 - n(\text{MTTF})}{N_0} = \frac{29}{30}$$

再用 $R(\text{MTTF}) = e^{-\lambda \cdot \text{MTTF}}$ 可以得到：

$$\text{MTTF} \approx 3.4 \times 10^4\text{h} \approx 3.87 \text{ 年}$$

2.6.2.3 平均失效修复时间 MTTR 的定义

对于可维修的系统例如车辆，必须考虑失效前工作时间（运行时间）T_B 和失效时间 T_A（图 2.55）。

其中，系统无故障运行时间由上文定义的 MTTF 来表示，而平均故障时间则由 MTTR 来表示。MTTR（Mean Time To Repair）代表平均失效恢复时间，其公式为

$$\text{MTTR} = \lim_{N \to \infty} \frac{1}{N} \sum_{i=1}^{N} T_{Ai} \tag{2.15}$$

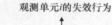
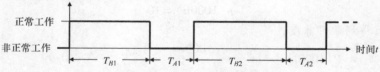

图 2.55 可维修系统的运行时间和故障时间

2.6.2.4 平均可用率的定义

由此，可引出"平均可用率"的概念，其定义如下：

$$V = \frac{\text{平均运行时间}}{\text{总时间}} = \frac{\text{MTTF}}{\text{MTTF} + \text{MTTR}} = \frac{1}{1 + \dfrac{\text{MTTR}}{\text{MTTF}}} \tag{2.16}$$

从公式显而易见，为了实现高可用率，MTTF 必须比 MTTR 大。

增加失效前工作时间 MTTF 有两种路径，一是可以通过不断优化使系统更加可靠，例如使用高可靠性的组件；二是通过采用可容忍组件失效的系统架构，例如使用冗余系统组件或失效保护行为（见 2.6.4.4 小节）。

而减少失效修复时间 MTTR 则可采用快速可靠的故障诊断例如在检测过程中使用诊断设备支持，或采用快速可靠的故障消除措施，如简单的维修。

案例：OBD 对发动机控制系统的要求

车辆功能的可靠性要求部分由立法机关规定。一个众所周知的例子就是车载诊

断要求（OBD），即对发动机所有排放相关部件的诊断要求。这一要求对发动机控制器的功能产生了重大影响。所有与控制器相连的排放相关部件以及控制器本身都必须被持续监控，且必须能够识别、存储、显示失效和故障[59]。

2.6.3　系统的安全性

与可靠性和可用性不同，在定义安全性时并未涉及观测单元的功能。因此当我们谈论一个系统的安全性时，我们关注的是不存在不可接受的高风险，至于观测单元能否正常工作并不重要。

对于车辆系统而言，这意味着只有在没有错误或错误所引发的危险小到可忽略不计的情况下，系统才可被认为是安全的。需要注意，"小到可忽略"的风险通常是可以被接受的。提高安全性的主要措施是减少由错误、失效和故障所引发的危险后果。

2.6.3.1　安全工程术语的定义

在 DIN 31000 中对安全工程中最重要的术语进行了定义。

在安全工程领域，错误、失效和故障所造成的不良后果称为**损害（Damage）**。在法律上，损害可以理解为由于特定的技术过程或状态导致合法权益受到侵害而造成的不利。尽管除了健康以外，财产也属于合法权益，但在安全工程的背景下，纯粹的经济损失通常被置于次要地位，而对人的生命和肢体的损害则被放在主要地位。此外，损害通常还包括对环境的破坏。

安全风险，简称为**风险**，是对危险的量化表示。风险不能被完全消除。在安全工程领域，风险通常被定义为造成损害的事件发生概率与事件发生时的预期损害程度的乘积。两个因子都可作为风险的测度。另外，风险还可以通过多维度变量来表示。导致损害的事件称为事故（Accident），基于这一概念，可以得到风险的表达式：

$$\text{风险} = \text{事故发生概率} \times \text{事故损害程度} \tag{2.17}$$

或表达为

$$\text{风险} = \left\{ \begin{array}{l} \text{事故发生概率} \\ \text{事故损害程度} \end{array} \right\} \tag{2.18}$$

风险边界：可被容忍的最大风险。一般来说，风险边界是无法量化的。因此，它通常由安全规范来间接描述。这些安全规范由适用于某特殊场景的所有法律、标准和规则汇总而来，其中也隐含着对风险边界的定义。

危险（Hazard）：对人和/或环境存在实际或潜在威胁的情况。这种威胁会导致事故的发生，对人、环境和观测单位带来不良后果。因此，危险是指风险大于风险边界的情况。

危险种类繁多，例如电危险、热危险、化学或机械危险。危险总是来自系统整体，而不是单个组件。这就意味着在真实情况下几乎不可能提前发现和避免所有的危险，我们必须接受系统中存在部分残余风险。所谓的**危险分析**（Hazard Analysis），目的就是为了尽可能多地识别危险。

安全：与危险相反，安全是指风险不大于风险边界的情况。

风险、风险边界、危险和安全几个术语的关系如图 2.56 所示。

另一个常见的术语是**保护**，这一概念直接基于风险而定义，指的是通过限制损害发生概率或损害程度而使风险降低的措施。

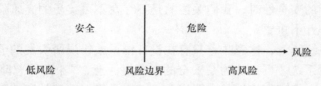

图 2.56　安全工程基本概念的图示关系（基于 DIN 31000 定义）

2.6.3.2　风险的确定

为了确定系统的风险，在 IEC 61508[20] 中采用了发生概率 W、损害程度 S、停留时间 A 和危险预防 G 等参数对故障和失效进行风险分析。

利用这些参数可确定 IEC 规定的安全完整性等级 SIL 0 ~ SIL 4，并通过风险图予以展示（图 2.57）。这些参数是衡量风险的标准。而在汽车功能安全标准 ISO 26262 中，则是基于可控性 C（Controllability）、暴露概率 E（Exposure）、严重度 S

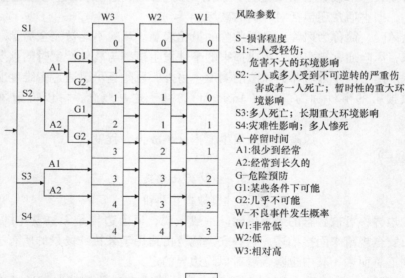

图 2.57　确定安全完整性等级的风险图（根据 IEC 61508[20]）

（Severity）三个参数确定汽车安全完整性等级 ASIL A ~ ASIL D。

在分析过程中，必须综合考虑系统的所有功能以确定其潜在风险。对于系统的每一项功能，必须用相应的风险参数来评估可能发生的故障。这就需要为系统设计一套合理的安全架构。

案例：电子节气门 SIL 安全完整性等级确定

图 2.58 为汽油机电子节气门系统的简化结构。

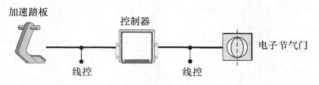

图 2.58　电子节气门系统

我们以一个危险驾驶情景为假设分析：

驾驶情景：在车队中高速行驶。

可能出现的危险情况：非故意地将加速踏板踩到底；和相关的车辆发生碰撞；转弯时失去对车辆控制。

风险参数确定：S3—多人受伤或死亡；A1—停留时间很少到经常；W1—发生概率极低。

由此可得，"加速"功能的安全完整性等级为 SIL 2。该等级对系统架构提出了安全要求，具体可分解为对控制器硬件/软件、设定值发生器、传感器、执行器和通信通道的安全要求，这些要求在诸如 ISO 26262 或 IEC 61508 等标准中都进行了规定。

2.6.4　系统监控和诊断

如果一个安全相关系统不再能可靠执行其功能，那么将可能导致危险情况的发生。这时系统必须按照规定的安全逻辑对潜在危险予以回应。而发出这种安全响应的前提条件是，系统必须能够可靠地检测到故障、失效或错误。

因此，故障检测是系统监控措施中最核心的组成部分，对电子系统的可靠性和安全性起着重要作用[55]。本书采用参考文献［54，55］中对监控、故障检测和故障处理的定义。

2.6.4.1　监控

对技术系统监控的目的是为了识别诸如错误等非期望或未经授权的系统状态，并在必要时采取适当的应对措施。系统状态与"正常"状态的偏差是由故障或失效造成的，而错误则是其原因。换而言之，如果错误发生后不采取措施，将导致故障和失效。而监控的目的就是在故障或失效发生前，尽早识别错误并进行错误处理，从而完全阻止故障和失效的发生[⊖]。

监控功能的结构如图 2.59 所示。

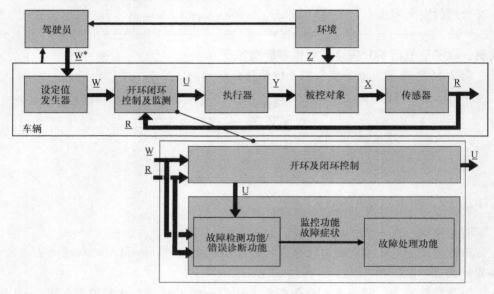

图 2.59　监控功能的结构

2.6.4.2　故障检测

故障检测方法也被称为故障诊断方法。它所检测的是至少两个值之间的关系是否能被满足。当检测到的关系和实际的关系偏差超过被允许的范围，则将该现象称为故障症状。在汽车电子系统中，常见的故障检测方法举例如下。

2.6.4.2.1　参考值校验

该方法采用了"问答游戏"的思路。在校验时通过向系统提问的形式触发，该问题的答案是已知的。系统为回答该问题，必须执行相应的功能或子功能。如果系统执行后得到的答案与已知答案不符，则认为系统出现故障。

2.6.4.2.2　冗余值校验

使系统输出两个或两个以上的可比结果，通过比较其一致性确定是否存在系统故障。该方法在软件中有多种实现方式：

● **多算法在单处理器上执行**：对相同的输入值使用两种基于不同原理的算法。通常算法原理的差异也被称为"多样性"。在软件的冗余值校验中，多样性是必不可少的，因为所有的软件故障都是系统性故障，也必须通过系统级的"多样性"

⊖　在车载系统中，错误的发生即被认为会导致潜在的故障或失效的发生。因而通常不会将错误和故障进行明确区分。在下文中，将统一采用行业更常见的用语"故障"。——译者注

保证冗余校验的结果无遗漏。

● **多算法在多处理器上执行**：当多样的算法在同一个微处理器上运行时，冗余值仅依靠软件多样性达成。我们也可以将算法在不同微处理器上执行，那么就可以同时实现软件和硬件的多样性。

● **单算法在单处理器上反复执行**：对不同的输入值可以采用相同的算法反复计算，可用于检测系统的瞬时故障。

2.6.4.2.3 通信链路监控

通过监控通信连接确保数据传输安全，典型方法包括奇偶校验（Parity Check）、循环冗余校验（CRC）或汉明码（Hamming Code）等[60]。

2.6.4.2.4 握手（Handshake）

消息的接收者向发送者发送通知，以告知消息接收、消息的状态以及接收者的状态。

2.6.4.2.5 监控物理特性

一个典型的例子是温度传感器，若测量得到的温度过高，则可能意味着传感器信号存在问题。另一种应用是检查信号值在随时间变化过程中是否超过了某极限值。

2.6.4.2.6 监控程序的执行

通过监控程序的执行确保数据的正确处理，典型的例子是使用看门狗（watchdog）电路，该电路在程序执行时间过长的情况下触发故障响应机制，例如让微处理器复位。

2.6.4.3 故障处理

故障处理程序定义了如何对检测到的故障做出响应。常见的**故障处理措施**包括：

● **使用冗余值**：冗余方法不仅用于故障检测，在故障处理中也同样是最有效措施之一。然而，采用冗余值替代故障值的前提是，必须设计一个标准以确定哪个值才是正确的。在有的情况下，故障检测已经能够确定哪个计算结果存在错误；而在另一些情况下，则需要使用"更安全侧"的容错算法对故障做出响应，例如使用第一个值、更高的值、平均值或类似的算法。

● **关闭子系统或关闭整个系统**。

● **停留在故障状态或改变运行策略**。

● **故障存储**，例如存储在控制器的故障存储器中（参阅第2.6.6节）。

● **故障清除**，例如通过看门狗电路复位微处理器。

在现实情况中，通常会使用上述措施的组合来保障故障处理达成预期。

2.6.4.4 安全逻辑

安全逻辑描述了不同类型的安全相关系统的故障处理措施。在这里我们要引出**安全状态（Safestate）**的概念用于对系统进行分类。

如果一个系统存在一种可确保其安全的状态，例如系统的紧急关机，那么它的安全响应机制就是进入这一状态。同时，系统必须在确保可控的前提下才允许退出安全状态。尤其需要注意，决不能因为进一步的错误、故障或失效而触发系统退出安全状态。当故障发生时可进入安全状态的系统被称为**故障安全系统**（Fail – Safe – System）。

另一种情况是，当系统进入安全状态后，仍需以低性能的方式继续运行，则称该系统为**故障抑制系统**（Fail – Reduced – System）。这种情形下，系统的功能通常也会减少或受限，即系统进入紧急运行状态（例如跛行回家模式）。当然，进入低性能操作模式也可能是处于资源受限的考量，或为降低风险而有意为之。

第三种情况则针对那些在技术上无法进入安全状态的系统，例如车辆行驶过程中的许多必要功能。一旦系统故障发生，必须防止其对车辆行为的负面影响，因此需将系统切换到实现预留的备用系统。原则上，备用系统的运行方式可以与原系统保持一致，也可以存在差异。具有这种安全响应机制的系统也称为**故障运行系统**（Fail – Operational – System）。

在车辆的安全相关系统中，通常要求系统的安全逻辑以"故障运行—故障运行—故障安全"或"故障运行—故障运行—故障抑制"的形式设计。这意味着系统在出现两次连续的失效后仍必须保持完全运行；只有当第三次失效发生时，系统才可以切换到安全状态或紧急状态。

一辆汽车要想上路，最好能用最"容易"的方式证明其设计是安全的。首先，这要求系统能够将复杂的关系追溯到基本简单且易于管理的机制上。因此，"简洁性"是安全相关系统设计的基本原则之一[54]。此外，我们还希望将较高的安全性要求限制在尽可能少的组件范围内。因此，封装和模块化是安全相关系统设计的另两项重要原则。

当然，容错系统的设计还有一些其他的原则及方法，例如故障树分析（Fault Tree Analysis，FTA）、因果分析（Cause Effect Analysis）或失效模式和影响分析（Failure Mode and Effects Analysis，FMEA）等。在本书中不再详细讨论，感兴趣的读者可进一步阅读参考文献［53，61，62］。

2.6.4.5 软件功能安全

经典工程领域的开发（如机械、液压、电气等）与软件的开发存在极大差异，在功能安全方面区别尤为明显[53]，主要体现在以下几个方面：

- **控制实现的难度**：经典物理学科中采用模拟信号实现开闭环的控制，而软件则采用数字信号。从模拟信号转化为数字信号增加了控制的实现难度，且容易造成误差。难度主要来自于将连续性函数转化为离散性函数的极高成本。对离散性函数的定义通常非常复杂，诸如数值的离散化、时间的离散化、并行处理等均对控制的实现带来了挑战。

- **测试难度**：与测试软件相比，模拟系统遵循物理上的连续性。这种特点比软件系统更有利于测试的开展。物理系统通常在固定的区域内运行并且在失效前出现失真现象。输入变量的微小变化往往会导致功能表现的微小变化。我们可以仅在其工作区域内的特定点上进行测试，再根据系统的连续性，采用内插法或外推法估算其他工作点的情况[30]。这种方法并不适用于软件，因为软件完全可能因为输入变量的一点微小变化而导致输出结果完全偏离正常表现，从而造成各种意想不到的故障。

- **开发难度**：对系统在物理上进行较大改动时往往成本极高。而软件则不受这些"天然"的实体限制，变更成本通常相对较低。
- **失效方式**：软件不存在"年久失修"现象，同时生产因素也不会影响软件的质量。但另一方面，这也意味着所有软件错误都是根植于开发流程中的系统性错误。因此在软件的开发和质量保证方面保持谨慎细致尤为重要。

在确保软件系统的开发可靠性时，必须考虑到如下几方面因素：

- 开发正确性，确保系统在所有可能的情况下都按定义的方式运行。
- 运行时故障以及潜在的开发错误必须及时被发现和处理。
- 对系统的操纵，如未经授权的对**控制器**程序或数据的操纵，必须通过适当的安全措施来发现和预防。

2.6.5　控制器监控系统的构成

电子控制器的监控功能一般采用软硬件措施相结合的方式来实现。常见的硬件措施包括使用"智能"的输出级组件或看门狗电路。而软件措施则相对灵活，存在多种方法对错误、故障及失效做出响应。

与纯机械或液压元件相比，当系统加入控制器后，无论是原有的纯机械部分还是新加入的控制器，它们的错误、故障及失效均拥有了被识别和处理的可行性。

正因如此，在许多应用中，监控功能的设计被放到了与开闭环控制同等重要的位置。一方面，考虑到越来越多的监控功能通过软件手段实现，这会对整个电子系统及软件架构产生影响。另一方面，监控功能的开发在设计早期阶段就必须介入，意味着它又会影响到系统开发的每个阶段。在本书之后章节中，凡笼统提及"功能"一词，不仅指代开闭环控制，也包含监控功能。

在本节中，我们将聚焦于软件监控系统，它通常被部署在电控设备中，如图 2.60 所示。一个软件监控系统通常包含两个层级。下层负责监控电控单元中的微控制器，而上层则用于监控设定值发生器、传感器、执行器及开闭环控制功能。

通常对微控制器的监控需要涉及两台计算机，除功能计算机外，还需一台额外的所谓"监控计算机"。用于监控微控制器的软件被部署在两台计算机中，且两者彼此监控。

如果检测到故障，功能计算机和监控计算机上的软件会触发各自的故障处理过程，通常措施包含软件和硬件两个方面。监控功能的输出变量是故障症状。

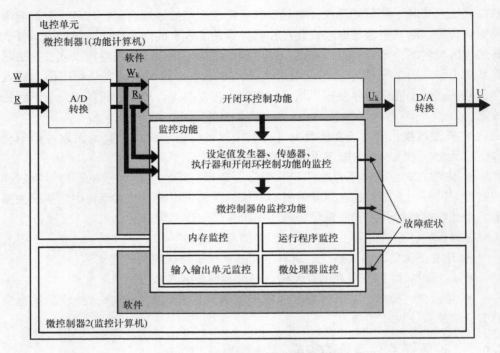

图 2.60　控制器软件监控功能概览

2.6.5.1　微控制器功能的监控

微控制器的监控目标是微控制器中的各个组件，包括内存区域（Flash、EEP-ROM 或 RAM）、输入输出单元以及微处理器。有些检查是在控制器上电后的初始化阶段开始执行的；同时在控制器正常工作过程中，也会周期性触发一些检查，以便发现在运行过程中某个组件的失效；还有一些检查耗时较长，通常会安排在车辆下电后再进行，例如 EEPROM 检查等。这样既可以避免影响其他功能的正常运行，也可以避免控制器的启动延时。

同时，微控制器中的程序也需要监控。例如，监控功能会检查某任务是否按预期方式被周期性正确激活了，或必要的报文（例如通过 CAN 总线）按预期方式被周期性接收了。

5.2.2 节将详细讨论实时系统中故障检测和故障处理措施的实现。

2.6.5.2　设定值发生器、传感器、执行器以及开闭环控制功能的监控

在系统输入端，首先需要对设定值发生器和传感器的功能进行监控，例如检查所有设定值发生器和传感器的连接线是否完好或信号是否合理。通常可以利用不同设定值发生器和传感器信号之间的已知物理关系来判断。当出现不合理的信号值时，系统会触发故障处理机制，例如要求信号值采用默认值等。

在系统的输出端，我们也需要持续监控执行器的功能是否正确或接线是否完

好。一种方式是输出测试信号，通过检查系统对该信号的反应来判断功能是否正常，这种方法必须要提前设定相应的边界条件，以防测试本身对车辆造成危害。另一种方式是实时记录系统运行过程中执行器的电流值，通过将其与规定的限值对比，当差值超过一定范围后即认为故障发生。

在系统中间环节，需要对开闭环控制功能进行监控。对于微控制器的控制输出值需要进行合理性检查，例如通过监控计算机中的简化版功能的输出值来校验功能计算机中的开闭环实际输出值的合理性。

案例：发动机控制器的结构

在发动机控制器中，许多控制功能都具有极高的安全性和可靠性要求，因此必须使用监控计算机，如图 2.61 所示。

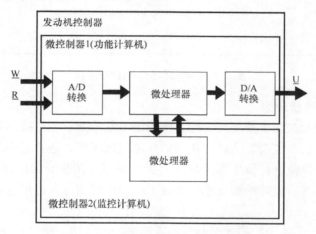

图 2.61　发动机控制器的简化方块图[6]

5.2 节中将详细介绍发动机控制系统中安全相关功能的监控概念分析方法以及相关规范。

2.6.6　控制器诊断系统的组成

诊断系统通常被视为监控系统的子系统，它是车载电控产品必备的组件。故障诊断功能包括车载诊断和非车载诊断两类（图 2.62）。

2.6.6.1　非车载诊断功能

如果故障的检测是通过一个控制器外接的诊断测试仪实现，则将其称为非车载诊断功能。车载诊断功能通常在造车或车辆维修过程中使用。首先诊断测试仪会与车辆上的中央诊断接口（也被称为诊断连接器）相连，而诊断接口的另一端则连通着车上的各个控制器。由此，所有控制器的诊断都可以通过中央诊断接口实现。

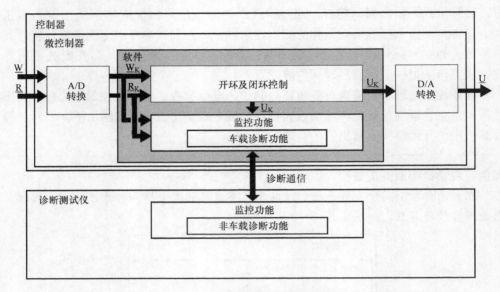

图 2.62 车载和非车载诊断功能

2.6.6.2 车载诊断功能

如果故障检测功能由控制器执行，则属于车载诊断。当车载诊断功能检测到错误、失效或故障后，控制器会触发相应的故障处理程序，通常还会将故障信息写入故障存储器中，以便日后读取和评估（例如在修理厂用诊断测试仪进行诊断）。根据不同的应用情况，故障检测功能可以在系统启动时执行，也可在运行过程中循环执行。

图 2.63 展示了一个控制器车载诊断系统的结构示例。除了用于设定值发生器、传感器和执行器诊断的功能软件外，它还包括对开闭环控制功能的诊断。此外，它还包括一个故障存储管理器，用于在管理故障存储器中写入或清除故障信息。另外，用于激活诊断仪进行非车载诊断通信的基础软件组件也是诊断系统的一部分。

车载诊断功能可以在正常工作时检查控制器的输入和输出信号，同时也会持续监控整个电子系统的错误、失效、故障等情况。

诊断系统最初是只是为了在车辆维修期间快速发现并修复电子系统故障而设计的。但发展至今，随着车辆安全性和可靠性法规的推动，已经成为控制器不可或缺的子系统。

2.6.6.3 设定值发生器和传感器的诊断功能

对设定值发生器、传感器及其与控制器的连接线的监控可以根据对输入信号的评估实现。除了检测故障外，这种方法还可用于检测电池电压短路、接地短路或断路等情况，包括：

- 监控设定值发生器或传感器的电源电压。

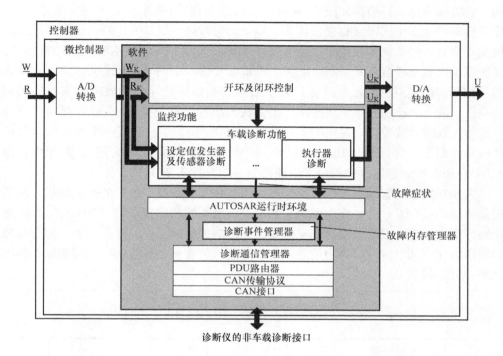

图 2.63　ECU 车载诊断系统结构

- 检查所记录的数值是否在允许的数值范围内。
- 如果可采集更多信息，则可进一步完成合理性检查。

通过测量控制器输入信号和内部变量，可以实现对设定值发生器和传感器的诊断。这些信号通过非车载诊断通信传输到诊断测试仪。传输信号的物理值实时显示在诊断测试仪中。为了检查可信度，还可以在诊断测试仪中测量总线上的信号（即总线监控）。此外，还可以在车辆上额外安装一个诊断测量模块，从而设置专门的信号用于合理性检查。

2.6.6.4　执行器诊断

执行器诊断功能通常在车辆维修期间由诊断测试仪触发，通过控制器针对性地激活与之相连的某执行器以完成检查。该模式通常只能在车辆静止且满足一些指定条件时才能工作（例如要求发动机转速低于某限值或处于静止状态）。在对执行器诊断期间，控制器不能执行开闭环控制功能。相反，从控制器输出以操纵执行器的变量是由诊断测试仪实时模拟的。执行器的功能可以通过声学检查（例如敲击阀门的声响）、光学检查（例如通过阀门移动）或其他简单的方法来检验。

2.6.6.5　故障存储管理器

一般情况下，由车载诊断识别出的故障信息会写入控制器的故障存储器中。故障存储器通常位于 EEPROM 中，目的是为永久保留故障条目。以发动机控制器为例，它的故障存储器结构如图 2.64 所示。按照法规[59]要求，对于每个故障信息，除了故障的标准化代码（诊断故障码，以下简称故障码，DTC）外，还必须记录其他相关信息，包括故障发生时的运行或环境状态（例如故障发生时的发动机转速、发动机温度或里程数等）、故障类型（例如电气故障中的断路或短路等）、故障状态（如静态故障或偶发性故障等）以及故障的其他特征（包括故障是在被检测到之前已经发生、已经发生了多少次、是否在当前时间点发生等）。故障存储管理器负责写入或清除故障存储器中的条目，在 AUTOSAR[3] 中，存在一个独立的软件组件——诊断事件管理器（Diagnostic Event Manager，DEM）来实现功能。DEM 是 AUTOSAR 系统服务组件中的一个组成部分（参见图 1.24）。

　　尤其在发动机管理系统中，其功能的设计往往必须遵守各国的排放法规。除了记录故障码（DTC）外，控制系统还必须设计所谓的故障指示灯（MIL 灯⊖）闪烁代码，以告知驾驶员那些会对车辆排放造成影响的故障。在一些条件下，部分故障的信息也允许从故障存储器中清除，例如有些故障在一定数量的行驶周期内不再出现后，可将其清除。

条目	故障症状	故障码(DTC)	故障指示灯(MIL)	是否已保存	是否已激活	环境状态		
1	进气温度传感器	P0110		是	否			
2	加速信息	P1605	关	否	是			
3								
4								
⋮								

图 2.64　控制器故障存储器的结构

　　当车辆在维修厂检查时，存储于故障存储器中的信息可以被诊断测试仪通过非车载诊断接口读出。这些信息有助于故障的分析和修复。由控制器到诊断测试仪的信息传输以非车载诊断通信报文为载体，报文中包含了图 2.64 中灰色圈出的所有故障内容。故障存储器按照诊断测试仪的要求生成报文，诊断测试仪获得报文信息后，会在屏幕上显示故障码，或者采用更易理解的方式，将如图 2.64 所列的信息以纯文本的形式显示出来。为此，诊断测试仪需要存有各个控制器故障码和故障描述的对应关系。

　　当故障成功修复后，可通过诊断测试仪向故障存储管理器发出命令，将故障从存储器中彻底擦除。

⊖　MIL 灯一般在排放相关故障发生时点亮，但因发动机大多数严重故障均或多或少影响排放，所以 MIL 灯也被视为发动机出现严重故障时的指示灯。——译者注

2.6.6.6 非车载诊断通信

在参考文献［3，39，40］中定义了诊断测试仪和控制器之间的通信标准。基于这些标准，我们可以对车内所有控制器的非车载诊断通信进行统一定义。与车载通信的软件组件一样，控制器与诊断测试仪之间的非车载诊断通信的软件组件也是标准化的。

2.6.6.7 基于模型的故障检测

最后来讨论基于模型的故障检测，也称为基于模型的诊断。它正在被越来越广泛地应用于控制器中。图 2.65 给出了它的结构示意。

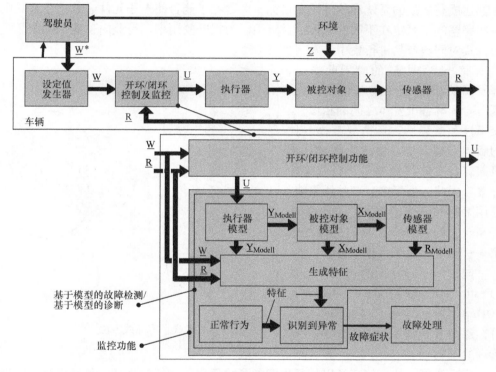

图 2.65 基于模型的故障检测原理[55]

故障检测利用了在静态或动态系统行为中可测量信号间的相互依赖关系。这种关系通过使用执行器、被控对象和传感器的模型而建立。我们可以采用一些控制工程的方法，例如模型方程或状态观测器等[34,35]。由此，控制器、传感器、电子系统及执行器中的故障可以根据各个元件的输入变量值的情况来检测（包括控制器输出变量 U 以及反馈变量 R，有时还会使用参考变量 W 及控制变量 Y）。

基于模型的故障检测将真实组件的行为与建模组件的行为进行比较，并使用合适的方法生成特征。如果这些特征偏离了预设的正常行为，就会生成故障症状，这也是故障处理的基础。

2.7 产品线方法和系统变体

本节中我们将讨论产品线和变体管理的基础知识。

车型的变体数量不断增加已经成为显著的趋势，这主要是由于车辆客户自定义选装功能的增加、车身及动力系统变体的增多以及不同地区的差异性法规条件所导致的。

这一现象直接影响到汽车电子系统的开发。为了以尽可能低的成本使所有的变体都达成高质量的系统和软件开发目标，关键在于能否使电子元件、软件乃至其中一些完整的子系统在不同的变体中被复用。为提升复用率，行业内普遍采用产品线的方式对同类产品进行集中开发（图 2.66）。

而产品线方法的应用前提是，开发团队必须对变体有整体认识，既需要理解各个变体之间的相似性、交叉性和差异性，还需要掌握变体的版本管理方法，由此才能设计出可兼容各变体特性的电子电气架构方案。因此，近年来，产品线策略、复用策略和变体策略的重要性明显提高。它们还有个更耳熟能详的名字——模块化及平台化策略。

同时，面向特征的领域分析法（Feature Oriented Domain Analysis, FODA）[106]也得到了越来越多的认可，逐渐被视为变体分析、创建和管理的基础。

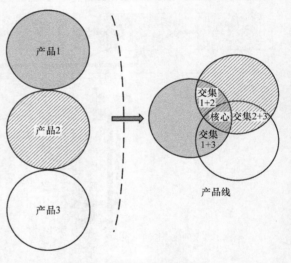

图 2.66　产品线方法[105]

产品线可能的变体特征以特征模型的形式呈现。特征模型是一种基于模型的形式化方法。它展示了一个汽车产品线的每个变体中的特征间的逻辑依赖关系。

特征模型以树状图形式呈现，其中，树根代表"车辆"，树根展开的树枝结构记录着各项变体特征。分支通常是车辆的子系统，如 1.2 节所述。分支与各个树叶之间的关系可以具有不同的逻辑含义，例如：

- 基本特征（强制）。
- 可选特征（非强制的）。
- 或特征（可选配置，用 OR 表示）。
- 异或特征（排他性可选配置，用 XOR 表示）。

此外，每个树叶或分支点之间也可以设置约束，例如

- "特征 A **需要**特征 B"。
- 或 "特征 A 和特征 B 是**相互排斥**的"。

图 2.67 展示了一个基于 FODA 方法的特征模型的简单图形示例。在现实世界中，一个车辆产品线的特征模型远比图示更庞大、更复杂。然而，所有关于变体的重要问题都可以基于这个简化的例子来讨论，比如：

- 一个变体是有效的吗？
- 所有变体都有一个基本范围吗？
- 变体的基本特征是什么？
- 特征模型中是否存在"失效"特征，即某一特征不属于任何一种变体？
- 模型中一共有多少个变体？
- 这些变体是什么？
- 特征模型中变体复杂度增加的驱动因素是什么？
- 某一个特征同时被应用于多少变体？
- 特征模型的变化将如何影响变体的数量？

为了便于分析，通常可将特征模型转换为命题逻辑，其中的变量以功能表的形式呈现。

根据基本的逻辑定律，例如分配律和吸收律，命题逻辑可以转换为析取范式。利用这种逻辑关系的标准化形式，我们可以回答上述所有问题。

对于图 2.67 所示的示例，仍然可以简单地"通过仔细观察"真值表来找到析取范式（表 2.1），我们可以举例回答部分上述问题：

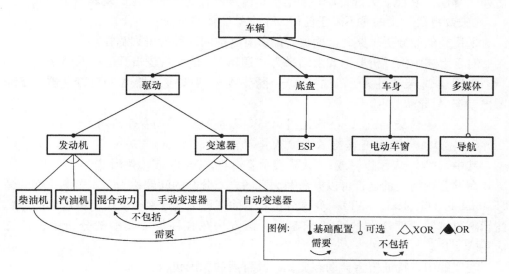

图 2.67　基于 FODA 的特征模型

表 2.1　简化特征模型的真值表（对应图 2.67）

柴油机	汽油机	混动	手动变速器	自动变速器	ESP	电动车窗	导航	结果
1	0	0	1	0	1	1	1	0
1	0	0	1	0	1	1	0	0
1	0	0	0	1	1	1	1	1
1	0	0	0	1	1	1	0	1
0	1	0	1	0	1	1	1	1
0	1	0	1	0	1	1	0	1
0	1	0	0	1	1	1	1	1
0	1	0	0	1	1	1	0	1
0	0	1	1	0	1	1	1	0
0	0	1	1	0	1	1	0	0
0	0	1	0	1	1	1	1	1
0	0	1	0	1	1	1	0	1

　　有效变体指的是在表 2.1 中"结果"栏显示为"逻辑 1"的变体。同时，所有未在表 2.1 中显示的变量逻辑组合都会导致"逻辑 0"的结果，都是**无效的变体**。

　　在本案例中只有 8 个有效变体，即在"结果"列中显示为"1"的情形。但其背后的 8 个变量理论上可产生 $2^8 = 256$ 种逻辑赋值。

　　变体的产生一方面来自于发动机和变速器的不同配置，同时还有消费者选配的诸如"导航"功能。另外，ESP 和电动车窗是所有变体都满足的**基本特征**。

　　"失效特征"指的是不属于任何一个有效变体的特征。

　　采用类似的分析思路，上面提到的所有其他问题都能得到解答。

　　对于上述示例，析取范式由结果为"逻辑 1"的 8 行逻辑真值析取而来：

　　车辆 ＝［柴油机 $\wedge\neg$ 汽油机 $\wedge\neg$ 混动 $\wedge\neg$ 手动变速器 $\wedge$ 自动变速器 $\wedge$ ESP $\wedge$ 电动窗 $\wedge$ 导航］V

　　　　　［柴油机 $\wedge\neg$ 汽油机 $\wedge\neg$ 混动 $\wedge\neg$ 手动变速器 $\wedge$

　　　　　自动变速器 $\wedge$ ESP $\wedge$ 电动窗 $\wedge\neg$ 导航］V……

　　其中，"V"表示逻辑或；"$\wedge$"表示逻辑与；"$\neg$"表示逻辑非。

　　命题公式的变量是否可以以命题为真的方式分配的问题称为布尔可满足性问题（Saturability Problem，SAT）。变体分析和变体管理工具通常会使用一种经典的命题逻辑解决算法，即所谓的 SAT 求解器。该方法在各种特征模型的分析中被广泛应用[107,108]。

　　在实践中，特征模型会动态变化，其背后的原因包括：

- 随着技术进步，原先的选配功能逐渐成为标配的基本功能。
- 出于营销原因，一些限制仅适用于特定时间段。

● 由于法律条件的限制，一些限制仅适用于某些销售市场。

因此我们必须将特征模型和技术实现分开处理。对车辆开发工作而言，对特征模型的持续分析本身就是一项独立且重要的工作。

通过分析，特征模型可以与实现特征所需的车辆组件形成关联（包括硬件和软件组件）。这样就可准确地分析出，为了支持不同的变体，哪些软件和硬件组件需要分离，哪些则不需要分离[19]。还可以确定哪些硬件和软件是构建一个产品变体所必需的，哪些则不是。除此之外，还必须考虑到实施（又称"问题解决空间"）对特征模型（又称"问题空间"）的影响。

在实践中，对产品线采取分阶段开发策略已成为行业惯例。一般率先开发的是所谓的 150% 产品线，即考虑到一个车辆平台的所有特征并涵盖多个车型系列，到 120% 的产品线，即只包含一个车型系列的特征。

如果我们将图 2.67 中的特征模型视为 150% 产品线，那么图 2.68 则是其 120% 产品线的一种可能结果。在图示的 120% 产品线中，已不具备"混合动力"和"电动车窗"这两种配置。

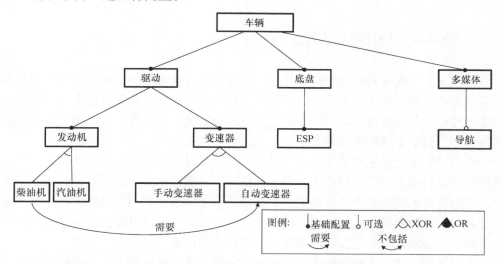

图 2.68　某车型系列的 120% 特征模型

图 2.69 中给出了基于图 2.68 的 120% 特征模型配置而来的一个具体且完整的车型特征选择结果，以灰底显示。所谓的"完整"，意味着该选择下的车辆已经可用于制造和测试了。

产品线和变体分析的目标始终是用尽可能少的硬件和软件组件来适配所有的产品变体。想要实现这一目的，必须在设计早期即对特征模型与组件架构之间的交互关系进行分析、识别、理解和优化。这些任务需要适当的工具支持。目前已有多种标准可供参考，感兴趣的读者可进一步阅读[109,110]。

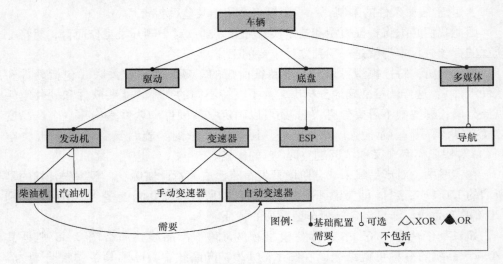

图 2.69　特定车辆变体的特征模型

2.8　电子电气和软件架构

汽车的电子电气和软件架构设计是一项极具挑战性的工作，因为车辆上的不同电子及软件应用对电子电气及软件架构的要求差异极大。以车载通信为例，到目前为止还没有一种经济有效的、可适用于所有应用的统一网络技术可以满足分布网联式系统中不同子系统的通信要求。

架构设计不能仅遵照单一维度。例如，如果是以实时行为作为设计标准，可实现处理器或总线上的负载最小化，但却无法兼顾可靠性和安全性问题，例如冗余设计，也没有考虑到边界条件，例如出于成本或质量要求而复用的组件。因此对于架构设计这一复杂问题，我们需要一种结构化的方法，一个可以将从处理需求和边界条件到系统验收的所有开发阶段都考虑在内的开发流程[19]。

实践证明，将具有相似需求特征的子功能组合成子系统的方法是一种相对可行的设计思路。每个子系统中的电子组件都能采用合适的通信技术。而在这些子系统之间，则通过网关控制器相连。

案例：控制器网络

图 2.70 是一辆豪华汽车的控制器网络概况。它由大约 60 个控制器组成，分为 5 个子系统。

诊断信息是从诊断测试仪经中央非车载诊断接口再到中央网关控制器的点对点连接来查询的。诊断仪通过网关控制器和车辆内部总线，与相应子系统的各个控制器实现通信。

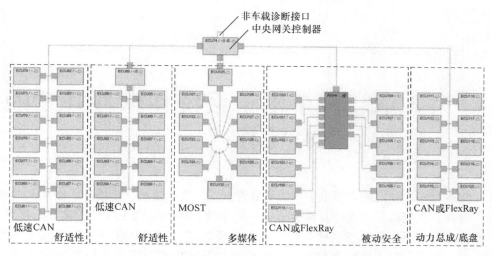

图 2.70　车辆的控制器网络（来自 Vector[19]）

各子系统采用不同的通信技术和网络拓扑结构实现运行：

- 动力总成和底盘域采用高速 CAN[2]、CAN FD 或 FlexRay[48]。
- 舒适领域的总线采用低速 CAN[47]，并且分布在两根总线上。
- 被动安全系统采用 CAN 或 FlexRay 总线，以星型拓扑结构进行关联。
- 多媒体系统要求高数据速率和精确的时间同步数据传输，这些系统采用 MOST[65] 总线，以环型结构连接。

一些新的通信技术也正逐渐成为应用趋势：

- 在多媒体领域，人们越来越多地采用无线通信技术（例如蓝牙）[67] 实现移动多媒体设备和车端的连接。由于移动多媒体设备和车辆端的创新周期不一致，多媒体设备通常数月即可迭代更新，而经典车辆系统的升级则通常长达数年。采用无线通信技术可在实现通信的目标下尽可能减少车辆硬件的变化。
- 在车身域，由于对成本的敏感性，一种经济高效的子网技术 LIN（Local Interconnect Network）[66] 被广泛采用。
- 在一些高带宽要求的应用领域，FlexRay 比传统的 CAN 总线更有优势。
- 在高级驾驶辅助系统域，通常采用以太网作为图像数据处理的首选通信方案。

第3章　汽车电子系统和软件开发的支持流程

在本章中，我们将介绍电子系统和软件开发的支持流程，即图3.1中加灰的部分。首先，我们将对工程师日常使用的一些系统相关术语做更准确的定义。接着，我们将分别介绍配置管理、项目管理、供应商管理、需求管理以及质量保证等流程。这些流程在很大程度上独立于具体的软件开发内容，因此不仅适用于软件开发，也适用于包括设定值发生器、传感器、执行器和控制器硬件开发在内的所有车辆电子系统层面。

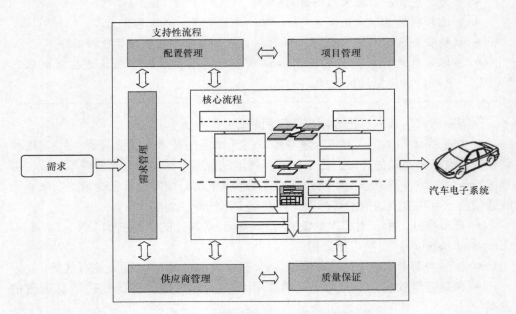

图3.1　电子系统和软件开发的支持流程

3.1　系统理论的基本概念

系统理论[53]提供了处理事务复杂性的方法。一种普遍的化繁为简的思路是

"分而治之"。但这一思路需建立在三个重要的假设之上：

1）将系统拆分为组件并不会歪曲待解决的系统整体问题。

2）将每个组件作为独立个体考虑和将其作为系统的组成部分考虑是完全等同的。

3）将各组件装配成系统的原理是简单、稳定且符合常识的。

所幸，这三条假设对于大量的实际问题而言都是成立的。

系统的属性取决于其组件之间的关系，即各组件之间的交互和协同作业方式。随着系统复杂度的增加，对各组件及其相互关系的分析也变得更加复杂且耗时。这类复杂系统正是系统理论研究的重点。

一个系统的组件可以是相当多元化的，它并不局限于用以实现系统功能的技术组件，还可以包括人员或环境。但在本书中，我们重点关注的还是技术系统本身，围绕它的一些概念我们引用参考文献［53，60］中的定义：

● **系统**：由一系列相互作用且从周围环境中剥离的组件构成（图3.2）。

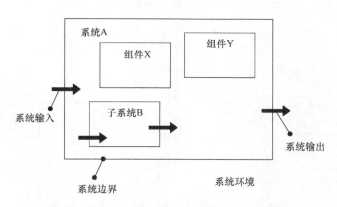

图3.2 系统的定义

● **系统状态**：特定时间点的系统状态由描述该时间点下的一组系统属性决定。

● **系统环境**：简称为环境，由一系列组件及其属性来表征，这些组件并不属于系统本身，但其行为会影响系统的状态。

● **系统边界和输入输出接口**：系统与环境之间的边界称为系统边界；跨越系统边界的信号将被视为系统接口；按照信号传输的方向，系统接口被进一步区分为系统输入接口和系统输出接口。

● **子系统**：不难理解，系统总是其环境（一个更大系统）的组成部分。任何一组用于构成某系统的组件，同时也可以是一系列按层次结构嵌套的系统中的部分。因此，一个系统也可以包含子系统，或者说系统也可以由子系统构成。

● **系统层级**：通常而言，一个系统都会包含所谓的观察层、抽象层或系统层。
如果不同的系统层级存在相似性，我们将这种现象称为**自相似**（self – similarity）。
以图3.2为例，可以看出系统A和其子系统B之间的相似性。

在每个系统层级上，都可以区分系统的内部视图和外部视图。从外部看，往往
无法判断该系统是由组件还是子系统构成，只能将系统抽象为系统边界和系统接
口。这就意味着，当观察者试图从外部了解一个系统时，其所形成的系统观总是一
个抽象的概念，是从观察者自身的分析推演而来。因此哪怕对于同一个系统，不同
的观察者也可以开发出不同的系统视图。例如，第2章中提到的基于方块图的开环
及闭环控制、微控制器模型或安全技术视图，这些都是对汽车电子系统的不同观察
视角。通过层次结构形成的抽象化和模块化是系统建模的一般方法。这些基本原则
通常可直观地应用于所有系统视图的开发中。

其中一个重要的系统建模指导原则是所谓的"7±2法则"。通常当一个系统的
组件超过9（7+2）个后，对人类观察者而言将变得复杂。反之，由少于5（7-2）
个组件构成的系统往往被认为是较为容易理解的（图3.3）。

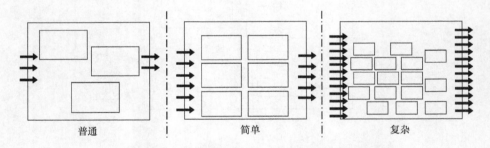

普通   简单   复杂

图3.3 系统建模的基本法则——模型清晰度

系统与其组件之间的包含关系被称为聚合关系（aggregation relationship）。将系
统划分或分解为多个组件的动作被称为分区（partitioning）或分解（decomposi-
tion）。相应地，将各个组件组合在一起形成系统的过程被称为集成（integration）
或组合（composition）。

案例：汽车电子系统的层级

车辆电子系统可以在不同的系统层级进行观察。图3.4展示了其中的一些系统
层级，这些层级在后续章节中将被多次引用。

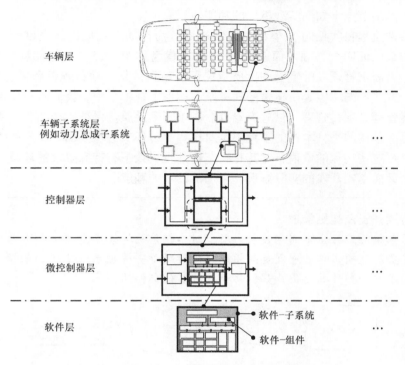

图 3.4 车载电子系统的层级

3.2 流程模型和标准

业内围绕着系统开发工作制定了各种流程模型和标准。在汽车电子系统中较为常见的模型包括：

- 能力成熟度模型集成（Capability – Maturity – Model® – Integration，CM-MI®）[14]。
- 软件过程改进和能力测定（ASPICE）[15]。
- V 模型[16]。

一个流程模型在应用于具体项目之前必须被仔细评估并做适当的调整。原因是当一个通用的流程步骤应用于不同场景时，往往会体现出明显不同的差异性价值。例如，功能的标定环节在发动机控制单元开发中起着非常重要的作用，而其他应用例如车身电子领域，它的影响则是相对次要的。

通常情况下，第 2 章所述的每个学科领域都会或多或少地在开发过程中被应用，但其重要程度仍需视开发对象而定。仍然以发动机和车身电子为例，在车身电子开发中，核心是分布联网式系统的设计，而在发动机领域，核心则是在发动机控制的单一网络节点上如何实现更多的功能。

支持性流程在常见的 V 模型中通常被划分为活动系统创建、项目管理、配置管理和质量保证四个方面。而 CMMI® 成熟度模型的第 2 级"关键流程领域"中，则将其分为需求管理、配置管理、质量保证、项目计划、项目跟踪和供应商管理。尽管划分方式不同，但其所覆盖的任务基本相似。在本书中，我们将支持性流程划分为配置管理、项目管理、供应商管理、需求管理及质量保证，如图 3.1 所示。

需再次强调的是，本章的主旨不是对这些流程环节进行全面、深入的探讨，而是重点介绍这些流程的价值，尤其是在车辆开发场景下有特殊要求的环节。在介绍中我们会穿插车辆开发的实际案例，以加深读者的理解。

案例：持续开发及变更管理

由于车辆的产品生命周期较长，所以对车辆系统持续开发过程中的变更管理显得尤为重要。这项工作的原则是必须能够持续跟踪并管理系统变化的影响。图 3.5 举例说明了一个部件的变化是如何影响系统其他部件的。

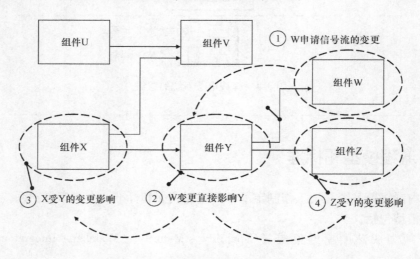

图 3.5　系统组件变更的影响

在组件 W 触发变更后，首先直接影响组件 Y，而组件 Y 的变更又会导致组件 X 和 Z 的变更。在某些更复杂的情况下，变更还可能影响各子系统边界，甚至上层系统的边界。

显然，一个系统想要实现顺畅的持续开发和变更管理，就必须将本章以下各节所介绍的支持流程与第 4 章将介绍的核心流程相结合。这是管理和跟踪系统中各组件之间依存关系的必要工作。

3.3　配置管理

3.3.1　产品生命周期

一个产品的生命周期通常可以分为三个阶段：开发、生产、运营和服务（见第 1 章图 1.16）。

对于系统的各个组件，其生命周期长度可以各不相同。例如，汽车控制器硬件和软件的生命周期比整车更短，更新也更频繁，这是由于电子技术的快速发展导致的。此外，在开发、生产、运营和服务的各个阶段，对系统的要求也会有所不同。

案例：控制器接口在开发、生产和服务阶段的不同要求

一个控制器的接口在生命周期的各个阶段需要满足不同的要求，即实现不同的功能。图 3.6 展示了在开发、生产、运营与服务阶段控制器接口所需实现功能的差异。此外，不同阶段对接口的传输性能等也有不同的要求。

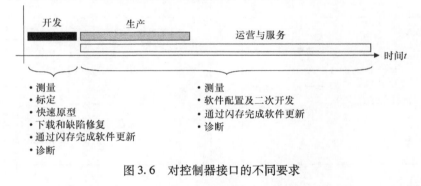

图 3.6　对控制器接口的不同要求

3.3.2　变体及可扩展性

由于客户对车辆个性化和可扩展性的期望值越来越高，车型变体的数量不断增加，进而导致了对系统变体管理及可扩展性的更高要求。新的变体通常由两种途径产生，第一种是更新其中组件，例如图 3.7 中，新的系统变体由其组件 X 的更新而创建；第二种路径是在系统中增加全新组件，这种方式需要系统架构具备可拓展性，例如图 3.8 中，新的系统变体通过新增组件 Z 创建。

3.3.3　版本和配置

系统变体可以发生在系统的各个层级。因此，变体管理必须细致考虑系统与各子系统或组件之间的层次关系。一般情况下，这种层次关系可用树形结构（图 3.9）或网络结构（图 3.10）来表达。

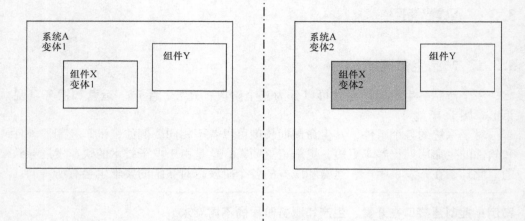

图 3.7　利用组件变更创建新的系统变体

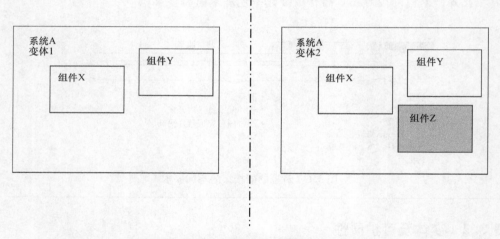

图 3.8　通过拓展新组件创建新的系统变体

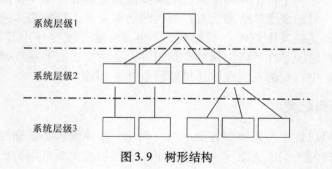

图 3.9　树形结构

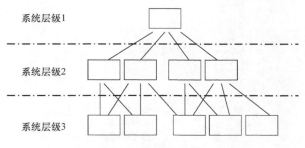

图 3.10　网络结构

在树形结构中，每个组件都被精确地分配至一个上层系统；而在网络结构中，一个组件可以隶属于多个系统。因此，树形结构是网络结构的一种特殊情况。用于处理系统变体的版本管理和配置管理方法都是基于网络结构展开的。

在汽车的开发和量产阶段，电子系统的升级一方面来自自身功能的不断完善，另外还来源于原有系统与持续引入的新电子系统联调所产生的功能变更。因此在某个研发时间点上，不同的组件会呈现出不同的版本，如图 3.11 所示。

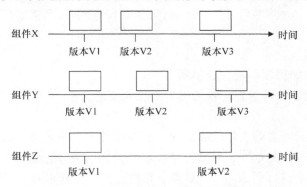

图 3.11　系统中各组件版本的演变

而在系统层面，我们还必须管理系统与所包含组件的关系，即所谓的"引用（reference）"关系。

这里要引出"配置"的概念。一个系统配置是由一系列系统中组件的版本号组成的，而配置本身也通过一个版本号进行管理。需要澄清的是，所谓的配置管理指的是管理配置中所包含的组件版本，而非管理配置自身的版本。一个组件一旦被授予版本即说明已经固化，也因此系统的一个配置版本所指向的只是系统中已经被版本化了（固化的）的组件。

基于上述定义，一个系统的包含关系集也可以称为配置。这种情况下，配置"只"包含了层级关系。层次关系和配置也可以随系统开发而进一步演变（图 3.12）。

随着时间的推移，会出现不同的配置版本。这些配置本身可以在更高的系统级

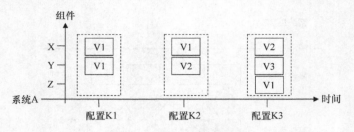

图 3.12 系统配置的演变

别以类似于组件或子系统的方式查看。

版本和配置管理被统称为配置管理。它所管理的是系统和组件之间的关系，是开发、生产和服务过程的重要组成部分。它不仅可以管理在各系统层级上多变体的并行开发，还可以管理对版本的连续开发以及系统在生命周期各阶段的不同需求。

配置管理涵盖了开发过程中所有用于存储、管理、回溯和交换研发结果所需的流程步骤。它包括研发结果在不同研发组织之间的交互、在研发不同环节间过程文件的传递，还包括版本及配置管理所用到的工具。只有搭建了完整的配置管理流程，才能保证管理方法的可复用性。具体而言，配置管理所需管理的内容包括：

- 需求。
- 规格说明。
- 实施，例如程序版本和数据版本。
- 软件诊断、软件更新、软件标定的功能描述文档。
- 其他文档。

配置管理需要考虑到大量问题。这一点在软件开发中尤为突出，例如：同步工程、主机厂和供应商的合作、对软件和标定数据版本的分开管理、对软件组件的版本及配置的演变跟踪（图 3.13）、对需求和描述文件的管理等。如何将配置管理有条不紊地整合到整个开发流程中，对开发目标的达成至关重要。

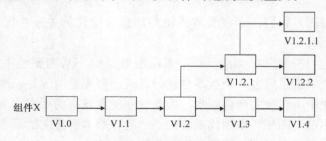

图 3.13 组件 X 的版本历史

配置管理的工程实践（译者注）

考虑到配置管理是一种工程化手段，译者在此提供一些实践经验作为原作者理论讲解的补充。

配置管理的本质

3.3 节介绍的配置管理本质上借鉴了模块化思想——将软件划分为若干模块，每个模块在接口基本不变的情况下发展出多个分支版本，每个分支适用于不同的车型变体，从而在出现新的车型变体时实现"即插即用"的高效功能集成，而避免了额外开发工作。

尽管配置管理会使研发成本和质量受益，但其最大价值是通过软件的复用来提升研发效率。该提升往往比想象中效果更为明显，因为在汽车软件的严格质量保证要求下，每个模块的释放都将伴随着大量的、难以避免的、纯粹用于流程的时间消耗。通过模块化的配置管理，将大幅降低每次升级时需要检查的代码范围，从而节约流程耗时。

配置管理的多种形式

然而，仅通过模块版本配置管理仍不足以使研发效率有质的提升。因为车型变体通常围绕着功能的变化，而功能通常是跨多物理背景的。若软件模块按照物理背景被划分为极小的颗粒度，则软件架构的管理成本太高。而若软件模块按照功能划分为粗颗粒度，则任何新车型变体都可能导致软件模块的分支出现，代码复用的效果几乎难以发挥。

因此在实践中，在模块化的基础上还会引入"平台化"的理念。模块的每次升级均尽可能兼容各种可能车辆变体的要求，从而避免分支出现。除通过配置方法实现不同组件的不同分支版本集成外，也会通过在模块中设置配置常数（或称系统常数）或配置字（标定参数）将同一平台化软件版本适配于不同的功能选项中。

不妨以一个例子来说明几种配置管理的差异：假设发动机的起动功能由模块 A、B、C、D 组成，现有两个车型变体，变体 1 中不具备发动机自动起停功能，变体 2 则具备自动起停功能，自动起停的实现与模块 A、B、C、D 均相关。

● **无配置管理**：变体车型 1 和变体 2 的软件均单独维护，由程序员手动集成，再进行编译。

● **基于模块分支版本的配置管理**：变体车型 1 和 2 均通过一版软件支持，其中分别集成了模块 A、B、C、D 带起停和不带起停两个版本，当明确车型变体的要求后，通过配置管理选择性编译模块的某一版本。该方式省去了软件集成的时间，但可能导致分支数量过多，软件复用的效果不明显。

● **基于系统常数的配置管理**：变体车型 1 和 2 均通过一版软件支持，其中模块 A、B、C、D 均只有唯一分支版本，依靠模块控制逻辑中植入的系统常数来兼容起停和非起停两种应用情形。一旦新车型变体要求具备起停功能，则通过改变配置常数即可使 4 个模块中的起停相关功能全部被激活。该工作进一步降低了分支管理、软件功能重复验证的耗时。

● **基于标定配置字的配置管理**：该工作与基于系统常数的配置管理类似，但因为采用标定量替代系统常数，功能的激活与否仅与数据版本有关，可在编译完成后再进行，更为灵活。但这样做的缺点是对系统工程师和标定工程师的开发分工不利。

配置管理的实施

从软件开发来看，配置管理方式的合理与否需要考虑到软件架构下的各层级，而非仅聚焦于配置管理直接作用的层级（软件模块）。

同样地，软件的配置工作不仅针对软件开发工作，还要覆盖从需求管理到测试发布的全周期。理想情况下，研发团队应从需求的配置管理入手逐渐建立全产品周期的配置管理方案。但实际构建配置管理机制时，建议仍先从组件开发和集成环节入手，再逐渐拓展到需求的配置管理中。一方面因为组件开发和集成的配置管理对效率提升的效果立竿见影；另一方面也因为需求管理是软件质量的最薄弱环节，在内功不足时即建立需求的配置管理极可能对软件质量造成负面影响。而测试的配置管理则是开发全周期中相对最难的环节。一旦引入测试的配置管理，则将引入一种全新的软件组件状态——条件释放。我们也不能再说"某软件组件质量合格，测试通过"，而只能说"某软件组件在某车型变体下的质量合格，测试通过"。这意味着在一个项目中已经验证的软件组件在全新的车型变体下使用时，仍需额外测试。如何通过尽可能少的测试用例保证其质量成为难题。

基于平台化理念的软件配置管理是把"双刃剑"，开发团队必须视具体项目数量及产品特点而定。因为一旦采用平台化开发，则每一行简单的软件更新都需考虑到可扩展性、可维护性、可移植性、易理解性等属性，可能短期内反而使效率降低，在项目数量少、项目间需求差异较大时尤其明显。

3.4 项目管理

一个项目被定义为具有以下特征的任务[69]：

- 具有风险和一定独特性的任务，非日常事务。
- 任务的定义明确。
- 为了达成整体所需交付的成果而制定了明确的职责和目标。
- 具有明确的起始和截止时间。
- 可使用的资源有限。
- 为项目量身定制了特别的组织团队。
- 项目组织的各单元存在差异性，但又互相联系、互相依赖。
- 项目的各子任务之间通常各不相同，但又互相联系、互相依赖。

一个项目的目标包含以下几个维度（图 3.14）：

- **质量目标**：项目成果应实现哪些需求？

图 3.14 项目目标

- **成本目标**：实现项目成果的开发需要花费多少钱？
- **进度目标**：项目结果什么时候达成？

在汽车软件开发的每项活动中，通常都或多或少具备上述特点，因此都可以被视为一个项目。

项目管理一方面需要处理项目计划的各项事宜，即规划该如何实施以达成项目目标，其中既包括质量、成本和进度的规划，同时还要进行组织设计、相关人力资源的规划和风险分析。

另一方面，项目管理还包括项目跟踪及管控，即在项目起始到项目完成的过程中，对质量、成本和进度进行跟踪和监控，其中包括对新出现风险的观测、应对措施的筹划和风险管理。

3.4.1　项目计划

制订项目计划的第一步是将项目分解为不同的子任务。项目中的一项子任务的完成被定义为一个里程碑（milestone）。里程碑通常是进行部分交付、测试或完成部分付款的典型时间点。处理子任务的时间段通常被称为项目阶段（project phase）。

从项目完整周期的角度看，一个项目可以被分为四个阶段，如图 3.15 所示：

- 定义阶段。
- 计划阶段。
- 实施阶段。
- 收尾阶段。

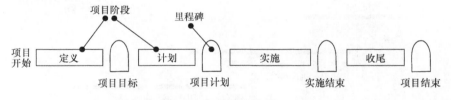

图 3.15　项目阶段和里程碑

这些阶段分别以如下里程碑的达成而结束：

- 项目目标确定。
- 项目计划制订完成。
- 项目实施完成。
- 项目结束。

需要注意，这些阶段又会被细分为更小的阶段，尤其当一个项目需要多个组织和企业参与时。车辆系统的开发几乎都是如此。

113

3.4.1.1 质量计划

质量计划定义了项目过程中用以确保整体成果满足要求的所有措施，其中包括了项目整体的质量保证准则以及各项目阶段的质量保证及质量控制措施。

3.4.1.2 成本计划

成本计划包括对开展项目所需的一切必要资源和财务费用的计划。通常以项目团队的人力和财务资源投入计划的形式体现，这其中还需考虑到复用其他项目成果等措施对成本的影响。

3.4.1.3 时间计划

时间计划决定了项目各阶段的执行时间长短，明确各阶段具体的开始、结束和里程碑日期。计划的过程中需考虑到不同项目团队因多项目并行带来的人力投入限制，以及项目各阶段成果之间的依赖性。

案例：车辆开发项目的时间计划

图 3.16 是一个车辆开发项目时间计划的部分摘录。整车的计划必须与各子系统项目的计划相协调以达成同步。例如在图中，车辆、电子系统和软件开发的时间计划实现了相互协调。

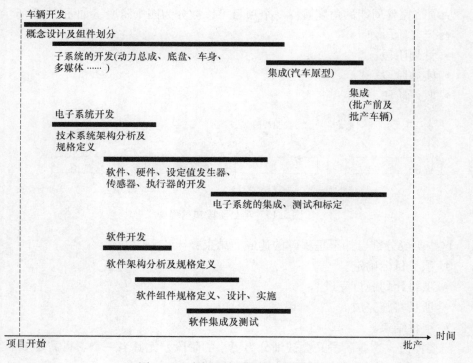

图 3.16 车辆开发项目的时间计划

不同的任务有时是一个接一个地执行，有时是同步执行。要想大幅缩短开发时间，任务的并行处理通常是最佳手段。这为项目时间计划的制订带来了一项新的挑战，即并行开发步骤的规划，又被称为"同步工程"，这些任务被分配到不同的员工和团队，且通常需要在主机厂和供应商间跨公司开展。

流程模型的应用是一个成功的项目管理的必要组成部分。不同于诸如电信等其他工业领域，汽车的整车开发、电子系统开发以及软件开发间结合紧密。因此，通过流程模型对任务、信息流以及任务之间的同步点进行准确且完整的定义，将对汽车开发尤其是软件开发过程产生重大影响。

当规划两个存在依赖关系的项目阶段时，通常会出现以下三种情况。在实际情况中，也会出现这三种形式的混合。

情况 1：A 阶段结束后开始 B 阶段（图 3.17）。

该种计划方式适用于如下场景：A 阶段的完成是 B 阶段开始的先决条件，或者 B 阶段的处理方式在很大程度上取决于 A 阶段的结果。

- 优点：信息流顺序传递，无风险。
- 缺点：项目完成时间长。

典型案例：控制器软件 B 样的集成测试只能在控制器软件 A 样集成后才能开始。

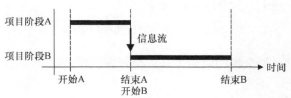

图 3.17　项目阶段的顺序规划

情况 2：利用阶段 A 的部分信息启动阶段 B，而无须提前冻结 A 阶段的决策（图 3.18）。

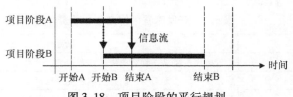

图 3.18　项目阶段的平行规划

该种计划方式适用于如下场景：B 阶段的工作成果基本不会受到 A 阶段决策更改的影响。

- 优点：项目时间将有效缩短。
- 缺点：一旦 A 的决策变更对 B 阶段产生影响，将导致 B 阶段的迭代，从而造成项目不可预知的延期风险。

典型案例：应用软件功能的开发（B 阶段）可以在基础软件（A 阶段）完成之前即采用快速原型方法开始。

情况 3：利用阶段 A 的部分信息启动阶段 B，因此需要提前冻结阶段 A 中的某些决策（图 3.19）。

该种计划方式适用于如下场景：阶段 A 的决策正在迅速接近最终形式，此时可用于激活 B 的早期决策已经接近最终状态，后期更改的风险较低，此时可在冻结阶段 A 中与阶段 B 关联的部分后启动阶段 B。

- 优点：项目时间有效缩短。
- 缺点：由于 B 阶段依赖于 A 阶段的早期决策，而早期决策的限制可能导致质量隐患。

典型案例：如果阶段 A 中后期更改的可能性很低，则在设计和实施应用软件的所有功能之前（阶段 A 的任务），已经可以对已实现的软件功能开展标定工作（阶段 B 的任务）。

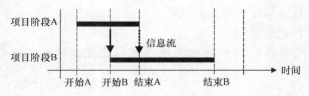

图 3.19   项目阶段的平行规划

在所有情况下，要交换的信息都必须与开发流程相匹配。第 4 章将对开发流程展开更详细的讨论。

3.4.1.4　开发流程中的角色和职责

如第 2 章所述，车辆功能的开发通常需要各专业领域人员的参与。因此，开发团队一般需跨学科构建。每名成员承担的角色不同，能力要求也不同，其职责也需要彼此区分。表 3.1 概述了在开发流程中经常出现的各种角色。

表 3.1   开发流程中的角色和职责

角色	职责
功能开发	分析用户需求，制订逻辑系统架构
系统开发	分析逻辑系统架构，制订技术系统架构
软件开发	分析软件的需求、制订规格说明、设计、实施、集成和测试
硬件开发	分析硬件需求、制订规格说明、设计、实施、集成和测试
传感器、设定值发生器、执行器开发	分析传感器、设定值发生器和执行器的需求、制订规格说明、设计、实施、集成和测试
集成、测试和标定	车辆系统层及功能层的集成、测试和标定

表 3.1 所示的角色都围绕汽车电子系统的软件功能开发展开。跨学科甚至跨公

司的人员构成导致项目团队能力各异，为团队合作带来了挑战。一种有效的合作方
式是基于图形化模型完成功能开发。这种形式正在越来越多地取代过去常见的文档
式规格说明。

在制订项目计划时必须考虑到角色的分工及对角色能力要求的差别。

除此之外，汽车行业的另一个特殊之处在于开发环境的多样化。例如图 1.18
所展示的，虚拟环境开发可以和实验环境、测试台架及车辆环境开发同步进行。

3.4.2　项目跟踪和风险管理

项目管理中的风险指的是可能阻碍项目成功或导致经济损失的事件，它可以是
质量、成本或时间风险。

风险管理包含处理项目风险的所有措施。它与项目控制密切相关，当对项目的
实际情况和目标情况进行比较后发现偏差时，管理人员将借助风险管理机制采取相
应的对策。为了限制风险，在功能开发流程中通常会采用一些早期的措施，例如直
接复用已经过验证的功能，或者在样件开发时提前验证新功能等。不过这并不能保
证完全避免项目风险。因此对项目计划的持续完善也成为一项必要工作。这一话题
的详细展开可阅读参考文献 ［69］。

3.5　供应商管理

车辆系统的开发活动中往往呈现出主机厂和供应商之间明显不同的分工。主机
厂通常负责考虑用户需求，而需求如何通过电子系统实现往往是供应商的工作，主
机厂则负责对所实现的功能进行验收。

3.5.1　系统和组件层面的分工

因为主机厂和供应商的视角差异，一个系统开发成功的前提是精确定义主机厂
和供应商之间的职责接口。该接口可以在 V 模型中清晰地展现（图 3.20）。整车厂
要对车辆负责，而在 V 模型的左分支和右分支上，供应商往往要对零部件层面的
任务负责。

在跨公司合作的情况下，不仅要明确技术层面的分工，还要澄清项目组织和法
律层面的事项。这进一步凸显了供应商管理的重要性，它需要处理在系统开发框架
内主机厂和供应商在彼此交互界面上所必须考虑的所有任务。

对供应商和主机厂职责接口的定义可能因情况而异，但无论何种情况下都必须
确保定义的完整和准确性。

3.5.2　交互接口——规格说明和集成

在合作中，主机厂和供应商的交互接口通常由两者组成：

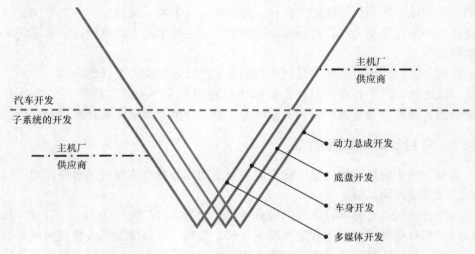

图 3.20　主机厂和供应商的职责划分

- V 模型左侧分支的规格说明。
- V 模型右侧分支的集成。

这些接口极其复杂。仅仅是交互关系的数量之多就足以说明这一点。

例如，如果系统由 n 个不同供应商提供的 n 个组件组成，则作为系统开发的一部分，主机厂必须在规格说明和集成方面都建立 $1:n$ 关系。如果零部件是由供应商提供给 m 个不同汽车主机厂的，则作为零部件开发的一部分，零部件制造商又必须处理 $m:1$ 数量的交互关系，在规格说明和集成方面也要保持 $m:1$ 的关系。

3.5.3　跨公司开发流程的确定

但如果我们聚焦在电子系统领域，跨公司的开发流程也会为主机厂和供应商带来诸多益处。

汽车中的控制器通常是嵌入式系统。这一系统通常会被集成到某一环境中，并不会直接与用户产生交互。控制器的重要性主要体现在由其所实现的功能，即功能的好坏直接决定了控制器的差异化竞争力。

因此对主机厂而言，它们所关注的是控制器中的功能是否具有竞争力。具体到软件层面，主机厂首要关注的通常是软件的应用层中可直接体现竞争力的功能。

这就使得供应商可以面向所有主机厂开发和测试同一套标准化控制器硬件、基础软件以及部分与竞争力无直接关联的应用层软件，而主机厂特殊的功能需求则作为客户定制化的软件组件集成到整个软件包中。

由此，主机厂和供应商之间的复杂交互关系可以用图形清晰地表现出来。方法之一是使用所谓的可见（Line of Visibility，LOV）[13] 线图，其图形符号如图 3.21 所示。

图 3.22 是 LOV 图的一个示例。第一行显示的是主机厂作为客户所负责的过程

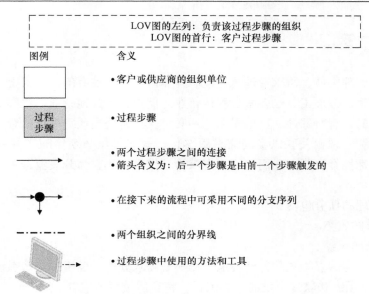

图 3.21　LOV 图的过程符号（IBM 国际技术支持组织[13]）

步骤。随后是供应商和分供方的参与部门，并为其指定了过程步骤。过程步骤的顺序用箭头表示。每一个箭头都代表一个中间结果的流动。此外还有单独的一行用来定义不同过程步骤所使用的方法和工具。

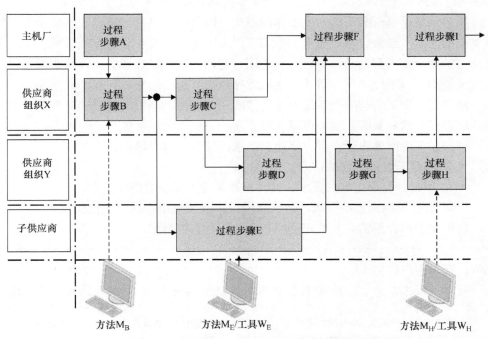

图 3.22　用 LOV 图描述过程（IBM 国际技术支持组织[13]）

119

3.6　需求管理

与配置管理类似，需求管理这一概念并非汽车行业独有的。事实上，汽车行业项目需求管理的标准工具也多来自其他行业。但相比于其他行业，汽车研发项目中的需求管理又具有特殊性，比如需求管理必须支持跨公司或跨现场的合作；需求管理需要与配置管理相关联以实现需求版本化；管理工作必须伴随产品的长生命周期。这些特殊性都表明，我们需要将需求管理作为汽车整体开发流程中的有机组成部分来分析。

需求管理的任务包括：

- 需求的收集。
- 需求的跟踪。

需注意，与需求相关的另外两项工作——需求分析、逻辑及技术系统架构规格说明⊖则属于系统和软件开发的核心流程，将在后续章节展开。

3.6.1　用户需求的收集

任何产品要想在市场上取得成功，就必须满足用户的要求。因此，必须首先明确系统的用户是谁、他们的期望是什么。用户的要求常被称为"用户需求"。并非每一位用户都可以理解专业技术术语，因此用户需求应尽可能用通俗易懂的语言来表达。

用户的意愿是所有后续开发工作的源头。因此，收集用户需求和后续开发工作有本质的区别。通常，用户需求的收集应以高频率、高度互动的方式开展。即使不是所有的用户需求都具备可行性，也应该对它们进行记录和评估，以便挖掘出用户的真实期望。基于此，用户需求通常以无序或仅有粗略结构的列表形式呈现。

用户可被定义为与整个系统存在关联的所有群体，他们的期望会对系统产生影响。在进行需求收集时，往往也需要对不同用户群体加以区分。

根据收集时间的不同，可以将用户需求区分为三种类型：

- 在项目开始前提出的需求。
- 在项目过程中提出的要求，通常也称为变更需求或附加需求。
- 项目交付后提出的需求，包括新增需求、缺陷报告以及优化建议。

在下文中所介绍的内容普遍适用于上述所有需求类型。

案例：汽车用户群体

对于一辆汽车而言，除驾驶员群体外，还有其他的用户群体。他们既包括乘

⊖　规格说明一词在本书中根据语境不同，既可表达具体的设计描述及定义文档（specification），也可表示定义和制作规格说明的动作（specify）。——译者注

员，也包括其他交通参与者，如行人、骑车的人或其他车辆和道路使用者、服务人员或立法者等，如图 3.23 所示。这些群体都对车辆有所要求。而其中的一些要求例如道路法律，也被称为边界条件。

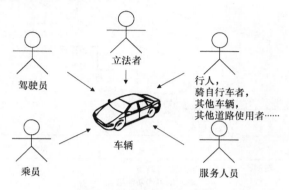

图 3.23　汽车的用户群体

在需求的收集阶段，一定要注意区分需求和解决方案两个概念。用户一般倾向于以解决方案或建议解决方案的形式提出需求。面对这种情况，开发者应对用户的解决方案提出质疑，并尝试将提出的解决方案与需求相关联。否则，可能会因提前指定了技术实现方式，从而限制了真正的需求解决方案的实施空间。

案例：燃油剩余油量显示的用户需求

某用户对燃油剩余油量显示提出了以下建议方案。

"油箱中剩余油量应以升为单位显示，而不是使用 '¼、½、¾、1' 这样的刻度"。

这背后的用户需求可能是：

"车辆的续驶里程应以更精确的形式表现，例如以千米为单位"。

用户需求可以通过多种方式获得。例如从访谈和研讨会中获得，从现有系统及其变更请求中获得，或从现有用户的反馈中提炼。用户需求可以包含不同的维度——技术、组织或经济等因素都可纳入其中。

用户需求往往按照来源、优先级、紧迫性、稳定性、可测试性、易接受性等标准进行分类。

从过去几十年的发展来看，用户需求的数量始终随着车型的迭代而不断增加。这不仅是因为车辆功能的增加，也和车辆变型数量增加以及用户期望值的提高有关，例如当代用户对车辆的个性定制和可扩展性方面的要求明显高于从前，如图 3.24 所示[9]。

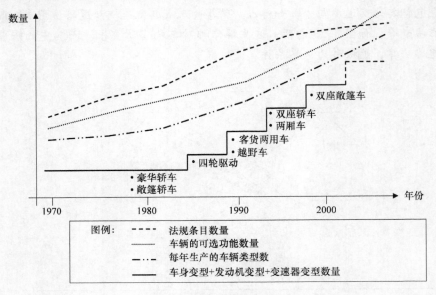

图 3.24　用户对车辆的需求增加

在设计电子系统时，除了汽车用户群体的期望外，还必须考虑到许多其他限制因素，例如技术或法律要求等。图 3.25 举例展示了在设计汽车电子系统时最常出现的需求类别。

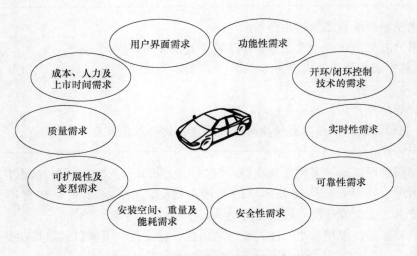

图 3.25　汽车电子系统的不同需求种类

电子系统的不同需求之间存在着许多依赖性和相互作用。同时，需求之间也可能存在冲突，由此导致开发目标的冲突。该类问题必须在技术实施前予以解决。

将那些被接受的用户需求组合在一起，就构成了后续开发工作的基础。

另外，有必要就用户需求和其他几种常提到的需求做概念上的区分。首先，用户需求和从开发角度为系统制订的需求不同，后者通常基于开发中所涉及的相关专业术语来表达。这种需求可指导系统开发工作，可进一步被分为逻辑系统架构和技术系统架构。我们将在第 4 章详细介绍两者的差异以及将用户需求映射到技术系统架构的操作步骤。因此，为了规划和跟踪需求的实施情况，需求管理所支持的视角不局限于用户需求，还必须包含逻辑和技术系统结构的视角（图 3.26）。

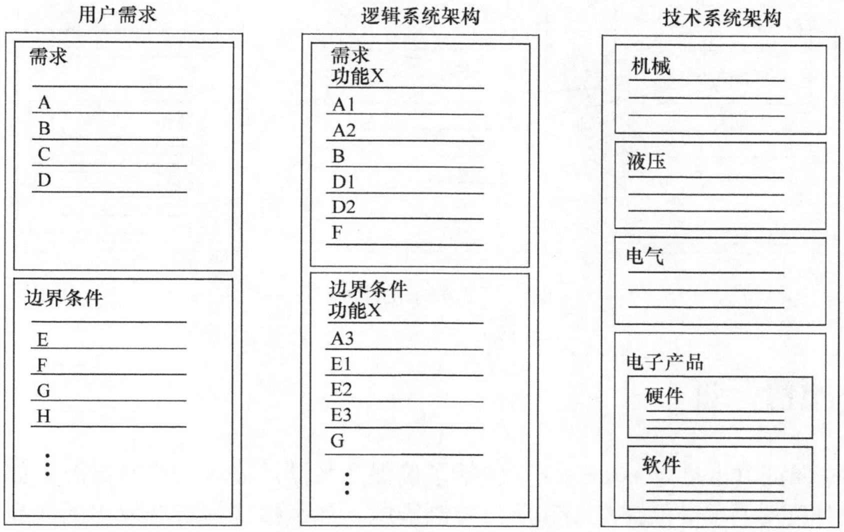

图 3.26　用户需求、逻辑和技术系统架构[12]

3.6.2　需求的跟踪

用户需求在后续开发环节被具体实现时会受到许多因素的制约，例如在系统设计阶段必须考虑到系统存在的不同变体、系统的可扩展性、系统中各部件的不同生命周期以及同一部件在不同车型中的重复使用等情况；同时在项目规划时还必须考虑到不同项目之间的重叠关系、主机厂和供应商之间的交互关系以及同步工程。

因此，除了收集用户需求外，跟踪需求的实现情况也成为需求管理中一项极其重要的工作。

通过需求的跟踪，我们可以确保所有参与开发人员的工作都基于一个清晰的、共同的基础而展开。从这个"基础"可以看到哪些需求是通过哪些代码和标定数据实现的。这对于项目过程中的阶段性集成和质量保证尤其重要。为了跟踪需求，必须管理好用户需求与逻辑技术系统架构之间的关系。为此，所有的系统组件必须与相应的需求相连接，如图 3.27 所示。

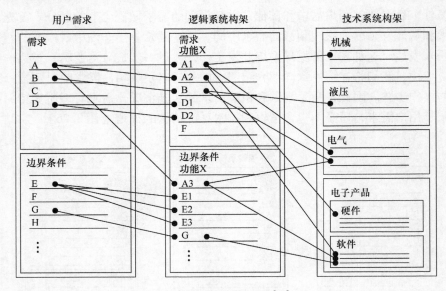

用户需求　　　　　　　　逻辑系统构架　　　　　　　技术系统构架

图 3.27　需求的跟踪[12]

3.7　质量保证

质量保证（quality assurance）包括了确保产品满足需求的所有措施。如果在开发流程中融入了质量保证准则和质量控制措施，那么按部就班开发出的产品就自然满足质量要求。

质量保证由一系列预防性措施组成（防发生）。对于软件产品，这些措施包括：

- 确保开发人员掌握足够的知识、具备足够的经验并参与过足够的培训。
- 提供适当的开发流程，并明确测试步骤。
- 提供准则、措施和标准来支持这一流程。
- 提供适当的工具来支持这一流程。
- 尽量使用自动化手段代替人工操作和易出错环节。

质量控制则以发现错误为目标（防流出）。在开发流程中的每一步之后都应进行质量检查。众多的质量措施被嵌入了 V 模型中，我们将在第 4 章的核心流程中详细论述。

对于软件产品，错误一般可区分为：

- 规格说明错误（Specification errors）。
- 实施错误（Implementation errors）。

研究表明，规格说明错误在大多数项目中占主导地位。

在 V 模型中的质量检查措施被分为了确认（validation）和验证（verification）

两个环节[⊖]。

3.7.1　集成和测试

如果产品的用户需求定义明确，就可以根据用户需求对产品进行测试。V 模型中将测试分为了四个不同的步骤（图 1.15、图 1.20）。

- 在组件测试中，根据组件规范对组件进行测试。
- 在集成测试中，根据技术系统架构规范对系统进行测试。
- 在系统测试中，根据逻辑系统架构规范对系统进行测试。
- 在验收测试中，根据用户需求对系统进行测试。

组件测试、集成测试和系统测试属于质量验证措施。验收测试则属于质量确认措施。

测试是一种发现错误的方法，通过识别错误来帮助维持产品质量。因此，各层级的测试都应在条件允许后尽早实施。但需要注意的是，如果通过测试没有发现错误，显然不能等同于不存在缺陷。因此，测试还需与其他质量保证措施（例如代码审查）联合执行。

测试的方法可以通过在设计阶段定义的测试用例和使用场景用例来描述。具体而言，验收测试通常基于用户需求定义；系统测试用例通常基于逻辑系统架构定义；集成测试通常基于技术系统架构定义等。

3.7.2　软件质量保证措施

软件质量保证措施与集成方法密切相关。随着车辆功能的安全性要求逐渐提升，为满足与车辆功能相关的所有部件和系统的安全要求，软件功能的质量保证变得格外重要。

在电子产品的开发中，要想达到高级别的系统安全性，仅仅考虑硬件是远远不够的，还必须同时依靠软件质量测试方法。

这对如何证明软件的可靠性和安全性提出了要求。显然，开发者难以保证从需求分析到最终代码的实施均无差错，所以必须结合所有可利用的方法来提升软件的可靠性，例如采用软件质量保证方法、持续应用需求管理及配置管理等结构化方法、利用软件工程方法确保开发流程可控等。

图 3.28 ^[71] 简要列举了常见的软件质量保证措施，其中一些方法将在第 5 章中详细介绍。

质量保证的工程实践（译者注）

考虑到质量保证是一种工程化手段，译者在此提供一些实践经验作为原书作者

⊖ 规格说明错误指的是用于指导具体开发的需求是否与原始的用户需求存在偏差（有效性），例如因误解导致功能设计未满足用户的诉求；与之对应的质量检查手段为质量确认。而实施错误指的是具体的实施过程是否按照规格说明的要求执行了（正确性），例如编程或建模时的笔误，与之对应的质量检查手段为质量验证。——译者注

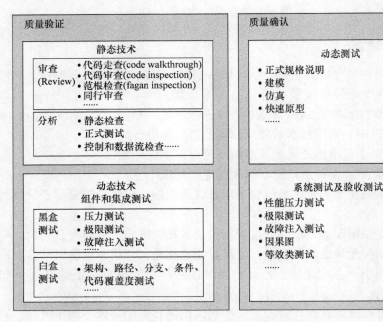

图 3.28   软件质量保证措施概览

理论讲解的补充。

质量保证理论和实践差距大

　　质量、效率、成本是软件开发的三大目标，三者互相制约，通常在人力有限的情况下只能优先保证两者。而质量由于难以通过量化指标进行提前预警，往往会为交期和成本让步。

　　在缺少量化指标的前提下，业界的质量保证通常采用系统性的方法——通过诸如 ASPICE 等标准的严格执行，预防质量问题的发生。但因为这类标准通常比较复杂，在灵活多变且快节奏的开发中存在诸多争议。这就导致了质量保证在实操中的一大痛点，要么全盘接受 ASPICE 等复杂流程准则，但势必牺牲开发效率和成本。要么缺少系统性的质量保证措施，从而埋下质量隐患。

质量保证的实施

　　一种既保证效率和成本，又可保证质量的方法是抓大放小，抓住软件质量中的最薄弱环节，形成最高效的防发生、防流出措施。针对原书作者提及的两部分为内容，软件质量的最薄弱环节总结如下：

　　针对"3.7.1 集成和测试"，最常见的问题是**测试无法完整覆盖需求**，原因是：

　　● 原始需求在不断变化，而针对原始需求的验收工作也在同步执行，且通常有实验当期的限制（例如高温、极寒等实验），因此容易遗漏对变更需求的验证。

　　● 对原始需求的理解在不断细化（例如对极端工况下的特殊功能表现），而测试用例未能做到同步细化更新，导致未对细化后需求补充测试。

● 项目周期长、人员涉及跨组织分工、不同组织内对软件不同组件的测试执行度可能存在差异，导致将测试结果集成至系统层级后出现了漏洞。

● 软件复用部分（普适的基础软件、信号收发功能等）未在新车型变体的适用条件下进行验证。

● 前期测试资源受限、软件功能受限或错误的测试裁剪，导致错过了重要的功能验收。

针对原书作者提及的"3.7.2 软件质量保证措施"工作，首先需明确，规格说明错误的数量远超于实施错误。而规格说明错误通常只有在实施错误基本被规避后才能显形。即，如果一个研发组织发现实施错误的数量多于规格说明错误，往往未必是因为规格说明工作到位，更可能是因实施错误过多掩盖了规格说明错误更多这一事实。

在规格说明中，绝大多数的错误来自于两个方面：

● **原始需求未能被完整考察**：本质因为需求的来源多、形式多样且频繁变更，在面对跨组织、长周期的合作开发中尤其如此。

● **原始需求未能充分转化为合理的技术规格说明**：原始需求的语境通常是"正常人在正常使用时的功能表现"，而技术规格说明的工程化语境则是："将软件功能放在具体某型号微控制器中，在软件所有运行状态及状态跳转发生时，面对功能所有应用场景的表现"。其中最易遗漏的场景是车辆下线的刷新和测试（因为在车辆全生命周期中只会使用一次，却需要特殊软件支持，因此常被忽视）。其次是极端工况（故障、控制器复位等）、车辆起动、ECU 状态跳转等动态场景。

在软件设计和实施中，常见的错误包括：

● **缺乏对操作系统的考虑**：应用层功能设计时因不理解控制器完整上下电机制导致的问题；或因时序错误导致输入信号的接收任务晚于输出信号的发送任务；或未考虑到多核系统的特殊同步机制。

● **条件互锁**：例如故障修复的条件在故障发生后被抑制置位，出现互锁。

● **初始化**：尤其针对计数器（counter）、if 触发的某布尔量置位、上升沿跳变、RS 触发器等。

● **算法冲突**：客户特殊功能的实现和供应商平台化软件现有算法之间出现冲突。

● **信号的一致性**：应用层功能变量与对应的总线信号、诊断工具接口变量、监控层变量、基础软件层接口变量、故障存储变量、EEPROM 中存储的配置变量之间的一致性，且必须要在操作系统运行的全周期内保持一致。因编译报错，将两个团队开发的、本该关联的变量直接封闭的错误较为常见。

● **其他**：功能设计未考虑标定的易理解性、平台的兼容性等。

第4章 汽车电子系统和软件开发的核心流程

电子系统的开发遵循系统工程的方法论。与具体的组件开发不同，系统工程的分析和设计对象是系统整体。针对"系统工程"这一概念，本书采用参考文献 [14] 和 [72] 中给出的定义：

系统工程是为实现如下目的而对科学及技术资源的针对性应用：

- 为了将一项操作需要（operational need）转化为系统配置（system configuration）的描述，且描述应尽最大可能考虑到所有的操作需要，并应达到所要求的有效性（effectiveness）标准。
- 为了整合所有的技术参数，并确保系统内所有物理接口、功能接口和技术接口被兼容，由此可最大限度优化系统的整体定义及设计结果。
- 为了将所有从相关专业领域（specialist discipline）所汲取的有价值的知识整合成一套完整的开发方法。

系统工程是一种跨学科的普适方法，它包括将一个系统成功实施的所有措施。系统工程贯穿于一项开发工作的始终——从项目早期通过建立文档完成需求和功能的定义，到后续的系统设计、验证和确认环节均会使用。同时，系统工程必须全面考虑到系统可能面临的问题，包括开发、项目工作边界、项目成本和进度、测试、量产、运营、服务及报废，甚至还包括全周期内的培训工作。

系统工程提供了一个结构化的开发流程，这一过程不仅需要考虑到上述的产品生命周期所有阶段，还需要和具体的技术及开发组织实际情况相结合。例如针对汽车电子系统的开发，在应用系统工程方法时就必须和第 2 章中介绍的专业知识相结合。

相比之下，软件开发与硬件、设定值发生器、传感器、执行器的开发类似，只是系统开发中的一项子专业领域。

明确系统开发与软件开发间的工作边界和接口是实现可持续开发的重要前提，也因此是本章关注的焦点。图 4.1 给出了系统及软件开发的核心流程，本章之后的介绍都将遵照该流程展开。

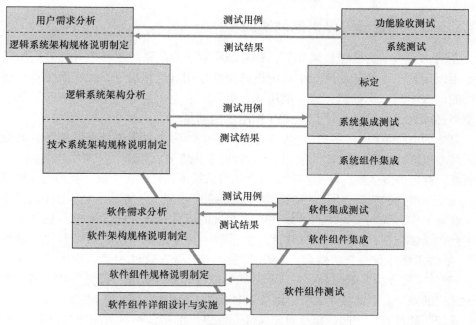

图 4.1   系统及软件开发核心流程

4.1   需求及边界条件

4.1.1   系统及组件职责分工

汽车中不同组件的开发职责通常由众多合作伙伴共同承担,例如由不同组件/子系统各自的供应商分别承担。当然,供应商之间可能存在竞争,不可避免地对合作方式造成影响。因此,通常还需主机厂在系统层面扮演统领全局的作用(图 4.2)。

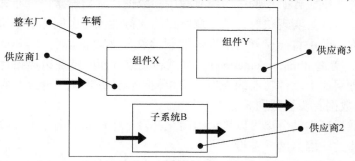

图 4.2   组件、子系统和系统的职责分工

而车辆系统的规格说明制定、系统集成和质量保证工作则可由主机厂、子系统供应商、组件供应商中的一个或多个共同承担。

4.1.2　系统和软件开发之间的协调

在图 4.1 所示的流程首尾环节，都围绕车辆功能的系统层面展开。它们所关注的是用以实现车辆功能的系统中各组件的交互作用。这些组件在技术上可基于完全不同的形式实现，例如机械式、液压式、电气式、电子式等。用户对一个车辆功能的期望必须通过系统中各组件的交互作用才能满足。

具体到电子系统中，一个由电子式实现的车辆功能也需依赖车辆控制器与众多不同类型组件的交互关联来实现。因此设计时首先需要将逻辑系统架构映射到一个由控制器、设定值发生器、传感器和执行器构成的技术系统中。为此，我们必须清晰定义系统及其组件的接口，同时将功能切分为各项子功能，并将其分配至各个组件中。

在本书中，我们仅关注通过软件方式实现的组件及子系统。鉴于系统和软件开发中存在众多交互，我们必须对软件开发采取一种系统性方法，即所谓的"软件工程"。软件工程并非一个新概念，它被广泛应用于所有软件相关的领域。但长久以来，"软件工程方法"通常只存在于有经验的软件开发人员的"直觉"中，并没有形成正式化的原则。因此在 4.2 节，将首先对软件工程中的一些基础概念予以说明。

系统与软件开发之间的接口对于保证开发进度的持续性具有决定性意义。因此，在 4.3 节和 4.4 节中，我们将会重点描述系统与软件开发间的规格说明和集成接口。

接着，在 4.5~4.9 节，我们将聚焦于软件组件/子系统，更深入地分析那些由控制器中的微控制器执行、以软件的形式被表达的子功能。软件比硬件更为灵活，它可以利用输入信号的任意逻辑和算术组合计算出一个功能的输出变量。得益于此，赖以软件实现的功能在整车功能中的数量占比在持续增加，这也反过来导致软件的复杂度不断增加。如何"安全"地掌控软件的复杂度成为一项挑战。为此，我们必须采取合适的软件工程方法，例如协议的拓展及软件接口的标准化等。

软件开发的关注点是将逻辑系统架构映射到一个特定的软件系统中。具体而言，这一软件系统包含了车辆中的所有程序和数据，它们通常以分布式部署，由微处理器控制运行。为实现映射，第 3 章所述的支持性流程也同样必不可少。

在之后的小节中将会反复提及汽车控制器软件在规格说明（specification）、设计（design）、实施（implementation）、测试和集成方面的特殊边界条件。需要特别说明，在物理层面上软件功能的规格说明相较于设计并实施一套运行在特定微控制器中的程序/数据有明显区别。

程序和数据版本的分离可以极大地简化开发、生产和服务中的变体管理。在开发过程中需将这一因素纳入考量。

此外，本章所有内容均基于 V 模型展开，该流程是为嵌入式系统量身定做的。它把软件作为信息技术系统的一个组件，平等地考虑了软件和硬件的开发，并将质量测试纳入系统创建中。

V 模型尤其适用于具有高可靠性和高安全性要求的系统、测试步骤规定明确的系统、组件以分散方式开发的系统。但是，V 模型也有缺点，比如缺乏在开发早期阶段的反馈，导致早期的错误或变更直到后期才可被识别，开发成本及交付风险将因此增加，甚至对项目整体造成影响。在实践中，V 模型在一个车辆的完整开发周期中通常要经过多次循环，根据测试层级的不同，开发中可能出现的循环回路如图 4.1 所示。

在大多数情况下，开发人员会首先开发出一个仅具备有限功能的原型（proto-type），并尽快在真实环境中对其进行测试。这样做有利于在项目早期就发现软件设计上的明显缺陷。根据测试反馈，开发人员会对原型进行改进，再开始新的测试迭代循环，如此反复直到所有的功能和质量目标均达成，或至少在客户允许的情况下，以计划内的时间和成本交付一个有限功能版本的软件。这种渐进迭代的方法有助于在项目早期就严格控制开发风险，有时也被称为原型或螺旋模型（spiral mod-el）。该方法被广泛应用于车辆系统的开发中。随着项目的推进，一个组件将依次在工程样车、预批产车辆和批产车辆中完成测试。每个测试循环的风险和成本会逐渐降低。为不同阶段所开发的原型被称为"样品"，根据开发进度的不同，通常将其区分为 A 样、B 样、C 样⊖，最终的批产件则被称为 D 样。

与之类似的，我们还可以在软件功能开发中使用仿真或快速原型工具来支持，在 5.3 节中将详细讨论。

4.1.3　基于模型的软件开发

通常而言，用软件语言来实现算法都会"直奔主题"，并不会提供对算法进行文字解释的空间。为兼顾两者，行业采用了一种折中的方法——图形化软件开发，它既可以实现软件化的算法实现，也使算法更易被理解。

由于这一优点，基于模型的软件开发在汽车行业得到了广泛应用。软件模型可以描述软件系统的不同视图，对于微控制器中的软件架构，最常采用的描述方法包括上下文或接口视图、层级视图、运行状态视图等。这些模型视图中的重要概念和图示法将在后续小节中介绍。

4.2　基本概念

首先我们将根据 V 模型[16]，对用于描述流程的基本概念和图形符号进行介绍。

4.2.1　流程

从程序模型（procedural model）的意义上讲，**流程**（process）是一个系统性

⊖　A、B、C 样品是汽车开发中常见的工程语言，但不同的主机厂和零部件供应商对其定义存在差别。例如主机厂对于零部件 A、B、C 样的定义通常基于该零部件交付后所安装工程样车的阶段（骡子车、工程样车、预批产车等），而控制器的供应商则会按照手工样品（A 样）、工装模具样品（B 样）、批产线样品（C 样）来定义，或通过功能程序完成度、数据标定完成度的百分比来定义。——译者注

的、由逻辑上连续的步骤构成的重复序列。它的基本特征如下：

- 用于满足内部或外部客户的需求。
- 以提出需求的客户为起始点。
- 以付费的产品或服务形式提供给客户。

流程中的每个步骤都是一套自成体系的活动序列，步骤的输出结果被称为构件（artifact）。如果将流程步骤细分，得到的构件未必具有实际意义。构件是一个衔接不同流程步骤的中间产物，由一个步骤产生，被用于另一个步骤。对于汽车电子系统而言，构件既可以是软件组件的规格说明或软件组件的实施，也可以是控制器的硬件组件、设定值发生器、传感器、执行器等。

一个流程的不同步骤之间存在接口，通过这些接口可以完成构件的传递。一个 V 模型[16]中的流程步骤和构件如图 4.3 所示。

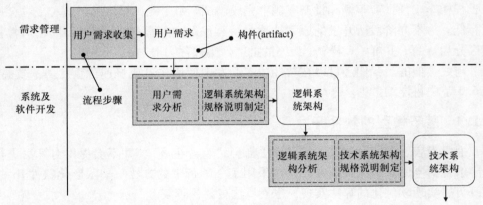

图 4.3 以 LOV 图展示的 V 模型流程[16]

在定义流程步骤和中间构件时，必须考虑到各类边界条件，包括：

- **谁需要做什么**——参与者和职责划分。
- **谁能做**——参与者能力和资质。
- **做这项工作需要什么**——前提。
- **做这项工作能收获什么**——结果。

4.2.2 方法和工具

必须为流程中的每个步骤或一系列步骤制定相应的方法。方法也被称为程序（procedure），根据参考文献 [73]，它是一种为实现特定目标而制定的有计划的、合理的工作方式，一般是在特定的原则框架内进行。

案例：新功能的仿真和快速原型设计

通俗地讲，快速原型（rapid prototyping）是一种使用特定的方法对规格说明尽早进行验证的流程步骤。在软件开发中，快速原型方法可通过工具支持（图 1.20）。快速原型的典型流程步骤是：制定规格说明（例如通过建模）、仿真、集成、车辆环境下快速原型的测试⊖（图 4.4）。

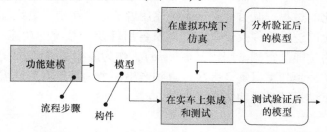

图 4.4 开发流程中的仿真和快速原型步骤

快速原型方法的产出构件是一种规格说明（specification），它以模型的形式存在，尽可能完整且无矛盾地满足功能需求。该规格说明甚至可采取已经过分析和/或已经过测试的可执行模型。快速原型设计有利于新功能的可行性分析。这种方法除了可以降低系列产品的开发风险外，还可以通过软硬件的并行开发测试来缩短交付时间。

在对原型进行集成和测试时，可以划分为两个步骤，即试验系统或测试车辆的调试以及试验的执行（图 4.5）。诸如"调试"这种单独的且不能为后续流程提供可用构件的步骤被称为**方法步骤**（methodical step）。

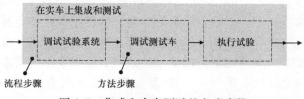

图 4.5 集成和实车测试的方法步骤

工具为方法提供自动化支持[73]。通过使用工具我们可以有条不紊地处理流程步骤，从而提高开发效率，尤其是自动处理那些精度要求高、频繁重复或需要验证的方法步骤。

4.3 逻辑系统架构的规格说明

如 3.6 节所述，已被接受的用户需求若想变成可以落地的技术系统架构，必须

⊖ 在车辆环境下进行快速原型测试的情况较为罕见。一方面对于复杂系统（例如发动机控制系统），由于软件的高度耦合，对局部功能进行快速原型验证意味着需要将一些与其他功能存在接口的信号旁通，可能会导致车辆其他关联功能的安全隐患，因此更常见的做法是在实验室的硬件在环环境下进行。另一方面对于简单系统（例如刮水器、天窗控制），本身代码规模较小、编译较快，通常没有采用快速原型的必要。——译者注

以逻辑系统架构作为中间步骤来衔接[12]。这种循序渐进的方法对复杂系统或开发周期较长的项目尤其有效。

逻辑系统架构始于用户需求分析，后者是在系统开发的早期阶段将需求和边界条件进行结构化的过程，其目标是从系统使用者的角度制定逻辑系统架构的规格说明，即定义系统的逻辑组件及子系统，以及各组件及子系统的功能、需求和接口。规格说明还需为功能制定测试用例（usecase），作为后续系统测试的基础。

必要时，这一步骤可以重复多次，直到产出一个满足所有用户需求的逻辑系统架构且系统测试结果满足预期为止（图 4.6）

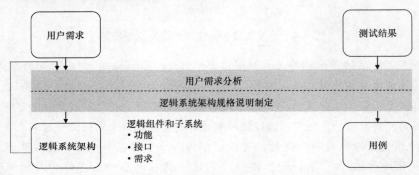

图 4.6　用户需求分析和逻辑系统架构规格说明制定

逻辑系统架构描述了一个抽象的解决方案，但避免了对特定技术系统架构的限制。它定义了系统将实现的目标，但不会涉及具体的实现方式。由该步骤产出的构件可被视为系统及其功能的抽象逻辑模型。该模型展现了用户需求和即将在之后设计的技术系统架构之间的联系[12]。逻辑系统架构被定义为一个以接受用户需求为起始点的创造性排序和设计过程。与用户需求不同，逻辑系统架构中的功能需求是用专业语言表现的，例如采用基于模型的方法——利用方块图或状态机等图形符号来描述需求。

逻辑系统的需求可以从两个角度来展示：

- 用于描述系统应具备哪些属性的需求。
- 用于描述系统**必须不**具备哪些属性的需求。

也可以将逻辑系统需求分为功能性需求和非功能性需求。

功能性需求描述了系统的正常功能和错误功能，前者指的是功能需求正常情况下的行为，后者则描述了系统发生错误、故障和失效时的行为。

非功能性需求指的是除用户需求外的所有其他要求，通常也被称为**边界条件**。这些要求包括但不限于：法规规定的汽车变体和可扩展性要求、法规规定的可靠性和安全性要求、面向生产和服务的要求等。而诸如车辆所能承受的极端恶劣工作条件、车辆可用的电源电压、安装空间限制和成本限制等非功能性要求，在电子系统中主要影响硬件的设计，但也不能忽略其对软件的间接影响（例如系统允许的最大内存和运行时间要求等）。逻辑系统架构尤其是其中与软件相关的需求部分，是车辆开发与其他领域开发差异最显著之处。

在该步骤中最重要的任务是对系统功能进行逐步分解，明确其组件以及组件功能和接口。该流程步骤的输出是一个在逻辑上结构化的正式架构模型，它涵盖了所有的用户需求及系统所需实现的功能。逻辑系统架构有时也被称为功能网络（functionnetwork）。如果逻辑系统架构仅针对系统的某一特定版本或变体，那么它也可以只涵盖部分的用户需求。

案例：针对汽车仪表板的用户需求和逻辑系统架构

图4.7展示了一个汽车仪表系统开发中接受的用户需求条目。在本章中，我们将以该案例贯穿始终来解释核心流程中的各个独立步骤。

图4.7 针对仪表板的用户需求

图4.8显示了用户需求与逻辑系统架构的映射。考虑到设计标准，我们以分层框图的结构展示。逻辑系统架构的一个边界条件是仪表的显示类型——可以是显示屏式或指针式。而与之对应的，显示数据的准备方式也有所不同——可以是滤波式或阻尼式。

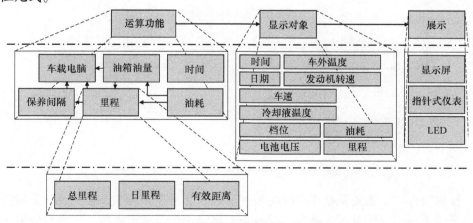

图4.8 组合仪表板的逻辑系统架构

如果不对用户需求和逻辑系统架构做区分，那么随着项目的进行，将难以明晰用户最初的期望是什么。也难以再追溯哪些用户请求被接受，哪些未被接受。在之后的开发步骤中，也将难以区分用户需求和逻辑系统架构的区别，这将在一定程度上限制技术实现方式的选择余地。

该步骤的目标是开发一个清晰、不冲突且尽可能完整的系统逻辑架构，它将非正式的、口语化的、不完整的、非结构化的用户需求首次转化为功能化且结构化的模型，需求将被清晰表达，分解出的需求条目将彼此具有排他性，同时各条目均可被追溯。

4.4 技术系统架构的规格说明

基于逻辑系统架构的技术实施决策将通过技术系统架构规格说明完成。将逻辑系统需求分配到技术组件和子系统后，将展开一系列技术层面的初步分析，例如开/闭环控制分析、系统实时性分析、分布网联式系统分析、安全性和可靠性分析等（图 4.9）。该步骤重点是评价同一逻辑系统架构下的不同技术方案。当后续实施决策变更时，如有必要可重复这一步骤。

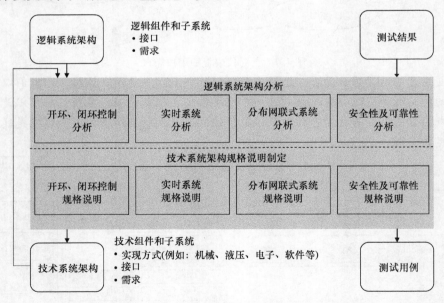

图 4.9　逻辑系统架构分析及技术系统架构规格说明制定

技术组件和子系统是基于系统层级逐层确定的，在明确了上层系统的实施方案后再开始下一层级的分析。例如，只有当上层的系统需求产生后，才能被分解为下一层级的软件及硬件需求（图 4.10）。

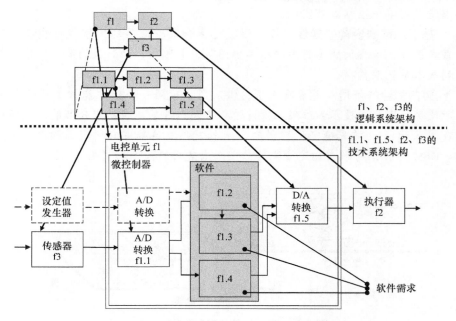

图 4.10　技术系统架构规格说明制定

在技术系统架构中，不仅要考虑技术和经济方面的所有边界条件，还要考虑研发组织和制造方面的边界条件，包括：

- 设计标准和设计方法。
- 不同系统和组件之间的依存性。
- 可行性分析结论。
- 生产和服务的要求。
- 可变更性及可测试性要求。
- 费用、成本和风险评估。

因此，技术系统架构规格说明的制定需用到多学科领域的专业知识。同时，设计目标冲突也需要在此步骤解决。

案例：技术系统架构规格说明中的边界条件和目标冲突

- **技术组件在不同车型系列中的复用**：因成本因素，不同车型系列的发动机和变速器选型存在差异，这也会对车辆电子电气架构造成影响。通常在不同车型中会选择相同的发动机控制器及变速器控制器类型，仅在软件和标定数据上做区分。
- **单一车型系列中的不同配置变体**：消费者在购车时可以选择手动或自动变速器，对于手动变速器，将不再需要使用变速器控制器。
- **选配部件与标准部件**：雨量传感器、驻车辅助装置或电动座椅调节装置作为选装设备来提供，因此由单独的控制器实现。与此相反，作为标准设备的各种功能可以集成到单一控制器来实现。

- **基于地域的设备差异性**：位于温暖地区和寒冷地区的国家，可能在车辆部件上存在差异；或我们熟悉的同一款车中国版、美国版、欧洲版的差异，这些都会影响到技术系统架构。

- **面向组件的复用**：通常情况下，供应商希望同一个组件能被不同品牌和主机厂所使用。因此在技术系统架构设计过程中，组件复用是功能分解的优先考虑原则。在图 4.11 中，首先确定了控制器 SG1 的复用，再确定它所覆盖的功能 f1、f2 和 f3。而功能 f4 则可被自由地分配给另一个未复用的控制器（例如 SG3）。

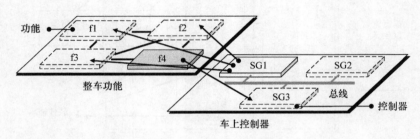

图 4.11　面向组件的复用与功能分解

案例：仪表板技术系统架构的规格说明

从最高层开始，首先需要将组合仪表板定义为车辆控制器网络中的一个组件。

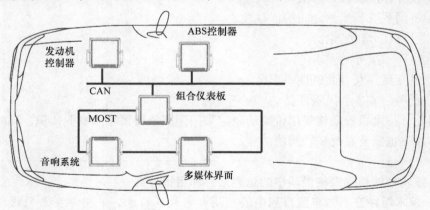

图 4.12　车辆网络的技术系统架构规格说明制定

发动机转速和冷却液温度由发动机控制器通过 CAN 总线提供。车速信息则通过 CAN 总线从 ABS 控制器接收。对驾驶员的提示信息将一部分在组合仪表板中显示，另一部分在一个单独的中央多媒体系统中显示。警告和错误信息可通过音响系统发出额外的声音信号。视频和音频信号通过 MOST 总线传输。因此，组合仪表板被设计为 CAN 总线和 MOST 总线中的参与者（图 4.12）。

此外，仪表板子系统包含油箱液位传感器，而指针仪表和显示器则作为"执行器"。由此仪表板子系统的硬件技术系统架构可按照图 4.13 所示定义。

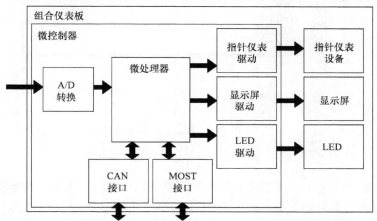

图 4.13 组合仪表板硬件的技术系统架构

4.4.1 开环闭环控制的分析与规格说明

所有的开闭环控制分析方法都建立在如图 4.14 所示的逻辑系统架构基础上。

而开闭环控制的技术系统架构规格说明则将逻辑系统架构映射到如图 4.15 所示的架构上，以此确定设定值发生器、传感器、执行器和控制器网络的具体实现方式。

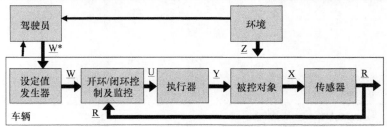

图 4.14 开环闭环控制的逻辑系统架构

4.4.2 实时系统的分析与规格说明

在对开闭环控制和规格说明制定过程进行分析时，还需对控制所要求的时间采样率进行分析和定义。

采样率是决定微控制器在执行软件功能过程中的实时性要求的基础。当功能在分布网联式系统中实现时，采样率同样也会决定控制器之间通过通信网络传输数据的实时性要求。

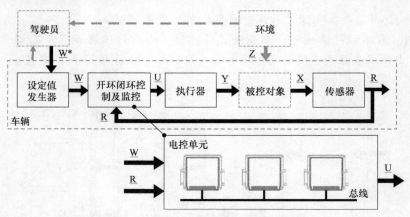

图 4.15　开环闭环控制的技术系统架构

在后续的 5.2 节中，我们将介绍利用微控制器的实时操作系统对给定的实时性需求进行可分配性分析（dispatchability analysis）的方法。这一分析将成为评估技术替代方案以及修改实时操作系统配置的基础。原则上，这一步骤也可以拓展到通信系统实时行为的分析和规格说明制定中。

4.4.3　分布联网式系统的分析与规格说明

将逻辑软件功能分配到微控制器网络中是开发步骤的一环（图 4.16）。在这一步骤中必须考虑实时性、安全性和可靠性等众多要求。在将软件功能分配给不同的微控制器时，还必须考虑到安装空间的限制或所需算力、通信带宽等约束条件。因

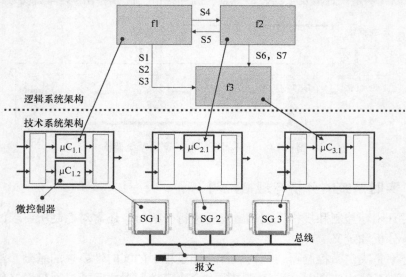

图 4.16　软件功能向微控制器的分配

此，该阶段的一项重要工作是对多种不同的实施方案进行评估对比。

确定了软件功能向微控制器的分配后，将进一步确定信号向报文的分配。在软件功能之间传输的信号是逻辑系统架构层面的，而微控制器之间传输的报文则必须在技术系统架构层面来定义（图 4.17）。

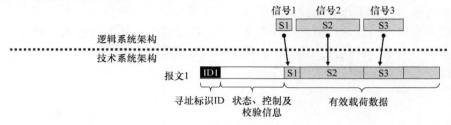

图 4.17 信号向报文的分配

4.4.4 可靠性和安全性的分析和规格说明

很多车辆功能对安全性和可靠性有强制要求。因此安全性和可靠性分析必须在设计阶段早期就开始进行，一种可行的程序如图 4.18 所示[71]。

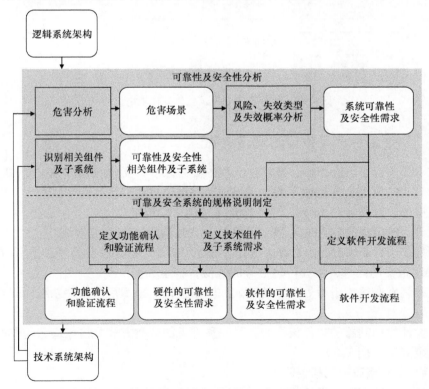

图 4.18 可靠性及安全性分析（MISRA[71]）

4.5　软件架构的规格说明

一旦确定了技术系统架构，各组件和子系统的功能就具备了实现的基础，接下来将进行软件开发工作。软件开发的第一个环节是软件需求分析（图4.10），并基于分析制定软件架构的规格说明（图4.19）。该步骤的具体工作包括：确定软件系统的边界、确定软件组件及其接口、确定软件层级和运行状态等。同样的，这些步骤将按照软件系统的层级逐层完成。

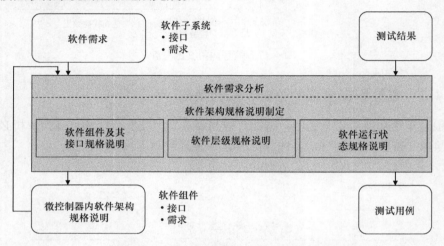

图4.19　软件需求分析及软件架构规格说明

4.5.1　软件组件及其接口的规格说明

在2.3.3节中已经指出，在软件编程中必须区分"**数据信息**"和"**控制信息**"两类信息，它们都会影响程序的执行进程，并且通过接口进行传输。

相应的，软件接口也分为"**数据接口**"和"**控制接口**"。

软件系统中两类信息的处理流程被称为"**数据流**"和"**控制流**"。

例如，当一条CAN报文到达微处理器时，CAN模块触发的中断就是控制信息。CAN报文的内容，例如传输信号的数值，就是数据信息。

这种区别既适用于微处理器的输入和输出接口，也适用于软件系统内部组件间的接口。

在设计微控制器的软件架构时，另一种常见的分类方式是将接口分为车载接口和非车载接口（图1.3）。

4.5.1.1　车载接口的规格说明

首先，必须准确定义软件系统的边界，即确定系统中的哪些部分属于软件系统，哪些属于软件的周边环境或关联系统。该工作通常需要涉及项目的所有合作者，它是确定软件系统输入输出接口的前提。待系统的输入输出接口确定后，可进一步确定控制器的车载接口，即它与设定值发生器、传感器、执行器的硬件接口以及与其他车载控制器的通信接口。

案例：组合仪表板系统的边界和接口模型

图 4.20 是图 4.13 所展示的组合仪表板的车载软件接口和系统边界模型。

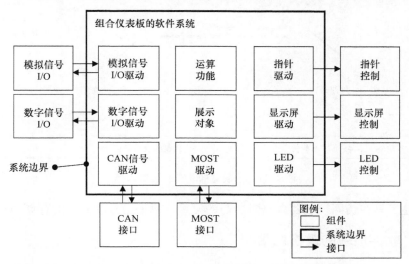

图 4.20　组合仪表板的软件边界和接口模型

4.5.1.2　非车载接口的规格说明

我们也需要确定软件的非车载通信接口——安装在量产车中的控制器的软件架构不仅要支持车载操作的全部功能，也要支持生产或服务过程中非车载通信所需的所有接口。

在开发阶段需要使用的接口未必会在生产和售后运营时需要，所以在开发过程中的控制器与量产版本往往不同。这些控制器的称谓五花八门，例如开发控制器、原型控制器、样件控制器或应用控制器等。它们与量产控制器的不同之处在于，需要针对自身的应用场景修改非车载接口来实现过程版本的软硬件适配。

工具与微控制器之间的通信需要通过各类接口进行。对于测量、标定、诊断和刷新等功能的程序在 AUTOSAR[3] 和 ASAM[18] 中都进行了标准化。详细说明请参考 AUTOSAR 和 ASAM 规范。在设计软件架构时，必须考虑用以实现非车载通信的软件组件。图 4.21 介绍了常用工具与控制器的接口。

每个工具都需要一个外部接口的描述。该描述通常以文件的形式存储，即所谓的描述文件。文件一方面需要描述非车载接口的硬件和软件相关信息，另一方面也

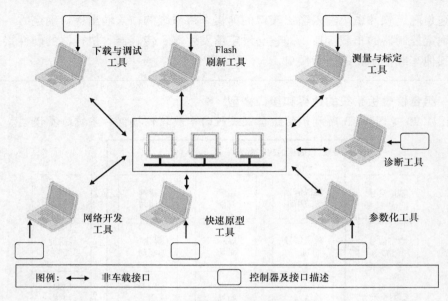

图 4.21 控制器的非车载接口举例

需要描述工具在访问控制器数据时所需的信息，例如信号和参数的存储地址等。

4.5.2 软件层级的规格说明

将软件组件间关系进行结构化展示的一种常见方法是将软件组件分配至不同的层级。由此软件系统可被抽象为层级模型。在同一层内，软件组件可以无限制地互相访问调用；而在不同层级间，软件组件的交互则需要遵循更严格的规则。

层级是根据其抽象程度进行排列的。抽象程度较高的层级可以访问较低层级。相应的，从低层到高层的访问通常会被严格限制或不被允许。如果可以从较高层访问所有比其更低的层级，则将该模型称为"严格顺序层次模型"，而如果系统较高层级仅允许访问比其低一级的较低层级，则将该模型称为"线性顺序层次模型"[73]。

线性顺序层次模型的一个例子是根据 ISO/OSI 创建的 7 层模型（图 2.50），基于 AUTOSAR 的通信模型也遵循这一结构。分层结构也经常被引入到基础软件和应用软件内的其他 I/O 接口中，而软件组件的创建、维护和复用则可以通过引入抽象层来实现。

案例：组合仪表板的软件架构

图 4.22 是组合仪表板的软件架构设计，该示图兼容了多种设计方法和标准。

AUTOSAR 规定了软件系统的几个基本层级：

- 应用层软件。

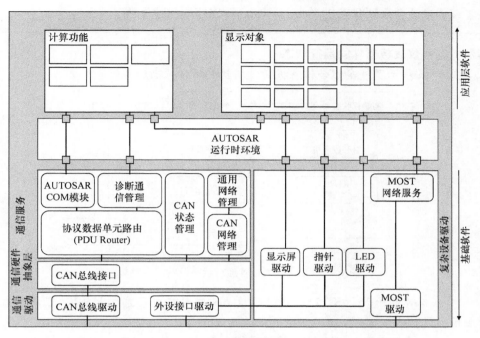

图 4.22 组合仪表板软件架构

- 运行时环境（Runtime Environment，RTE）。
- 基础软件。

与通信相关的基础软件都是标准化的，因此由专门的模块来实现。而特殊的硬件驱动程序，如 MOST、LED、指针和显示器等则被封装在复杂设备驱动程序中。

在下面的章节中，我们将采用这种定义了边界并基于层级构建的模型来表示软件架构。

4.5.3 运行状态的规格说明

软件参数化以及在生产和服务期间更新的过程通常需要在一种特殊的运行状态下进行。出于安全考虑，在该状态下软件的开闭环控制及监控功能只会部分被执行。

因此，控制器中微控制器的软件架构必须能够支持多种运行状态，既包括正常运行状态——软件驱动程序（即开闭环控制和监控功能）将被正常执行，也包括一些其他必要的运行状态——软件的驱动程序不会被执行，例如在进行执行器诊断（图2.64）、软件参数化及软件更新过程中。此外还有一种独立的应急运行状态（见2.6.4.4小节），即当安全相关组件出现失效后使系统在有限的功能下运行。

除了运行状态外，规格说明中还需要确定不同状态间是否允许跳转以及跳转条件。该要求适合采用状态机（statemachine）来完成描述说明。

案例：组合仪表板软件的运行状态

图 4.23 展示了汽车组合仪表板所需的软件运行状态和跳转。

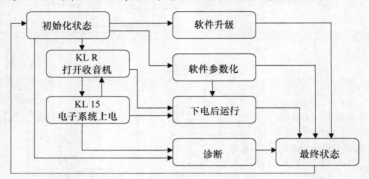

图 4.23　组合仪表板各运行状态及状态间跳转

- 在工作端子 15（KL 15）激活后（点火或整车电子系统上电），可实现完整的显示功能。
- 在生产和服务过程中的"**软件升级**"运行状态下，系统只支持通过非车载诊断接口执行程序刷新功能。
- 在生产和服务过程中，"**软件参数化**"运行状态支持通过非车载诊断接口设置参数，达成的效果例如：距离和速度显示的单位从千米切换为英里，或显示屏语言版本的变更等。
- 实际的诊断功能——例如传感器和执行器的诊断功能（图 2.64）以及读取和清除故障存储器的功能，只有在"**诊断**"状态下才能执行。
- 点火开关转到 Radio On 位置后，端子 **R** 被激活 [KL R，也被称为 acc（accessory）]，系统将执行一系列监控功能。经过监控后确保车辆功能正常，才能将车辆系统跳转到 KL 15 状态。
- 在发动机熄火后，车辆进入"**下电后运行**"状态，此时系统将会执行诸如车辆总行驶里程的存储、仪表板监控等较为耗时的任务。

在 AUTOSAR 中对控制器启动和关闭等重要运行状态的描述进行了标准化，例如车辆电源开/关、操作系统启动/关闭等。因此在实际应用中，如图 4.23 所示的状态模型必须映射到 AUTOSAR 标准所规定的标准状态模型中。

4.6　软件组件的规格说明

在软件架构的规格说明中，我们明确了软件的所有组件划分、各组件的需求及组件之间的接口。下一步，我们将制定软件组件的规格说明，它包括三个内容：数据模型、行为模型以及实时模型（图 4.24）。

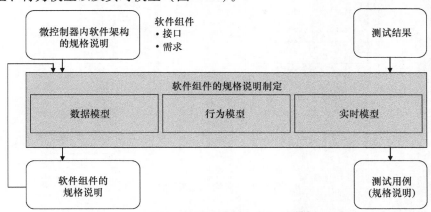

图 4.24　软件组件的规格说明制定

4.6.1　数据模型的规格说明

软件组件的规格说明中需要定义软件组件所处理数据的规格，即数据模型的规格说明。首先需要定义数据的抽象形式。该形式从数据的具体实施中抽象而来，由此可基于物理关系的形式来定义数据的处理方式。

汽车软件中需要用到多种数据结构，常见的包括：

- 标量。
- 向量或数组。
- 矩阵（图 4.25）。

数据之间也可以存在关联，由此形成了复合数据结构，例如汽车中广泛使用的特性曲线（characteristic curve）和特征图（characteristic map）（图 4.26）。虽然在抽象的特性曲线或组合特征曲线的规格说明中，我们只关注输入变量和输出变量之间的关系，但在设计和实施中必须明确具体的数据存储结构和插值算法，我们将在5.4.1.5 小节中详细讨论。

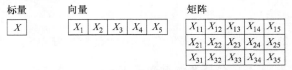

图 4.25　简单的数据结构

4.6.2　行为模型的规格说明

到目前为止，我们所介绍的规格说明都只涉及软件组件的静态结构。在本节中，我们将涉及软件组件的动态结构——即软件组件行为（或所谓的"处理步图示：

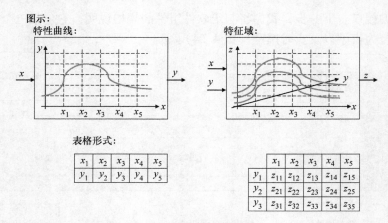

图 4.26　复杂的数据结构

骤"）的规格说明，它包括两方面：数据流及控制流。

4.6.2.1　数据流的规格说明

数据流图描述了软件组件之间的数据信息传递路径和软件组件中数据的处理过程。

不同的数据流图采用不同的图示法和符号。在 2.1 节中我们介绍了用方块图和状态机对开闭环控制进行建模的方法。这种方法对大量的车辆功能都适用。例如图 4.27 所示，我们可通过方块图来展示软件组件的数据流。

在方块图中，软件组件的输入、输出、数据、算术运算和布尔运算都用块（block）来表示，数据流则用箭头体现。

案例：布尔指令和算术指令的数据流

图 4.27 示意性地表示了布尔指令和算术指令的数据流。

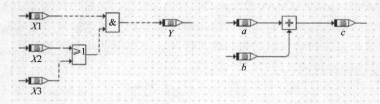

图 4.27　ASCET 中表示布尔算术指令的数据流（ETAS 公司[74]）

在图的左侧，模型所表征的是布尔指令 $Y = X1 \& (X2 \| X3)$，其中"&"表示连接或逻辑"与"操作，"‖"表示逻辑"或"操作；在图的右侧，模型所表征的是算术语句 $c = a + b$。两个指令均以方块图的样式在 ASCET 开发工具中完成搭建并展示[74]。根据 ASCET 的建模规则，算术数据流用实心箭头表示；布尔数据流用虚线箭头表示。

数据流图易于创建且易于理解。然而它们并不能完全定义一个软件组件的行为，例如通过图4.27无法判断布尔指令及算术指令哪个先执行（尽管这个例子过于简单，执行顺序不会改变软件输出结果）。如果 Y 和 c 相互依赖（例如 c 的值包含在 Y 的计算中），那么两个运算执行顺序的差异就将影响软件组件的行为。为解决这一问题，我们还需引入控制流，来明确软件组件内各运算的执行顺序。

4.6.2.2 控制流的规格说明

控制流用以控制指令的执行。我们可以借助如下的控制结构来控制软件组件中的指令处理过程：

- 确定指令执行的顺序。
- 分支的选择。
- 通过重复或迭代来定义处理循环。
- 调用其他软件组件中的服务。

这种类型的控制流结构可以在每一种高级编程语言中找到，也可以用图形表示。一种广泛使用的控制流标记法是 Nassi – Shneiderman 结构图（图4.28）[73]。

图4.28 以结构图的形式表示控制流结构[73]

然而，对于许多软件功能来说，单纯采用控制流和单纯采用数据流均不足以完整反映软件的处理过程，因此需要综合应用两种方法。

案例：布尔指令和算术指令的控制流

在图4.29中，序列信息（控制流）被加入到了方块图中，这样才能认为软件组件的指令处理过程已被明确定义。

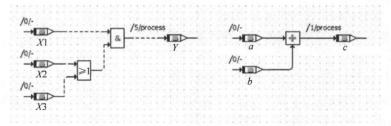

图4.29 用以确定执行顺序的控制流（ETAS 公司[74]）

在该案例中，运算 $c = a + b$ 被指定在时序"process"中执行，并被分配序列信息"/1/"，而布尔运算语句 $Y = X1 \& (X2 \parallel X3)$ 则被指定了序列信息"/5/"，因此前者将先于后者被执行。

4.6.3 实时模型的规格说明

除了数据和行为模型外，还必须定义软件组件的实时模型，这样才能构成完整的软件组件规格说明。

软件组件的指令必须分配给各时序（process），而这些时序又必须被分配到任务（task）中。所谓的"实时模型"是对各任务实时性要求的定义。

案例：实时性要求的定义

在图 4.29 所介绍的例子中，这两条指令已经被分配给了时序"process"（为方便讲解，把它定义为时序 1）。为了完整定义软件组件的实时性行为，时序 1 还需要被分配到一个任务中。如图 4.30 所示，时序 1 与时序 2 和时序 3 被一起分配到了任务 A 中。

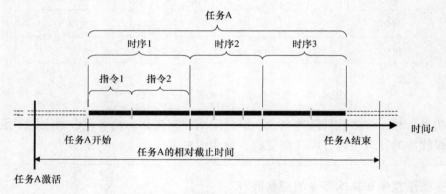

图 4.30 时序和任务的运算顺序分配

4.6.3.1 状态依赖的反应式执行模型

对于软件的开闭环控制功能，往往可以建立一个通用的执行模型，如图 4.31 所示。

在该执行模型中，软件功能存在两类计算。一类是在系统启动时只执行一次的初始化计算（时序 a_{Init}），另一类是后续的迭代计算（时序 a_P）。在初始化计算中，时序 a_{Init} 在初始时间点 t_{Init} 被初始化任务激活。在后续的迭代计算中，时序 a_P 被循环任务 A 以固定或可变的时间间隔 dT_A 激活。时序 a_P 第一次被执行时，使用初始化时序 a_{Init} 的状态信息，而在进一步的执行中则使用 a_P 上一次执行的状态信息

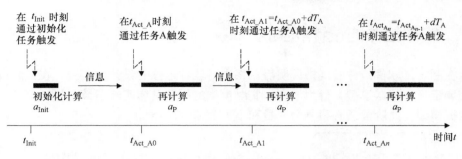

图 4.31　状态依赖的反应式执行模型

（例如上一次的计算结果）。具有上述计算特征的软件功能也被称为**状态依赖的反应式执行系统**（state – dependent, reactive systems）[75]。

这种系统中，软件至少需要包含两个时序 a_{Init} 和 a_P，并且分配给不同的任务将其激活。例如，一个函数的重复计算可以分为若干个时序，并被具有不同实时性要求的任务以准并行的顺序激活。

4.6.3.2　状态无关的反应式执行模型

还有一些软件功能，在初始化之后，一个进程的执行与前序计算无关，而只会在某特定事件发生时才被执行。在这种情况下，需要采用另一种执行模型，如图 4.32 所示。首先，也需要将软件功能划分为两个时序 b_{Iint} 和 b_E。然而，只有当任务 B 的事件 E 发生时，时序 b_E 才会被激活。典型的事件 E 可以是驾驶员按下了启动某功能的开关。

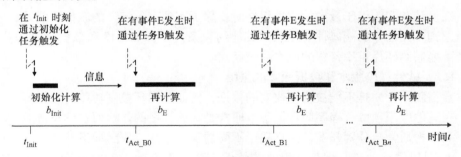

图 4.32　状态无关的反应式执行模型

时序 b_E 也可以重复执行。但是，在执行时序 b_E 的过程中，不再会使用前次执行 b_E 的状态信息。这样的软件功能也被称为**状态无关的反应式系统**[75]。

事实上，如今大量的软件功能都是上述两种执行模式的混合体。

在实时系统中，为了对不同任务中各时序的交互进行建模，必须考虑到 2.4.6 小节所述的实时操作系统机制。这意味着实时模型又会对数据模型造成影响。

4.7 软件组件的设计和实施

在制定了软件组件的规格说明后，将进行软件组件的设计和实施。在该阶段我们需要定义好数据模型、行为模型、实时模型的所有具体实施细节（图4.33）。对于数据模型，此阶段还必须分为变量和不可变参数两类。

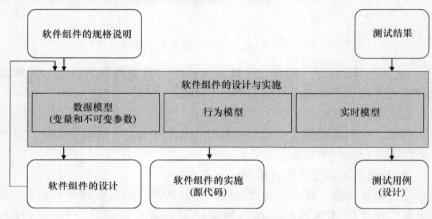

图4.33　软件组件的设计与实施

4.7.1　产品非功能属性的考量

在设计和实施用于量产的软件组件时，除了实现事先定义的软件功能外，还必须考虑到产品的非功能属性所导致的其他约束条件。例如程序和数据版本的分隔，或者可能制约硬件可用资源的成本限制因素。

4.7.1.1　软件程序版本和数据版本的区隔

数据版本指的是不能被程序改变的数据，例如开闭环控制功能的参数等。

在其他应用领域，程序和数据版本通常是一起开发的。然而在汽车行业，软件程序和数据通常会分别开发，并且采用不同的版本序列，原因如下：

● 对研发、生产、服务过程中的软件变体管理有益。针对不同的车辆变体，我们可以使用统一的程序，通过不同的数据版本来适应不同的应用条件。这就节省了开发的成本和时间。例如在质量验收方面，面对不同的车辆变体我们只需对程序进行一次验证即可。

● 程序版本和数据版本的创建时间可能不同。在有些应用中，数据版本经常需要在项目后期主体功能已经验证后再开始调整，此时数据版本已经独立于程序版本，我们所熟知的软件标定就满足这种情景。

● 程序版本和数据版本通常是在不同的开发环境中由不同的员工创建的，甚至存在跨公司的情况，因此两者分别开发将极大提升研发的效率。

4.7.1.2　硬件资源的限制

由于控制器经常存在成本限制，因此在硬件设计时预留的资源有限。这就要求软件组件在设计和实施过程中必须考虑到一些优化措施。

案例：控制器的成本限制

简单来说，一个控制器的成本等于开发成本和制造成本之和除以生产的控制器数量 n。

每个控制器的总成本 ≈（开发成本 ＋ 制造成本）／ n

一款控制器产品的生产数量越多，制造成本对其总成本的影响越大（图 4.34）。制造成本由硬件和软件两部分组成，两者之间有着本质的差别。软件的生产过程可以被近似等价为零成本的批量复制，因此硬件制造成本成为主导性因素。

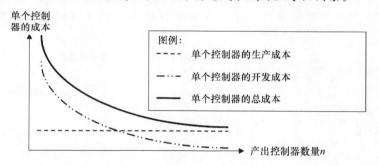

图 4.34　控制器的成本与生产数量的关系

这就意味着在大批量生产的情况下，降低硬件制造成本成为降本的重中之重。为此，供应商可能在控制器中采取"廉价"的微控制器，这些微控制器只支持整数算术运算，其算力和内存空间相对有限，由此将导致硬件资源的局限性。

为了能够在"廉价"的微控制器上实现尽可能多的软件功能，必须在软件开发过程中展开必要的优化，从而充分利用硬件资源。根据应用程序的边界条件，软件开发的一个优化目标是减少对 RAM 和 ROM 空间的占用，同时减少程序运行时间。这其中，软件对 RAM 资源需求的优化比 ROM 更为重要，因为车辆应用中对RAM 的存储空间要求远远超过 ROM，因此前者的成本也远远高于后者。

同时，我们也不能忽视上述优化工作所带来的开发及质保成本的增加，或者在开发资源有限时带来的潜在质量风险增加。

在实践中，一种行之有效的优化生产成本的方法是软件和硬件组件的平台化策略。例如，可以采用功能大而全的标准化软件组件，通过不同的配置参数使其适用于不同的应用需求。

不同的项目目标（质量、成本、交期）之间存在相互依赖和目标冲突。为此必须要平衡优化所带来的工作量增加程度，避免该项工作得不偿失。

在第 5.4.1 小节将通过实例介绍实践中的一些优化措施。其中一些优化措施也会对软件架构和软件组件的规格说明制定环节造成影响。

4.7.2　数据模型的设计和实施

在软件组件的数据模型设计和实施过程中，要对变量（程序可更改）和参数（程序不可更改）两种数据类型加以区分。每种数据类型在微控制器中的存储方案及其在微处理器内部的运行方式均需在该阶段明确。其中，变量必须在读写存储器中储存（例如 RAM），而参数可以在只读存储器中储存（例如 ROM）。

案例：物理层和实施层的规格说明映射关系

图 4.35 中展示了发动机温度信号在物理层面和具体实施层面上规格说明的差异。

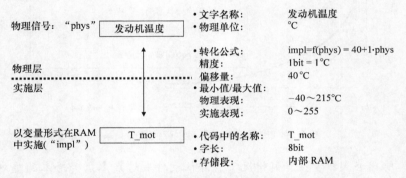

图 4.35　物理层的规格说明向实施层的映射

对于测量和标定工具，则需要进行与上述相反的映射——在软件中实施的变量需要以测量工具操作者易读懂的物理单位显示。因此，测量和标定工具需要将所有相关数据的映射规则信息存储在一个描述文件中，并基于 ASAM – MCD 2 标准[18]定义测量、标定和诊断范围的描述格式。

4.7.3　行为模型的设计和实施

在行为模型的设计过程中，不仅需要考虑到行为模型的规格说明，还需要考虑到微处理器内部因数据表示和处理形式限制引发的计算精度的影响，该影响可能会来自各种误差类型，包括[76]：

- 输入数据误差，或量化误差（quantization errors）。
- 舍入误差（rounding errors）。
- 近似误差（approximation errors）。

如果输入数据是基于有限精度/分辨率测量而得的变量，那么计算的输入数据误差将无法避免。遗憾的是，汽车中的大多数传感器和微控制器都具有该特点。这种误差也称为量化误差（见 2. 2. 2 小节）。

当计算所采用的位数有限时，就可能出现舍入误差。遗憾的是，汽车中的微控制器均具有这种特点。在定点整数除法运算中，或者因位数限制不得不对运算结果进行缩放的情况下，舍入误差是无法避免的。

近似误差取决于计算方法。即使不存在舍入误差，很多计算方法也不能提供一个问题的精确解，而只能提供一个简化版的近似解。通常情况下，近似解是通过对原问题进行离散化而得出的。例如，微分方程的解采用差分来近似，而积分方程则采用有限的和来近似。近似误差在定点和浮点运算中都是无法避免的。

案例：积分方法

在控制单元中一种常用的积分程序是欧拉积分法。一个应用案例可以是图 2. 2 所展示的 PI 控制中的 I 部分的求解。欧拉积分方法如图 4. 36 所示，其中函数 $f(t)$ 的积分可由灰色矩形的面积 $F^*(t)$ 近似累加而得。

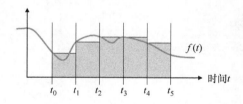

图 4. 36　欧拉积分方法

函数 $f(t)$ 的定积分结果为

$$F(t_n) = \int_{t_0}^{t_n} f(t)\,\mathrm{d}t$$

可通过如下求和过程来近似：

$$F^*(t_n) = \sum_{i=0}^{n-1} (t_{i+1} - t_i) f(t_i)$$

式中，时间间隔 $(t_{i+1} - t_i)$ 被称为步长 $\mathrm{d}T_i$。一个任务究竟以固定频率还是可变频率被激活，决定了 $\mathrm{d}T_i$ 是常量还是变量。$F^*(t)$ 可通过以下公式递增计算。

$$F^*(t_{i+1}) = F^*(t_i) + \mathrm{d}T_i\, f(t_i)$$

在软件组件的设计和实施过程中，舍入误差格外重要。在 5. 4. 2 小节将详细介绍数字处理器的内部数字表示法以及算术运算时可能出现的舍入误差。

4.7.4　实时模型的设计和实施

实时模型的设计与实施要求开发者对微控制器硬件及软件的中断系统理解深刻。如果使用实时操作系统，必须进行配置设置工作。我们已经在 2.4 节中基于 AUTOSAR 标准介绍了实时操作系统最关键的配置设置。

4.8　软件组件的测试

软件组件测试是如图 3.28 所示的质量保证方法中的重要组成部分。根据规格说明制定和设计实施阶段的测试用例，可以对软件组件开展各项静态测试，如图 4.37所示。

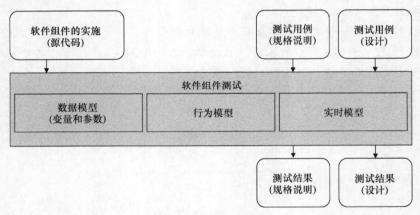

图 4.37　软件组件的测试

4.9　软件组件的集成

将不同的软件组件（可能由不同的合作伙伴开发）整合在一起的过程称为集成。在该过程中，可被微处理器执行的程序和数据版本将被分别创建，同时需要产出相应的软件描述文档。此外，还需为那些通过非车载接口连接的工具生成相应的描述文件（图 4.38）。

因此，一个量产的控制器的软件版本通常包括：
- 控制器中所有微控制器所使用的程序和数据版本。
- 软件描述文档。
- 生产和售后服务工具（如诊断、软件参数化或刷新工具）的描述文件。

对于研发控制器，还需要其他开发工具的描述文件，如：
- 测量和标定工具的描述文件。

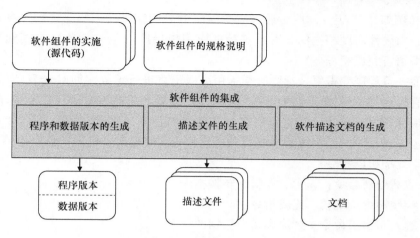

图 4.38　软件组件的集成

- 网络开发工具的车载通信描述文件。
- 旁通接口的描述文件（如果使用快速原型开发，在 5.3.8 小节中详细讨论）。

4.9.1　程序和数据版本的生成

生成程序和数据版本的流程步骤如图 4.39 所示。

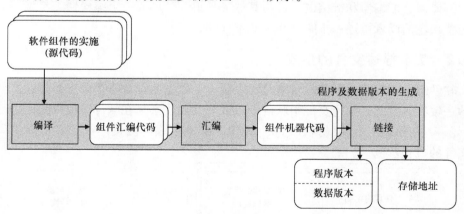

图 4.39　程序与数据版本的生成

可以由微处理器执行的命令被称为机器命令，它们都由二进制数字代码表示。这些数字代码也被称为机器代码，它们被控制逻辑引用（图 2.14）并激活算术逻辑单元。因此，程序总是以机器代码的形式存储在一个二进制文件中。然而以二进制展示的命令对程序员而言相当复杂且具有迷惑性，因此极易出错。针对这一问题，每条机器指令都被授予了容易记忆的缩写，即"助记符（mnemonics）"。从助记符向机器命令的翻译工作通过汇编器（assembler）完成。程序首先在汇编代码中创建（例如在 PC 端），然后通过一个编辑器翻译成机器代码。直到如今，一些简单的、与硬件高度相关的、时间关键的应用也仍然（至少部分）采用处理器专用的汇编语言完成编程。

然而一旦程序变得复杂，则必须采用高级语言进行编程，如 C 语言[84]，否则将难以管理和维护规模庞大的程序。这些与处理器无关的高级语言需要翻译程序，也称为编译器（compiler），它将高级语言创建的程序（即源代码）翻译成处理器专用的汇编器代码。高级语言中的每条语句都必须被映射到机器指令序列中，为此需要以下几类机器指令：

- **数据处理命令**：算术、逻辑、转换指令。
- **控制命令**：跳转、比较指令。
- **输入和输出命令**：读取和输出数据的指令。
- **存储命令**：读取和写入内存的指令。

高级语言的源代码可通过模块化实施，而无须理会微处理器的特性。在完成源代码实施后，只需使用处理器的专用编译器即可将其翻译成汇编代码组件。

为了实现不同程序组件中机器代码间的协作，必须将这些组件集成或"链接"到程序和数据中。该任务由链接器（linker）完成，它定义了所有组件的内存地址，并转化为机器代码组件的访问地址。链接器还将这些地址信息存储在一个文件中。

编译器、汇编器和链接器通常与其他工具组合，形成一个编译器工具集。对该话题感兴趣的读者可进一步阅读参考文献 [68，77]。

4.9.2　工具描述文件的生成

软件组件集成的一项基本要求是程序版本、数据版本及非车载工具描述文件之间的一致性。因此，描述文件中软件专用部分的创建必须在软件集成框架内进行。

图 4.40 提供了一种根据 ASAM – MCD 2 标准生成的测量、标定和诊断工具描述文件的过程示例。

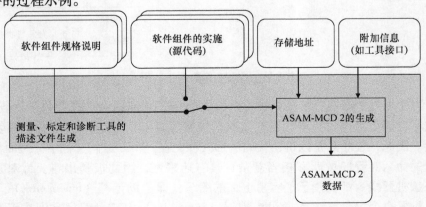

图 4.40　测量、标定和诊断工具描述文件的生成

如论是软件的设计与实施还是描述文件的生成，都应以软件组件的规格说明作为基础，这样可保证程序、数据、描述文件三者之间的一致性。

描述文件所需的规格说明信息也可以在软件组件实施过程中以诸如代码注释的形式存储于源代码中，如图 4.40 所示。

ASAM – MCD 2 生成器的输入既可以来自软件的规格说明，也可以来自事先储存在源代码中的注释信息。无论何种方式，都需要从链接器生成的文件中提取必要的地址信息。

4.9.3　软件描述文档的生成

由软件实现的车辆功能必须通过额外的文档来记录，原因如下：

● 所有软件开发支持流程的开展都需要以文档作为参考输入。另外考虑到软件开发的复杂性，跨组织以及长生命周期内持续的软件维护工作也必须以软件的详细描述文档为前提。

● 软件实施完成后的所有开发步骤，如集成、测试、标定等，都需要依赖软件描述文档。

● 文档有助于车辆生产及全球跨区域售后服务的标准化。

● 文档对立法机关必不可少，例如作为车辆上市申请中必须审阅的文件。

不同的用户群体（图 4.41）对文件的期望存在较大差异，体现在文档使用范围、对技术细节的理解程度、语言差异等诸多方面。因此撰写的文档并不适合面向所有客户统一化。

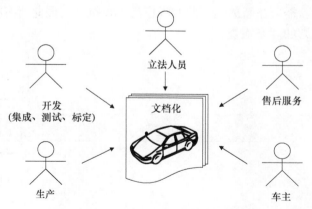

图 4.41　软件功能文档的使用群体

但不统一的文档又有共性——它们都以车辆功能为导向，即所有的文档结构都是基于功能的。基于模型的规格说明可以作为软件功能描述文档的构建基础。

另外，软件描述文档只是汽车功能文档的一部分，通过适当的中间格式，可将其融入为各个用户群所创建的功能文档中。

ASAM[18]为这种中间格式提供了标准化框架，基于这一框架的文档创建过程如图 4.42 所示，通常开发者会利用工具完成该工作。

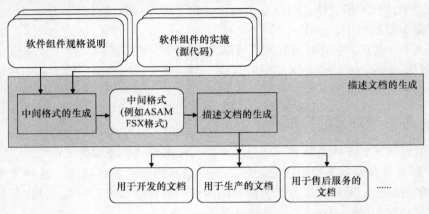

图 4.42　软件描述文档的生成

4.10　软件集成测试

将软件组件合并形成一个完整的软件版本时，通常需执行一系列的检查（图 4.43），涉及诸如软件是否遵守了接口规范或变量的命名规则，或者是否使用了统一的存储布局等。这些都是在编译前使用适当的工具（如编译环境工具）手动或自动执行的。需要注意的是，此时程序尚未被执行，因此所有检查步骤都只是基于软件实施准则的静态检查。

图 4.43　软件集成测试

4.11　系统组件的集成

在对系统中各组件并行合作完成开发后，将进行组件测试。测试完成后，各组件将被集成为系统，再进行系统集成测试、系统测试及验收测试。这些测试步骤依照系统的层级分阶段进行——从部件到子系统、再到完整系统（图3.4）。因此，集成和测试往往是紧密相连的。

对于软件而言，首先需要将其与硬件进行集成，例如微控制器、控制单元或实验系统。再将控制器或实验系统与设定值发生器、传感器、执行器进行整合，以此检查它们与被控对象间的互动结果。更进一步的集成级别则是车辆子系统或整车，已超出了电子系统的层级（图4.44）。

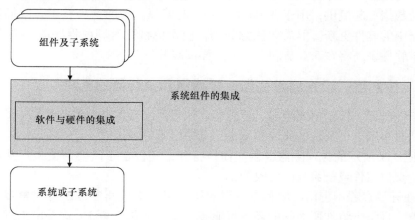

图4.44　系统组件的集成

4.11.1　软件和硬件的集成

显然，软件程序只有在软件集成至硬件后才能执行，而只有程序执行后，才可以执行对软件的动态验证。为了能够在早期阶段执行动态测试，业界设计了各种方法，例如通过实验系统进行快速原型设计等。图4.45展示了软硬件集成过程的概览。

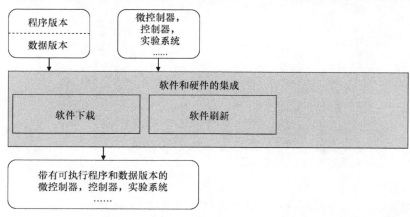

图4.45　软件和硬件的集成

4.11.1.1　软件下载

通过下载和调试工具，可以在微处理器上加载和调试程序代码。这时微控制器中将执行一组固定的加载和监控程序（boot loader），它通过串行下载接口将工具传输的二进制文件存储在微控制器的 RAM 或 Flash 中。监控程序也可以根据工具的要求返回数据。

4.11.1.2　软件刷新

在微控制器中，存有一段程序调度程序（programroutine），该段代码由 flash 编程工具随数据一起提供，用于在 flash 闪存中的编程。借助这项技术，我们可以完成控制器中的软件更新。但需要注意的是，应避免将存有调度程序的 flash 区域擦除。对于软件刷新将在 5.6 节和 6.3 节中详细展开。

4.11.2　控制器、设定值发生器、传感器和执行器的集成

由于控制器、设定值发生器、传感器、执行器的开发通常涉及跨组织的合作开发，因此对车辆电子系统的集成和测试工具提出了特殊挑战：

● 图 4.1 所示的流程除需由供应商执行外，还包含了需要由主机厂执行的对供应商所交付组件或子系统的验收测试。

● 在开发过程中可用的原型车数量有限。组件供应商通常没有完整或最新的测试环境，且每个组件所面临的环境可能各不相同（图 4.46）。这些因素都可能限制供应商方面的测试进度。

● 组件集成是所有组件开发的同步点。集成测试、系统测试和验收测试只有在所有部件都就绪后才能进行。这就意味着，单个组件的交付延迟会导致整个系统集成的延迟，从而延迟所有后续测试步骤的执行（图 4.47）。

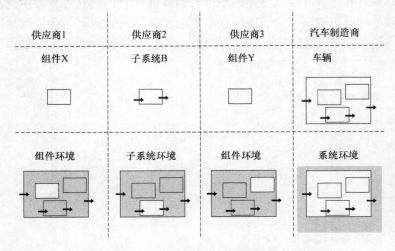

图 4.46　组件、子系统、系统的不同环境

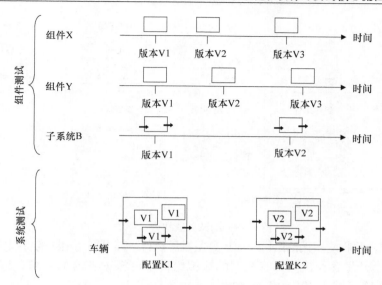

图 4.47　组件测试与系统测试之间的关系

4.12　系统的集成测试

车辆系统的集成和测试工具需要考虑上一节所介绍的特殊边界条件，从而减少组件间的依赖性，降低开发风险。有了工具的支持，测试可以自动执行。图 4.48 是集成测试的前提条件和结果。

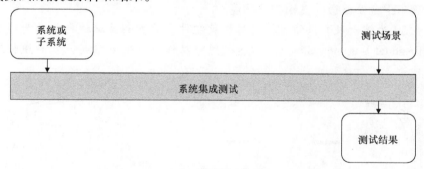

图 4.48　系统集成测试

已完成开发的组件、子系统和系统环境组件作为真实组件进行整合。尚未完成开发的组件、子系统和系统环境组件将通过建模和仿真，以虚拟组件的方式加入测试环境。

真实组件的测试环境与虚拟集成平台相连（如图 4.49 中灰色标注的组件）。这里存在多种可能的组合方式，甚至系统或系统环境组件也可以是虚拟的。集成和测试工具必须满足以下要求：

- 虚拟测试环境向所有开发伙伴开放。可以自由选择图 4.1 中所示的测试步骤执

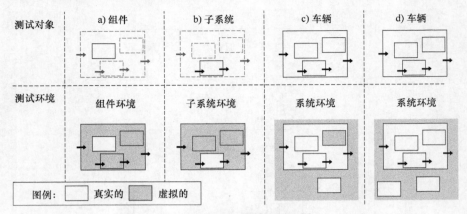

图 4.49　测试对象和测试环境

行验收测试。验收测试无论由供应商还是主机厂执行，都可采用相同的虚拟实验环境。

- 每个开发合作伙伴都有相同的虚拟组件，可根据各自的需求，组合设置适当的实验环境（图 4.49a 和图 4.49b）。
- 由于单一组件延期交付导致的系统集成延期风险可通过以虚拟组件方式将延迟组件加入系统，并完成初步系统测试来规避（图 4.49c 和图 4.49d），也可以采用真实组件和虚拟组件相结合的测试方式。
- 环境最初完全由虚拟组件组成，并逐渐被真实组件所取代。该现象可能在系统的每个层级测试中都会出现。

案例：汽车组合仪表板的虚拟网络环境

图 4.50 为组合仪表板的虚拟网络环境组件。该类测试环境也被称为残余总线仿真（Residual Bus Simulation）。功能模型可以作为对尚未完成开发的组件进行仿真的基础。

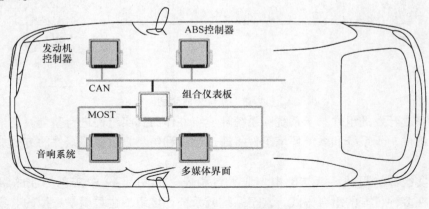

图 4.50　组合仪表板的虚拟网络环境

这种集成和测试的方法有以下优点：

- 在测试环境未成熟建立的情况下，一些原先只能在车内进行的测试步骤可以在实验室或测试台架上提前完成。
- 与道路测试相比，测试结果和测试用例的可复用性提升。
- 针对极端工况的测试可在不危害测试人员或原型车辆的情况下进行。

从虚拟测试，到实验室及台架测试，再到实车测试，构成了一个可持续集成和测试过程（图 4.51）。

在图 4.51 所示的所有可能情形中，真实组件都会被虚拟组件替代。在控制器系统集成的级别上看，这种现象在控制器（软件和硬件）、设定值发生器、传感器、执行器和系统环境上均存在。

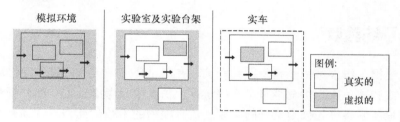

图 4.51　持续集成和测试过程

在硬件方面，"虚拟硬件"通常指的是一个代替了目标系统的开发平台（例如PC 端或实验系统），该定义不仅适用于控制器，也适用于传感器和执行器。

真实的软件和控制器硬件均已就绪后，程序就可以执行了，但也有一些测试步骤需要在控制器与传感器、执行器和系统环境集成后才能实现。该话题将在 5.5 节中进行详细展开。

如果这些测试步骤顺利完成，就可以释放程序和数据版本。另一方面，如果在开发的后期需要调整数据版本，那么可以先释放程序版本，作为软件基线支持之后的数据标定和测试工作。

4.13　标定

软件功能参数的设置通常只能在开发流程的后期进行，且往往必须在车辆运行的状态下完成，因此在多数控制器的开发过程中，都需要允许在开发后期以可对数据版本进行修改。此步骤也被称为标定（calibration），如图 4.52 所示。

标定系统在开发阶段的后期才投入使用。在完成标定后，数据将被封装存储在只读存储器如 ROM、EEPROM 或 Flash 中。标定系统由一个控制器和一个测量标定工具构成，两者之间通过适配的非车载接口连接。在标定阶段结束时，会发布数据版本以支持下一步测试工作。详细的标定程序介绍将在 5.6 节中展开。

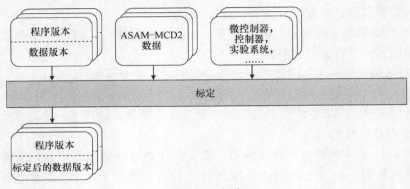

图 4.52　标定

4.14　系统验收测试

　　开发建模工作很难一步到位做到完美。在测试环境中，有些模型组件可能会被故意忽略或删减，这为仿真带来了不确定性。仿真中只考虑到了一部分场景，换而言之，它只能回答事先被定义好的问题。仿真模型的不精确性和测试场景的不完整性导致了测试结果的残余风险。

　　那些没有被事先识别到的问题只能通过系统在真实运行环境下的测试——即实车测试来解答。在实车道路测试环境中，先前由于忽略部分模型所导致的风险将不复存在。从这个角度看，电子系统在实车运行环境中以用户视角进行的验收测试必不可少。

　　但这一过程也对开发工具提出了特殊要求，例如，工具应能够兼容控制器和车载网络环境，同时应该能在恶劣环境、车辆行驶情况下正常使用。另外，工具还需具备供测试人员快速抓取测试结果的可视化界面等。

　　最后，完整的系统必须在车辆级别的系统测试和验收测试通过后才能释放（图 4.53）。在该步骤中，需要对电子系统所有在生产和售后中会用到的非车载接

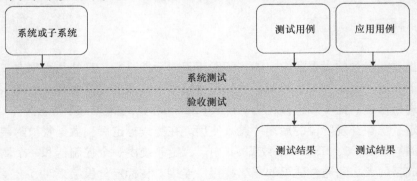

图 4.53　系统测试及验收测试

口和工具进行检查。图4.54 展示了在仪表板的系统和验收测试中需要检查的组件和接口。

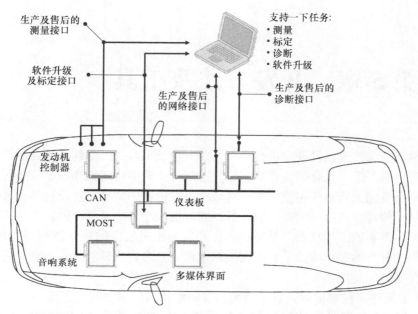

图 4.54　仪表板系统及验收测试中需检查的接口

第5章 开发方法及工具

本章将介绍汽车软件开发过程中涉及的方法及工具。考虑到该话题所涉范围庞大，我们将基于第4章介绍的开发流程，在每个步骤中针对性选取了一些对控制器应用软件开发起到重要作用或用来支持车辆开发过程中特殊需求及边界条件的方法及工具展开探讨。其中一些方法和工具也同时适用于多个开发步骤。

另外，车辆的工作场景对系统和软件开发提出了较高的安全性和可靠性要求。因此必须在开发的各个阶段采取不同措施来保证系统和软件质量。本章中将对会进行着重介绍。

5.1 节概述了**控制器和开发工具间的非车载接口**要求及实现方式。

5.2 节将介绍**逻辑系统架构的分析方法**以及**技术系统架构的规格说明方法**，包括：

- 开环控制及闭环控制的分析方法及设计流程。
- 实时系统的任务分配及可调度性分析。
- 分布联网式系统中通信的规格说明及分析。
- 可靠性及安全性概念的规格说明及分析。

5.3 节将介绍**基于模型的开发方法**。使用该方法进行软件功能的规格说明及验证不仅有利于需求的无歧义表述，还为功能的早期确认提供了可能。方法包括：

- 正式的规格说明及建模。
- 仿真及快速原型方法。

5.4 节重点介绍**软件功能详细设计及实施**中使用的方法和工具。同时，在将软件需求的规格说明转化为具体算法的过程中，同样需要关注必要的产品非功能特性。方法包括：

- 基于有限硬件资源的软件优化。
- 使用编程语言的有限子集来提升代码可靠性及安全性，例如 MISRA – C 指导[88]。
- 通过软件组件标准化及复用来提升软件整体质量。

5.5 节将介绍**软件集成及功能测试**的方法，包括：

- 开发过程中的测试，例如组件测试、集成测试以及不同层级的系统测试。

- 在实验室、台架以及整车环境下的集成测试、系统测试和验收测试。

5.6 节将介绍**标定**的常用方法和工具，包括：

- 在线标定的微控制器和标定工具通信接口。
- 基于整车环境的标定和测量方法。

上述方法将结合动力总成域、底盘域和车身控制域的实际应用案例作为示意。

5.1 非车载开发工具及接口

开发工具通过非车载接口与控制器实现通信。开发不同阶段所使用的工具各不相同，常见的有：

- 程序下载和程序调试（debugging）工具。
- 程序闪存（flash）刷新工具。
- 控制器网络接口的开发和测试工具。
- 快速原型工具。
- 开发测试及标定工具。
- 控制器参数化工具。
- 非车载诊断工具。

工具和 ECU 间的通信需要由通信双方的硬件和软件组件支持。开发的不同阶段对通信的要求各不相同，例如：

- 在实验室及恶劣的整车环境下，通信硬件的可用性。
- 无论微控制器是否打断其程序的执行，工具都可以对微控制器进行访问。
- 接口传输速率的要求（不同工具要求不同）。
- 使用场景限制（有的工具仅限研发阶段使用，有的则可在研发、生产及售后全生命周期内使用）。
- 无论控制器是否从整车中拆除，工具都可对其进行访问。

控制器的开发随着整车量产而结束。因此对于控制器而言，在开发最后的验收测试阶段使用的非车载接口及工具需要和批产及售后阶段保持一致。

出于工作环境差异的考虑，在整车上使用的非车载工具要求与实验室内使用的往往不同，前者在工作温度、振动等级、供电电压或电磁兼容性等方面要求通常更高。并且由于控制器的安装位置的周边空间通常有限，因此工具必须有较长的接线。

此外，由于非车载工具需要与控制器中的不同组件通信，所以非车载接口上应能兼容不同的接口技术要求。图 5.1 中展示了与微控制器各组件相关的接口，包含微处理器、微控制器的内外部 flash 及 RAM 存储器、微控制器的内外部总线及串行接口。

标定及售后诊断工具都有独特的要求，前者将在 5.6 节详细介绍，后者将在第

6 章展开讨论。

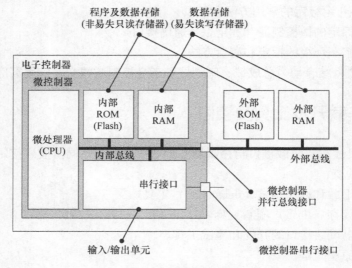

图 5.1　微控制器接口

5.2　技术系统架构规格说明

软件开发始于逻辑系统架构的定义，即定义功能网络、以信号形式体现的功能接口，以及整车系统或子系统功能间的通信。

接着，抽象的逻辑功能将被转化为可具体实施的技术系统架构。通过该步骤一方面有助于开发者尽早判断一项功能的技术可行性，另外也可对不同的技术实现方案进行对比评估。这一过程的开展方法除了我们常说的"分析"外，还有汽车开发中特有的"规格说明（specification）"方法。

5.2.1　开闭环控制系统的分析及规格说明

相当多的动力总成、底盘、车身域功能本质上都符合开闭环控制的特征。由于越来越多的控制功能是通过软件功能实现的，因此开闭环的分析和设计过程（例如采用数值模拟工具）也对软件功能开发造成了重要影响。

本节重点关注的是在分析和设计那些由软件及电控系统实现的开闭环控制车辆功能时，需要贯穿始终考虑的准则；而具体的分析设计方法不在本节讨论范围内，有兴趣的读者可以阅读参考文献［34，35］。

解决开闭环控制任务与控制系统的结构无直接关联。在控制方案中，具有首要决定性的是控制对象的静态及动态行为。因此，开闭环控制分析的第一步是被控对象的分析，由此可以确定系统的边界，进而确定系统的输入输出参数以及系统的构成。描述系统各组件间静态和动态关系的物理模型方程通常依靠辨识建立。由此建立的被控对象模型视图将成为后续所有设计步骤的基础。

如图 5.2 所示，我们将用来实现开闭环控制功能的所有组件（如设定值发生器、传感器、执行器及控制器）分配给开环或闭环控制器。这样做有助于简化不同组件、接口及其关系的系统视图。只有在技术系统架构已经具有雏形后，我们才能开始定义具体的开闭环控制系统技术结构。

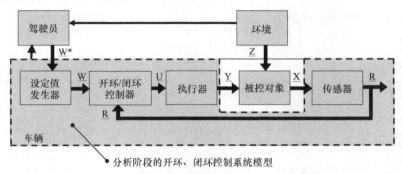

图 5.2　开闭环控制分析阶段的逻辑系统架构视图

举个例子，如果被控对象是汽油发动机，那我们可以识别到相关控制量 Y，可以是喷油量、点火时刻、节气门开度等。发动机作为被控对象，其内部架构十分复杂，因为不同子模块间存在大量的相互耦合影响。图 5.3 给出了其系统逻辑架构的

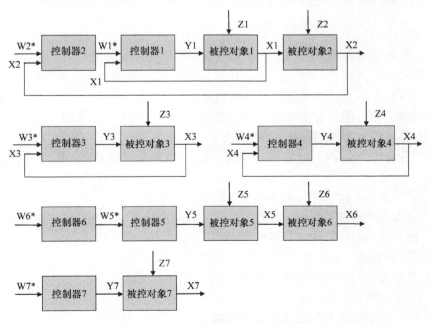

图 5.3　开闭环控制的系统逻辑架构

简图。该被控对象由 7 个组件构成，通过组件 1、组件 2、……、组件 7 表示。基于此，可以搭建出控制系统的逻辑架构，其中一共使用了 4 个闭环控制器即闭环控制器 1~4，以及 3 个开环控制器即开环控制器 5~7。

接下来将分别针对开闭环控制组件进行控制策略的开发，并最终形成技术系统架构（即明确系统中所需的执行器、传感器、控制器、设定值发生器及软件功能）。图 5.4 展示了"控制器 3"的技术系统架构设计，其中软件功能部分的规格说明方法将在 5.3 节中详细介绍。

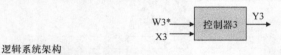

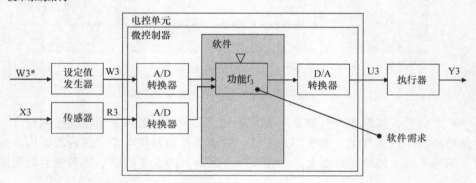

图 5.4 "控制器 3"的技术系统架构设计

在该阶段需要注意，当一个电子系统组件在车辆环境下应用时，不能理所当然地认为其传输行为是"理想化"的。比如从成本角度考虑，大多数设定值发生器、传感器、执行器以及控制器的分辨率及动态特性都有限。再比如，需要关注微控制器运行过程中的时间和数值离散特性。总结而言，在开闭环系统设计阶段就需要考虑到组件真实特性带来的影响，例如：

对于设定值发生器、传感器、执行器、微控制器 AD/DA 转换单元，其影响包括：

- 因分辨率有限，采用数值离散计算带来的影响。
- 因为边界条件导致的非线性影响。
- 因系统动态特性受限导致的延迟或死区时间。

对于微控制器，因硬件资源有限对软件功能的影响包括：

- 整形运算时的四舍五入（或称舍入）、溢出导致的误差。
- 由算法精度导致的近似误差。
- 由微控制器时间离散化带来的影响。

被控对象的时间常数决定了开环或闭环控制的采样频率 dT 以及软件功能 f_n 的

调用频率 dT_n。图 5.5 展示了开发阶段软件功能 f_n 的外部视图。

图 5.6 中展示了一种图 5.3 中所示的开闭环控制系统逻辑架构依靠单一控制器实现的方式。在图 5.3 中的控制器 1 ~ 7 在架构下仅通过设定值发生器、传感器、执行器、AD/DA 转化单元以及单一控制器中的软件功能 f_1 ~ f_n 即可实现。

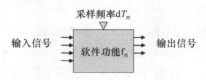

图 5.5　软件功能 f_n 的外部视图

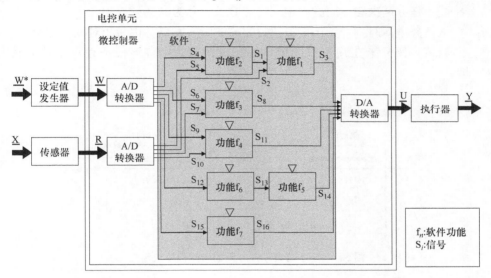

图 5.6　开闭环控制的技术系统架构设计

该方法也可用于监控和诊断功能的规格说明，可回顾图 2.60 所示。

经过上述步骤，每个软件功能 f_n 都具备了针对开/闭环、诊断控制策略、输入输出信号以及采样频率 dT 的规格说明。这是执行后续小节所介绍工作的基础。

5.2.2　实时系统的分析及规格说明

如果需要在一个控制器或者控制器网络中实现不同采样频率的软件功能，就需要使用不同的任务对这些软件功能进行调度和激活，这些任务的实时性需求也是不同的。

很多车辆应用的实现都必须以任务的实时需求被满足为基础。这就意味着，在对实时系统进行分析和规格说明时，必须要关注到操作系统和通信系统的调度策略对实时性的影响。

可调度性分析（schedulability analysis）可帮助开发人员在系统真实运行前就尽早地评估其是否满足图 2.18 中所定义的实时性要求。

可调度性分析包含两方面：处理器对不同任务的可调度性分析，以及总线对通信系统中不同使用节点的可调度性分析。两者分析方法非常相似，在本节中将仅以处理器仲裁方法为例展开讨论。当然，实际应用中会有相应的开发、验证及监控原则作为对此类分析方法的补充。

可调度性分析的结果是得到实时系统的规格说明。该规格说明中所有的软件功能被分配到不同的进程中。不同的进程再被分配至不同的任务。

出于通用性考虑，我们假设实时系统中所有任务的实时性要求都遵循相同的术语（图 5.7）：

- 同一任务两次激活间的固定或可变时长，称为激活频率。
- 从任务激活时刻开始至任务执行完成的时间间隔，称为相对截止时间。
- 当某一任务未在预定时间窗口内完成运行，则称该任务违反了实时性需求。即：

$$\text{响应时间} > \text{相对截止时间} \tag{5.1}$$

图 5.7　用于可调度性分析的实时性要求定义

图 5.8 展示了典型的响应时间分布图。需要说明的是，响应时间不是固定的，它会受到多种因素的影响，因此在分析实时性要求的过程中，开发者所关注的参数是响应时间的最大值，即"**最坏情况响应时间**"（Worst Case Response Time，**WCRT**）。

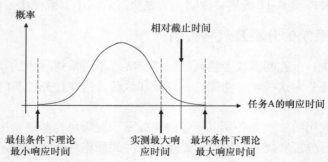

图 5.8　任务 A 的响应时间分布

通常，实时性要求能否被满足是无法通过测量验证的，即使设置不同的边界条件并采用置信度足够高的设备，仍然不切实际。因为随着进程数的增加以及复杂调度策略的使用，实时性要求会变得复杂，导致测试工作难以操作。即便测试过程中成功满足了实时性需求，在系统实际运行中仍可能出现任务执行时间超过相对截止时间的极端情况。而如果实验中观察或测得的响应时间最大值与系统实际运行中的最大值不符，我们仍无法判定系统的实时性要求已得到满足。

为确保实时性要求得到满足，在实践中通常会采用以下三种方法的组合：

- 可调度性分析，用于评估各种系统实施方案。
- 通过方案实施后测量，验证可调度分析的结果。
- 对实时系统截止时间的在线监控，以及对时间超限的系统响应。

5.2.2.1 可调度性分析

可调度性分析的目的是评估已知参数下的功能应用情形能否都满足实时性要求，即：

$$最坏情况响应时间（WCRT）\leqslant 相对截止时间 \qquad (5.2)$$

为此，我们必须要确定或估算出系统的最坏情况响应时间。

如图 5.7 所示，理想情况下的响应时间只依赖两个参数：激活时刻与任务开始执行时刻的时间窗口，以及任务的执行时间（execution time）。

但实际应用中的情况通常会更加复杂。因为任务运行过程中可能被其他更高优先级的任务打断。这些更高优先级的任务一般是基于时间周期或特定事件触发的。由此产生的打断时间、高优先级任务的运行时间、系统用于任务跳转的转换时间都会对最坏情况响应时间（WCRT）产生影响。

通常我们采用两个步骤确定或估算某个任务的最坏情况响应时间（WCRT）。

- 首先，确定或估算每个任务所需的最长执行时间，即最坏情况执行时间（Worst Case Execution Time，WCET）。此外，还需要确定或估算操作系统本身的运行时间。
- 接着从实时性要求及调度策略出发，估算是否所有任务的激活都可以满足条件公式（5.2）。

案例：可调度性分析

我们需要对一名经理的日常计划进行可调度性分析。这位经理每 24 小时需要睡觉 8 小时。在醒着的时间中，每 8 小时需要花 30 分钟吃饭，每 1.5 小时需要花 15 分钟喝水，每 2 小时需要花 30 分钟打电话。

在日常计划中，吃饭可最多延迟 30 分钟，喝水也可最多延迟 30 分钟，打电话则最多只能延迟 15 分钟。睡觉应该在 24 小时内完成。

基于此，我们得到了如下的相对截止时间：睡觉为 24 小时，吃饭为 1 小时，喝水为 45 分钟，打电话为 45 分钟。

参考图 2.20 展示的 AUTOSAR 基础状态模型，在使用协作式调度策略的前提下，我们需要评估该经理是否还可以接受其他活动。目前为止，我们确认该经理至少需要执行以下 4 项任务：

- 任务 A：睡觉
- 任务 B：吃饭
- 任务 C：喝水
- 任务 D：打电话

以上 4 项任务的优先级由高到低次为：打电话、吃饭、喝水、睡觉。计划的日常工作通过表 5.1 进行汇总。表格中包含了优先级、激活时间、截止时间和执行时间信息。

表 5.1 经理的任务表

任务	激活时间	截止时间	执行时间	优先级
任务 A 睡觉	每 24 小时	24 小时	8 小时	1
任务 B 吃饭	每 8 小时	60 分钟	30 分钟	3
任务 C 喝水	每 1.5 小时	45 分钟	15 分钟	2
任务 D 打电话	每 2 小时	45 分钟	30 分钟	4

我们可以对初步制定的执行方案进行可调度性分析，图 5.9 展示了该方案对应的任务调度图。

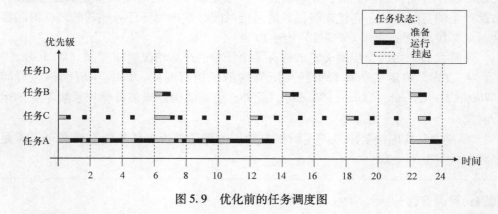

图 5.9 优化前的任务调度图

- 任务 D：打电话，具有最高优先级，每 2 小时执行一次，执行过程中无延迟，满足实时性需求。
- 任务 B：吃饭，在 6 点、14 点及 22 点和任务 D 打电话同时激活。由于优先级低于任务 D，会延迟 30 分钟执行，刚好满足截止时间需求。
- 任务 C：喝水，每 90 分钟执行一次，由于优先级更低，可以被任务 B 及任务 D 打断或延迟。在 4 种情况下，45 分钟的截止时间要求刚好满足。最恶劣的情况出现在 6 点。此时的响应时间达到了 75 分钟，明显违反了截止时间的实时性需求。在运行结束的 15 分钟后，任务 C 又被重新激活。

● 任务 A：睡觉，优先级最低，任务开始运行时就被延迟了 75 分钟（22 点开始）并且经常被打断。从激活到任务运行结束超过了 15 小时。

对于任务 C 和任务 B（任务 B 已经违反实时性需求），最严苛的边界情况都出现在 6 点。我们可使用不同的优化方法来缓解此类临界情况的出现。图 5.10 展示了一种优化后的情形，此时任务 B 和任务 D 并不是同时激活的，而是将任务 B 延迟一小时激活，即在 7 点、15 点、23 点吃饭。通过此优化，可以保证一直满足任务 B 的实时性需求。同时，在 6 点执行任务 C 喝水时间。但是，在五种情形下仍然出现截止时间"压线"被满足的现象。如果允许的话，可以将任务 C 的截止时间提高到 60 分钟或者提高任务 C 的优先级，由此进一步消除此类严苛情形。同时，此优化方案并未对优先级最低的任务 A 产生任何影响，与预期一致。

我们回到开始的问题，该经理是否可以继续接受新的任务 E。如图 5.10 所示，任务调度优化后，经理在 14 点到 22 点间的负荷得到了改善，可以穿插安排新的任务。为了使经理的负荷分配更加均匀，可以将睡觉这一任务分解为晚上睡觉和下午睡觉两个任务。这样，也可以缓解被突发更高优先级任务如客户电话所打断带来的影响。

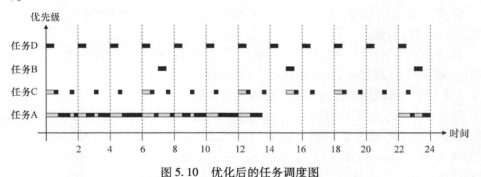

图 5.10　优化后的任务调度图

尽管上述例子是假想的抽象案例，但它可以帮助我们理解实时系统可能存在的设计错误以及优化的意义。实际应用中的情况可能与上述例子存在差异：

● 在上述案例中，我们假设优先级低的任务在任意位置均可被其他高优先级的任务打断。但在实际应用中，任务中断一般都存在限制条件。比如，我们假设睡觉可以每 2 小时被别的任务打断。在实际条件下，这是不现实的。

● 上述案例的另一个理想假设是任务间的切换没有延迟，但在实际应用中，一般也会存在限制条件。例如，从睡觉任务转换到电话任务一般需要考虑迟疑和起床等延迟因素。

将可调度性分析方法复用到实际的车辆应用时必须考虑实时操作系统自身的执行时间，这一时间通常不可忽略，并且与众多参数及任务调度策略的选取相关。

另一个问题就是要估计每个任务的最坏情况执行时间（WCET），它通常也依赖于众多参数。

基于编译器生成的指令来计算或估计执行时间十分困难，通常只有在特定情况下才可能实现。该问题也是研究领域的热门话题之一。

基于以上分析我们也意识到：在实际使用中我们必须要严格限制使用处理时间不定的程序指令，例如循环语句或等待状态。迭代算法的实际使用也必须要满足每次激活仅运行一次或有限次数的迭代运算[54]。如果无法满足该规则，那么将无法估计迭代算法的最坏情况执行时间。

可调度性分析除上述作用外，还可得出与系统负载相关的结论，例如过载或欠载。这一结论可作为实时性规格说明的优化依据，使实时系统的负载分配更加平均。而更加平均的负载分配通常也会降低系统对硬件资源的需求，例如微处理器的时钟频率等。

5.2.2.2 可调度性的测试验证

通过测试的方法可以得到系统真实的激活时间及执行时间。基于任务分配图，可对系统实时行为进行验证，从而对设计错误进行识别并对实时系统的设置进行迭代优化。

尽管如此，分配图测得的执行时间也仅为最大执行时间以及响应时间（图 5.8）的近似值。

此外，对于事件驱动的系统，其激活时间或激活事件（例如中断）通常是多变的。通常不可能确保测试在系统最严苛的负载情况下开展。

5.2.2.3 操作系统中截止时间超限的监控及处理

某个任务截止时间超限的影响可通过改变该任务的相关属性来缓解，例如改变该任务的优先级、截止时间或者激活延迟设置等。在系统出现过载时可通过"异常处理（exception handling）"予以解决，例如使用防反跳（debouncing）策略，该策略规定了一个任务被激活的最大次数或给出一个任务两次激活之间的最小时间间隔。

为了尽早识别异常情况，通常在开发阶段会使用较批产状态更加严苛的异常条件判断标准。

此外，在量产软件的操作系统中也会对实时性要求较高的任务进行实时监控，并在其任务截止时间超限后采取响应措施。

以上的响应措施可通过特定的功能错误响应路径（errorhooks）实现，在实时系统识别到截止时间超限后，会调用错误响应。除软件监控外，一般还会加入硬件监控措施作为补充，例如使用看门狗电路来监控程序执行状态。

5.2.3 分布联网式系统的分析及规格说明

汽车电子系统是分布联网式布局的。控制器中软件功能的输入变量可由与该控制器直接相连的传感器提供，也可由与其他控制器相连的传感器通过整车通信网络提供。执行器的控制信号也具有相似的灵活性。此外，所有在控制器内部计算的信号及状态信息也都可以通过通信网络进行传输。

分布联网式架构可以提升功能实现方式的自由度，但也为设计带来了挑战，例如软件功能在各控制器间的分配或传感器和执行器的抽象问题等。在分布联网式系统的分析中，最重要的是不同分布方案的优缺点对比。图 5.11 是一个分布联网式系统的逻辑架构示意图。可以看到，控制器与执行器/传感器之间存在直接或间接连接两种方案，系统设计方案也因此更加灵活。此外，我们还将传感器分为普通传感器和智能传感器两类，执行器亦然。

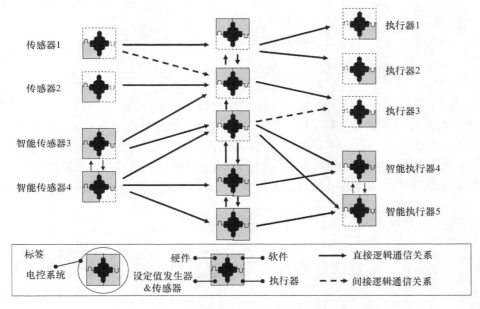

图 5.11　分布联网式系统逻辑架构分析

分布联网式系统的设计过程需要尽早考虑通信系统的影响，诸如信号传输的数值离散现象或系统通信耗费的传输时间都对系统功能有很大影响。分布联网式系统的重点工作之一就是评价这些影响因素。同时，我们在设计时也需要考虑其他的需求以及相关边界条件，例如：安装空间限制、实时性需求、安全性需求、可靠性需求等。

在此回顾图 5.6 作为引入案例，我们假设该图所展示的开环系统和闭环系统的软件功能是分配到不同微控制器上实现的。首先，我们需要识别出功能软件中的哪些需求已经明确。明确的需求包含输入信号、输出信号以及采样频率 dT。图 5.12 以表格形式展示了这些需求。

为将软件功能分配到不同的微控制器上，我们在表格中添加了一列软件功能的具体实现位置信息，如图 5.13 所示。在该示例中，功能 f_1 会在微控制器 $\mu C_{1.1}$ 上

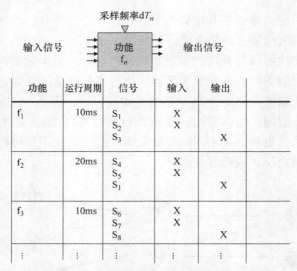

功能	运行周期	信号	输入	输出
f_1	10ms	S_1	X	
		S_2	X	
		S_3		X
f_2	20ms	S_4	X	
		S_5	X	
		S_1		X
f_3	10ms	S_6	X	
		S_7	X	
		S_8		X
⋮	⋮	⋮	⋮	⋮

图 5.12 包含调用频率及信号的软件功能介绍

计算，功能 f_2 会在微控制器 $\mu C_{2.1}$ 上计算，功能 f_3 会在微控制器 $\mu C_{1.2}$ 上计算。关于软件功能的分配，我们需要关注与之对应的硬件架构的条件限制，其中也包含与微控制器相连的传感器和执行器的限制。例如：对传感器信号做预处理的功能需要分配到与该传感器相连的微控制器上。

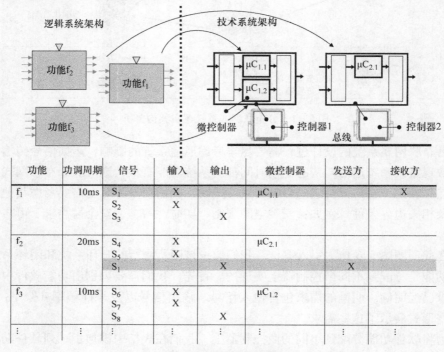

功能	功调周期	信号	输入	输出	微控制器	发送方	接收方
f_1	10ms	S_1	X		$\mu C_{1.1}$		X
		S_2	X				
		S_3		X			
f_2	20ms	S_4	X		$\mu C_{2.1}$		
		S_5	X				
		S_1		X		X	
f_3	10ms	S_6	X		$\mu C_{1.2}$		
		S_7	X				
		S_8		X			
⋮	⋮	⋮	⋮	⋮	⋮	⋮	⋮

图 5.13 软件功能在微控制器上的分配

在下一步分析中，会出现两种情形：

● 情形 1：图 5.13 中，当某个信号需要在不同微控制器上使用时，必须通过通信网络传输。由此可以获得控制器间通信信号的集合。该示例中，信号 S_1 由微控制器 $\mu C_{2.1}$ 传输到微控制器 $\mu C_{1.1}$ 上。

● 情形 2：图 5.13 中，当某个信号需要在同一微控制器内采样周期不同的功能上使用时，那么该信号需要在不同任务间进行通信，由此可以获得所有任务间通信信号的集合。

针对情形 1，我们**首先要确定满足通信时间要求的信号传输频率**。在该示例中，功能 f_2 以 20ms 的频率计算信号 S_1。因此，对信号 S_1 采用比 20ms 更快的频率传输几乎不带来收益，哪怕引用信号 S_1 的功能 f_1 是以 10ms 频率进行计算的。这种情况下，20ms 是信号 S_1 合理的传输频率。

相应的，当接收信号的功能 f_1 使用比 20ms 更慢的频率进行计算，那么信号传输频率可以与接收信号的功能 f_1 的计算频率保持一致，由此减轻通信系统负载。在设计过程中，需要首先明确信号传输频率、信号传输所需的必要时间，以及计算信号功能和引用信号功能的采样频率 dT 之间的差异。

信号传输需要确定的第二项规格是信号的分辨率以及数值范围。此处需要同时考虑信号引用处和信号定义处对分辨率的需求。

基于以上信号层面的规格说明，我们可以估算出通信负载率，从而对不同的分布方案进行评估。

下一步需要定义具体的传输内容，有两点需要明确：

● 通过通信系统传输的信息是什么？

● 传输信息所对应的信号是什么？

从效率角度看，我们总是希望用尽可能少的报文，以尽可能同步的传输速率来发送所有信号。为此我们有必要将图 5.13 所示的表格重新排列，并扩展为通信矩阵。该矩阵的第一列表征发送该信号的微控制器。传输信号是基于传输速率及接收方信息进行分类的。创建报文后我们就可以得到如图 5.14 所示的通信矩阵。在该通信矩阵中，信号 S_1 是通过报文 N_3 发送的。此外，矩阵还展示了其他尚未讨论的信号和报文。

分析实际车载网络时，需要考虑更多因素。除要考虑更多的信号、报文、发送节点和接收节点外，也需要注意从一个发送节点发出的信号可以由不同的接收节点基于不同的计算频率进行处理。同时，功能分配的操作空间也被众多的边界条件所限制。

因此，对需求的尽早分析、对各实现方案的评估以及对网络的迭代优化显得格外重要。

通信系统、报文以及网络拓扑一旦确定，就可以对通信矩阵进行扩展。扩展过程中，我们可利用仿真分析总线负载率或分析通信延迟是否满足需求。

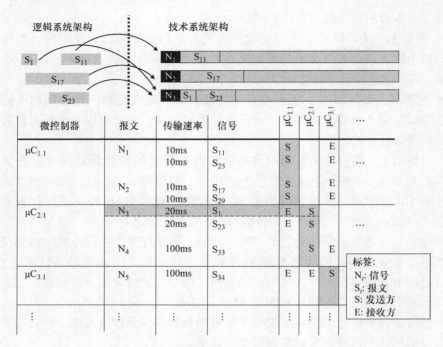

图 5.14　通信矩阵

上述步骤构成了分布联网式系统的分析及规格说明，其中包含了不同软件功能在微控制器之间的分布以及车载电子系统通信矩阵的完整定义。

5.2.4　系统可靠性及安全性的分析及规格说明

整车可靠性和安全性需求来自于客户期望，同时会综合考虑技术层面、法律层面以及财务层面的限制。可靠性需求一般通过维修和保养来呈现。安全性需求则体现为车辆在其零部件失效或故障情况下的表现。从开发初期，基于整车角度提出的可靠性和安全性需求就会对技术的实现方式及可追溯性产生重大影响。

这种影响在软件开发中愈发明显。诸如监控、诊断以及安全概念的具体实现都已成为软件开发中的关键。因此对于复杂的电控系统，必须尽早计划可靠性和安全性功能的开发节点，并将其汇总至整个项目的计划中。

可靠性和安全性分析包含了失效率分析、失效形式分析、可靠性及安全性的提升方法和评价指标等。其中失效形式分析一般采用失效模式与影响分析（FMEA）以及故障树分析（FTA），两者均已形成详细的方法论，在本节将不再展开，感兴趣的读者可阅读参考文献［62，56，57］。

5.2.4.1　失效率分析及可靠性函数计算

对一个观测单元失效率的系统分析有助于预测该观测单元的可靠性，而可靠性的预测对尽早识别系统薄弱环节、评估并确定可替代方案、量化描述可靠性/安全性/可用性之间的关系至关重要。此外，该工作也是定义零部件可靠性需求的基础。

　　受限于评估过程中对算法的简化以及所引用数据的不确定性，通过计算得到的预测值只能是对可靠性的近似估算。若想获得真实可靠性值，只能依靠后续的可靠性测试及观察。但这并不妨碍开展早期预测的意义。对于早期分析阶段进行的不同系统方案的对比评估，可靠性的绝对精度并不是最重要的，一个近似的预估值足以发挥重要作用。

　　"观测单元"在学术上的定义极为宽泛，甚至可包含车辆驾驶员。而在本节中，观测单元的定义局限在技术系统或系统中的零部件。

　　失效率分析包含如下步骤：

- 定义技术系统的边界和组件、所实现功能及需求概况。
- 创建可靠性框图。
- 确定每个组件的负荷条件。
- 确定每个组件的可靠性函数或失效率。
- 计算系统的可靠性函数。
- 添补系统漏洞。

　　失效分析是一个多层级的分析过程，从系统层面自上而下展开，首先经过子系统层级，再最终分解到技术系统架构下的零部件层级。一旦技术系统架构发生变化，失效分析也需要重新进行。

　　（1）定义技术系统的边界、组件、功能及需求概况

　　可靠性预测的基础是对系统及其功能已经建立了深刻理解，并且足够了解可靠性及安全性的提升方案。

　　所谓"深刻的理解"，包含对系统架构及其作用机理、对所有系统组件的工作条件及负荷条件、对组件相互作用影响（各组件的输入、输出信号以及组件间的信号流）的理解等。

　　"安全性和可靠性的提升方案"包括限制或降低组件在运行过程中的静态或动态应力、限制或降低组件的接口应力、使用更适配的组件、简化系统或组件设计、对关键组件的预处理以及冗余的使用等。

　　"功能"定义了系统的任务。确定系统边界及其所实现功能是定义失效的前提，同时也是可靠性分析和安全性分析的基础。

　　此外，还必须明确系统中各组件的工作环境条件，因为这会影响到组件可靠性本身。例如，温度范围会对硬件的失效率有很大影响。就汽车应用而言，系统所处的温度范围及湿度、灰尘和腐蚀性要求、冲击振动负荷、供电电源的波动都属于工作环境条件。如果功能需求及环境条件还和时间有关，那就必须制定一份"需求概览"。一个由法规定义的需求概览可以是用于测试车辆排放的驾驶循环，我们有时也将其称为"代表性需求概览"。

（2）建立可靠性框图

通过可靠性框图可以识别出，哪些组件的正常运转对于系统满足功能需求是不可或缺的，而另一些则是为安全冗余而设计的，即便出现失效也不会对系统造成严重影响。可靠性框图建立在技术系统架构之上。框图中的组件如果对功能实现至关重要，会在框图中串联连接；反之，如果是冗余组件则会采用并联方式连接。

案例：线控制动系统可靠性框图的建立

图 5.15 展示了一个虚拟的线控制动系统。建立可靠性框图的第一步是定义系统边界。该系统由制动踏板单元（K_1）、控制器单元（K_2）、车轮制动单元（K_5、K_7、K_9、K_{11}）以及电气连接单元（K_3、K_4、K_6、K_8、K_{10}）组成。

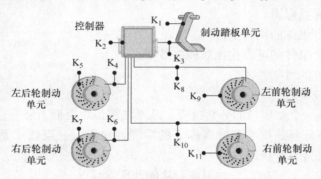

图 5.15　线控制动系统的系统视图

该线控制动系统中，制动踏板单元与车轮制动单元间仅存在电气连接，没有液压连接。发生制动时，制动指令通过制动踏板单元 K_1 给出并在控制器单元 K_2 中处理，最终计算得到用于车轮制动单元 K_5、K_7、K_9 和 K_{11} 的制动能量。传统的制动系统由机械和液压组件实现，而线控的引入实现了制动踏板单元和车轮制动单元间的信息和制动能量传递。线控制动系统引入了电气连接单元 K_3、K_4、K_6、K_8、K_{10}，设计时需要保证这些新引入的电气连接单元不会带来额外的安全风险。因此，制动指令的可靠传输是一个强制需求。此外，在出现故障和失效时的安全性也必须得到保障。

该系统所实现的功能是"制动"。为此需要确定整个系统的可靠性。假设组件 $K_1 \sim K_{11}$ 的失效率 λ_1 到 λ_{11} 都是已知的。

在此我们仅为阐述可靠性分析的基本步骤。因此分析过程会对系统进行简化。我们仅关注信息的传输，而忽略能量供给、能量传递、车辆动力学涉及的边界条件（例如前桥和后桥上的制动力分配）。

经过简化可以得出。为满足制动功能，制动踏板单元 K_1、控制器单元 K_2 以及电气连接 K_3 均是必需的。而制动单元及控制器单元和车轮制动单元之间的连接都需要具备冗余性。我们在此做进一步简化，假设仅用单个制动单元就可以满足车辆制动的效果。那么组件 K_4 和 K_5 也是必需的，而组件 K_6 和 K_7、K_8 和 K_9 或者 K_{10} 与 K_{11} 都是冗余存在的。这种配置也称为"一比四"冗余。

　　基于上述分析，可得到该制动功能的可靠性框图，如图 5.16 所示。

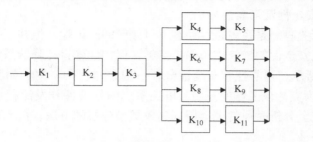

图 5.16　线控制动功能的可靠性框图

（3）系统可靠性函数计算

　　确定系统的荷载条件及各组件 K_i 对应的可靠性函数 $R_i(t)$ 后，我们可利用图 5.17 中的可靠性计算基础公式对系统可靠性函数进行计算。

　　图 5.16 所示例子的系统可靠性函数 R_s 计算公式如下，过程中我们假定 $R_4 = R_6 = R_8 = R_{10}$，$R_5 = R_7 = R_9 = R_{11}$：

$$R_s = R_1 R_2 R_3 \left[1 - (1 - R_4 R_5)^4 \right] \tag{5.3}$$

可靠性框图	可靠性函数 $R_s = R_s(t)$, $R_i = R_i(t)$	失效率 λ_s，若 λ_i 为常数，则: $R_i(t) = e^{-\lambda_i/t}$	计算实例
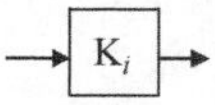 → K_i →	$R_s = R_i$	$\lambda_s = \lambda_i$	
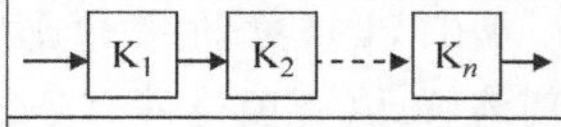 → K_1 → K_2 → ⋯ → K_n →	$R_s = \prod_{i=1}^{n} R_i$	$\lambda_s = \sum_{i=1}^{n} \lambda_i$	$R_1 = R_2 = 0.9$ $R_s = 0.9 \times 0.9 = 0.81$
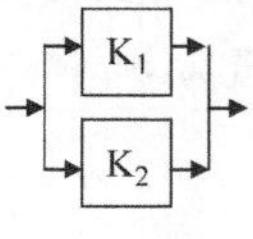 K_1 / K_2 （一比二冗余）	$R_s = 1 - (1 - R_1)(1 - R_2)$ $= R_1 + R_2 - R_1 R_2$		$R_1 = R_2 = 0.9$ $R_s = 1 - (1 - 0.9) \times (1 - 0.9) = 0.99$
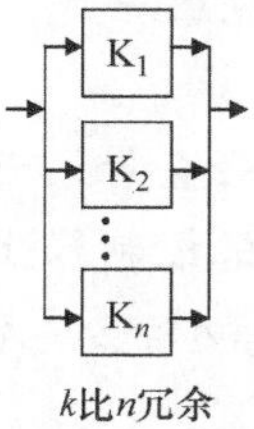 K_1 / K_2 / ⋮ / K_n （k比n冗余）	$R_1 = R_2 = \cdots = R_n = R$ $R_s = \sum_{i=k}^{n} \binom{n}{i} R^i (1 - R)^{n-i}$ 如 $k = 1$, 则: $R_s = 1 - (1 - R)^n$		$R_1 = R_2 = R_3 = R_4 = 0.9$ 对于一比四冗余: $R_s = 1 - (1 - 0.9)^4 = 0.9999$

图 5.17　系统可靠性函数计算基础公式

容易发现，使用冗余组件可提高系统的可靠性。对应的，使用串联组件则会降低系统的可靠性。在进行可靠性框图设计时需要注意，在使用串联组件时必须对该组件自身的可靠性提出较高要求，或者引入另一套带有冗余结构的技术架构。

5.2.4.2　系统安全性及可靠性分析

安全分析所关心的是系统是否存在不可接受的高风险，但并不关注需求功能是否被满足。增强安全性的措施称为保护措施，保护措施旨在降低系统风险。

如图 4.18 所示，可靠性和安全性分析一般是迭代的。两者相互关联且由多个步骤组成[71]。为支持该工作的开展，电控系统的软硬件开发流程也需做针对性考虑。进行系统安全分析时通常也会用到失效类型分析的方法，由此可完成对系统所有功能的风险评估。

安全相关的规格说明如法规、标准等会隐性地给出系统可容忍的极限风险。从已知的系统功能风险以及允许的极限风险（例如来自标准 ISO 26262[64] 或 IEC 61508[20]）入手，可分解得到系统的安全需求。该工作通常会对系统和软件开发产生重大影响。

对于通过失效类型分析确定的系统安全相关功能，必须从硬件和软件角度设计相应的保护措施。另外，安全相关认证是车辆量产上路的先决条件，因此在分析阶段就需要明确安全测试和认证的方法。

案例：电子节气门的监控策略

在图 2.58 所描述的案例中，我们已经明确了电子节气门系统的安全完整性等级。电子节气门中的组件一旦失效，极可能导致车辆非期望的加速，从而引发严重的交通事故。对发动机控制器而言，任何可能导致发动机转矩意外增加的控制功能 f_n 都是安全相关的。对此类安全相关功能都需要实施相应的监控策略。

本例中的监控策略在发动机控制器上已应用多年[79]，我们以相对简化的形式对其安全性和可靠性进行分析。该监控策略最早由博世集团在承担德国汽车工业协会（VDA）电子节气门工作组成员期间提出，目前该已经成为汽油机和柴油机上近乎标准化的功能。

图 5.18 展示了安全相关的控制功能 f_n 的监控策略。

监控功能 $f_{Ün}$ 持续对安全相关的控制功能 f_n 进行监控。其实现原理是，$f_{Ün}$ 使用和控制功能 f_n 一样的输入变量，但数据和算法则不同。

微控制器监控功能除对 RAM、ROM 以及微处理器功能进行检查外，还会检查控制功能 f_n 以及对应的监控功能 $f_{Ün}$ 是否运行。这就需要在发动机控制器上使用第二个微控制器了，即所谓的监控单元。监控功能分布在功能单元和监控单元上，采用问答的机制进行相互监督。

电子节气门在断电状态下是安全的，因为电子节气门的设计保证其在无供电的条件下会回到跛行状态。因此，断开发动机控制器的驱动级可实现电子节气门向安

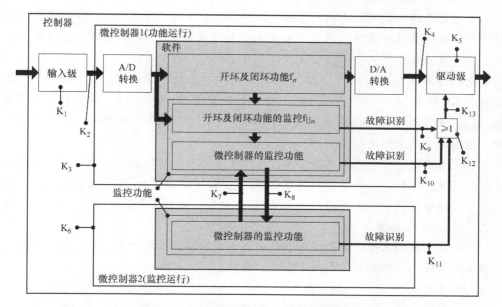

图 5.18　发动机控制器安全相关功能监控策略[79]

全状态的跳转。紧急情况下（即安全状态下），发动机仍可以低速、小转矩的方式运行。

　　监控功能 $f_{\bar{U}n}$ 以及在功能单元和监控单元上运行的微控制器监控功能都可以关断节气门驱动级。

　　一旦识别到故障，除实施上述安全响应外，控制器也会将故障信息写入故障内存中，且通常还会通过仪表板上的指示灯传递给驾驶员。

　　如要评估监控策略的可靠性，需要对三种类型的功能进行区分：

- 控制功能 f_n。
- 监控功能 $f_{\bar{U}n}$。
- 微控制器监控功能。

不同功能具有不同形式的可靠性框图，如图 5.19 所示。

R_A　开环及闭环功能 f_n　　→ K_1 → K_2 → K_3 → K_4 → K_5

R_B　开环及闭环功能的监控功能 $f_{\bar{U}n}$　　→ K_1 → K_2 → K_3 → K_9 → K_{12} → K_{13} → K_5

R_C　微控制器的监控功能　　→ [K_3 → K_{10} / K_6 → K_{11}] → K_{12} → K_{13} → K_5

图 5.19　发动机控制器不同功能的可靠性框图

　　为确定系统可靠性，我们同时得到三种类型功能的可靠性框图，将这些框图串联即可得系统整体可靠性。此外，未在各框图中出现的组件 K_7 和 K_8 也需要串联到系统可靠性框图中。

　　系统可靠性 $R_{S\_reliability}$ 可由图 5.19 所示三个功能的可靠性 R_X（$X = A$，B，C）与组件 K_7 和 K_8 乘积得到。由于任一功能的可靠性 R_X 均小于 1，因此系统可靠性 $R_{S\_reliability}$ 数值上一定小于单个功能的可靠性 R_X。计算系统可靠性时，必须采取可靠性框图中多元素的乘积规则[57]。

　　与之对应的，安全性只需确保系统故障发生后可以被可靠地识别，并能够向安全状态可靠地跳转。安全响应的可靠性 R_{S_safety} 由监控功能 $f_{Ün}$ 或微控制器监控功能决定，因此数值高于单个功能的可靠性 R_X。此外，在计算 R_{S_safety} 时，不需考虑组件 K_7 和 K_8 的可靠性。

　　此外该案例还表明，提高安全性的措施可能会降低系统的可靠性，而提升系统可靠性的措施也可能会导致系统安全性的降低。

　　尽管上述可靠性和安全性分析仅聚焦于硬件组件，但两者对软件功能开发也影响重大，例如影响软件功能在分布联网式系统中的分配以及软件开发过程中的质量措施等。感兴趣的读者可进一步阅读参考文献 [53，54，80，81]。

5.3　软件功能及验证的规格说明

　　在完成了软件功能在微控制器中的分配、接口及采样频率定义后。我们自然会提出这样的问题：信号输入到控制器后，经过算法处理到输出信号的过程是怎样的？或者学术化的表达是：如何定义数据和软件功能的行为？本节将重点讨论该话题。

　　如图 5.20 所示，可使用不同方法对软件功能进行规格说明。

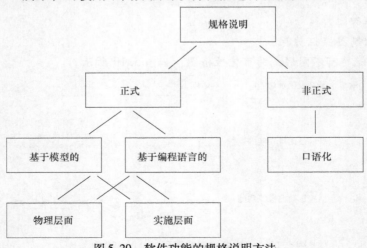

图 5.20　软件功能的规格说明方法

首先，我们要区分正式规格说明方法和非正式规格说明方法。正式方法一般采用严格的数学公式去描述算法，由此得到的结果一般是明确、无歧义的。非正式方法中不使用此类数学描述，而是使用一般口语化的算法描述。注意，使用编程语言进行描述也是正式规格说明方法的一种。

如 4.6.2 节讨论的，哪怕针对最简化的例子，非正式的算法描述也会存在多种解读，从而导致不同的算法实现。即使输入信号相同，也可能得到不同的计算结果和输出信号。因此，后文中我们将不再讨论非正式的规格说明，而聚焦于正式规格说明方法，包括基于编程语言和基于模型两种方法。针对汽车软件功能开发，基于模型的规格说明尤其常用，例如方块图、真值表或状态机等。

其次，我们需要明确规格说明的抽象程度。由于大多数车辆功能是由技术上完全不同的组件共同实现的。因此，统一规格说明的抽象程度非常必要。和控制功能的建模和开发方法类似，将软件功能规格说明的第一步定义到物理层级上是有意义的。本节会详细介绍不同种类的基于模型的软件功能规格说明方法。在这一步中，许多技术实施细节将会忽略，它们将在后续的设计和技术实施环节再被确定（5.4节）。

为保证设计和技术实施的一致性，在软件功能规格说明阶段就需要考虑部分软件的特殊要求及边界条件，例如软件架构、实时性行为以及数据流和控制流的区别等。

软件功能的正式规格说明在开发过程中还具有其他价值，例如通过快速原型方法，在开发早期即模拟实车环境，从而有利于功能的早期验证。另外，相较于编程语言，在规格说明中采取模型化表达更易理解，因此更易作为来自不同专业背景的软件开发者之间的基础桥梁。

分隔物理层和实施层的目的是尽可能将与硬件相关的技术实施细节进行抽象化。这样就可以实现特定软件功能在不同整车项目上的复用，例如将功能移植到具有不同字长的微控制器上。

5.3.1　软件架构及软件组件的规格说明

在开发的上一阶段，通过软件功能的逻辑模型已经明确了系统的实时性需求、输入及输出信号。接下来需要进一步明确软件功能的架构。我们将以图 1.24 展示的软件架构为例展开介绍。建立统一的模块化和层级分布概念是将软件功能进行整合的基础。因此，需要在软件层使用统一的组件和接口视图。软件组件的接口规格说明用于描述软件功能，也是进行软件协同开发的最重要依据。基于对象的模型可满足此需求，同时还能使软件组件具备可复用性。

5.3.1.1　基于对象的软件架构建模

本小节会介绍基于对象的软件模型所涉及的重要概念。软件系统可被分解为结构化的、可独立运行的软件组件。这些组件被称为"对象（objects）"，它们相互协作来完成既定的任务。对象同时包含了软件结构及软件行为[73]。

"结构"描述了对象包含的属性（attributes），对象的数据存储在这些属性中。因此，属性也被视为对象的内部存储器。结构同样表征某一对象和其他对象间的包含关系，这种包含关系称为聚合（aggregation）。因此，结构描述了一个对象的静态特征。

"行为"这一概念则描述了对象的动态特性。对象只可以通过接口对其他对象进行访问，该接口通过对象的公有方法（public methods）定义。公有方法可以从对象外部获得输入数据，也可以改变对象的属性或提供对象的输出数据。如果需要改变某个对象的属性，需要通过调用该对象的公有方法来实现。利用这种方式可以保证对象的模块化、灵活性和可复用性，由此对象可以适用不同的工作环境。

类（class）是一系列定义了某共同属性和方法的对象的抽象。换言之，对象是类的实例（instance），类是对将对象实例化的规则的规格说明。

案例：制动防抱死系统（ABS）中轮速和车速的计算

统一建模语言（UML）[82]广泛应用于基于对象的软件模型的可视化表达。如图 5.21 所示，使用 UML 的类图描述了"车轮"类。"车轮"具有属性"轮速 n"以及用于初始化的方法"init_n（）"、用于计算的方法"compute_n（）"和用于轮速输出的方法"out_n（）"。该类软件组件可应用在制动防抱死系统中。

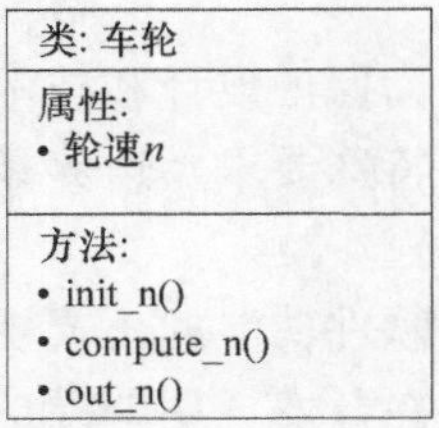

为了计算车速，我们需要定义"车辆"类。一辆汽车有四个轮子。因此，在"车辆"类和"车轮"类之间存在 1:4 的聚合关系。

```
类: 车轮
─────────────
属性:
• 轮速 n

方法:
• init_n()
• compute_n()
• out_n()
```

图 5.21　具有轮速计算方法的"车轮"类图

在"车辆"类中也需要体现和发动机的关系。为此还需定义"发动机"类。"发动机"类中定义了属性"发动机转速"以及对应的方法：用于初始化的"init_n（）"、用于计算的"compute_n（）"以及用于输出的"out_n（）"。

图 5.22 使用 UML 语言描述了"车辆"的类模型。"车辆"类定义了属性"车速 v"和"档位 g"以及用于车速和档位计算的方法"compute_v（）"和"compute_g（）"。计算过程中会用到"车轮"类和"发动机"类中定义的方法。

该模型可作为描述软件功能间相互关系的基础。基于此，我们可利用不同的软件组件层次化构造出功能 f_1。为此，我们还需要将各个类实例化。通过对"车辆"类的实例化，我们得到对象"车辆 1"。"车辆 1"包含 4 个"车轮"类实例以及一个"发动机"类实例。对象"车轮 vr"表征右前轮、对象"车轮 vl"表征左前轮、对象"车轮 hr"表征右后轮、对象"车轮 hl"表征左后轮；对象"发动机 1"则代表了发动机。

以下章节中，我们将会使用如图 5.23 所示的带有对象框图的软件架构视图。

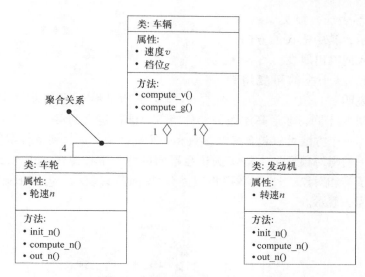

图 5.22　"车辆"类的 UML 类图

对象的类名在对象名之后给出，并使用符号冒号"："进行分隔。

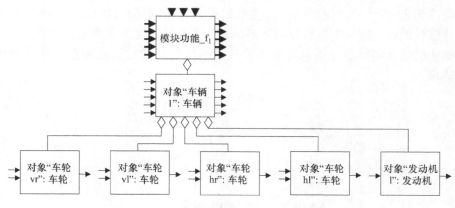

图 5.23　带有对象框图的软件架构视图

5.3.1.2　实时操作系统的模块接口规格说明

软件功能中位于最上层的软件组件需要以进程的形式定义其与实时操作系统间的接口，以报文的形式定义其与通信系统间（图 2.35）的接口。通过将不同进程分配至不同任务，有助于对实时需求进行规格说明。通过将输入及输出信号映射到报文中，可实现跨任务或跨微控制器间的通信。

我们将最上层的软件组件称为模块。除模块外，软件功能的其他层级组件不需要此类接口规格说明。图 5.23 和图 5.24 是模块的两种图形化表达方式。进程 P_1 ~

P_m通过三角形表征，报文 $M_1 \sim M_n$ 通过箭头表示，其中箭头的方向代表变量的输入或输出属性。

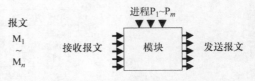

图 5.24　模块规格说明的图形化表达

5.3.1.3　基于类的可复用软件组件规格说明

与"模块"不同，非最高层级的软件组件只能被定义为可通过"方法"进行访问的对象。一个方法可以包含多个参数和一个返回值。通过将软件组件区分为模块和对象，可使得对象通过类的实例化在不同的背景下被复用。图 5.25 以图形化的方式展示了类和对象[74]。参数以指向类/对象的箭头表示，返回值则以离开类/对象方向的箭头表示。

图 5.25　类和对象规格说明的图形化展示

除图 5.23 所示外，我们也可以使用如图 5.26 展现的方块图（block diagram）来描述软件架构。方块图既可以清晰展示软件组件的包含关系和层级关系，也可以呈现模块的报文和对象方法包含的参数或返回值之间的数据流和控制流（图中以连线体现）。

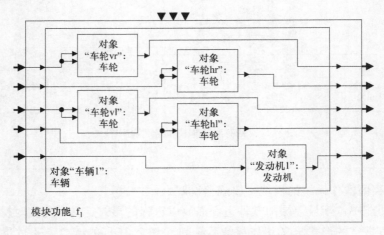

图 5.26　基于方块图的软件架构（ETAS[74]）

对于不同的应用背景，可使用不同的建模方法来对模块和类的行为进行规格说明，除方块图外，常用的还有真值表和状态机等方法。

5.3.2　数据模型的规格说明

对软件组件数据的规格说明也在物理层完成。在基于对象的建模中，数据通过对象或者模块的属性来呈现。

5.3.3　基于方块图的行为模型规格说明

当软件组件的行为可以用数据流描述时，方块图是较为合适的可视化展示方法。位于抽象层级的软件组件通常都可采用数据流来描述，因此在本书前面的章节中都在大量使用方块图来展示软件组件间的关系。

使用方块图时，软件组件中的复杂算法也可以清晰明了地呈现。整体上看，算法包含算术函数和布尔函数两类。

5.3.3.1　算术函数的规格说明

我们以图 4.36 所示的欧拉积分法为例，对使用方块图来进行算术计算的规格说明做进一步说明。

案例：积分器（Integrator）类的规格说明

欧拉积分通常作为近似算法用于积分的计算。

如下积分的计算：

$$F(t_n) = \int_{t_0}^{t_n} f(t)\,\mathrm{d}t \tag{5.4}$$

可以近似为以下的求和计算：

$$F^*(t_n) = \int_{i=0}^{n-1} (t_{i+1} - t_i) \cdot f(t_i) \tag{5.5}$$

其中，$(t_{i+1} - t_i)$ 称为步长 $\mathrm{d}T_i$，$F^*(t_{i+1})$ 可通过以下递推公式计算得到：

$$F^*(t_{i+1}) = F^*(t_i) + \mathrm{d}T_i \cdot f(t_i) \tag{5.6}$$

由于该积分方法在车辆控制中非常常见。因此方块图中将其定义为一个类是有价值的，但这对软件组件提出了一系列额外需求：

● 积分的输入变量 in 需要和一个权重定值 K 相乘，当前的积分值需要存储到变量存储器中。

● 对积分值本身需要有上限 MX 和下限 MN 的限制。

● 输入值 in、积分常数 K 以及 MN/MX 是方法"compute（）"的参数。基于参数，方法"compute（）"可完成以下积分计算：

$$memory(t_{i+1}) = memory(t_i) + K \cdot \mathrm{d}T \cdot in(t_i) \tag{5.7}$$

再对该值进行上下限制（MN，MX）。

● 步长 $\mathrm{d}T$ 是方法"compute（）"两次开始执行时间的间隔，在图 2.18 中也被称为执行频率。实时操作系统中会计算并提供每个任务的步长 $\mathrm{d}T$。

- 在第二个方法"out（）"中，输出当前的积分值memory。
- 方法"init（）"使用数值IV对积分值memory进行初始化。IV以参数的方式进行传递。
- 方法"init（）"或"compute（）"的执行还依赖于激活条件——布尔参数I或E，两者以额外参数的形式传递给方法。

图5.27展现了ASCET工具中该积分器的方块图表达形式[74]。其中算术计算的数据流通过实线表示，虚线箭头则表示布尔数据流，控制流则通过点画线的形式表示。

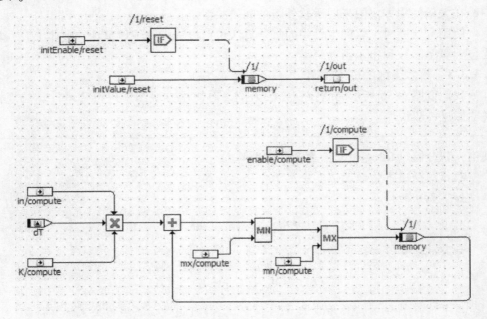

图5.27 ASCET中"积分器"类的方块图表示[74]

图5.28展示了该软件组件的外部视图，其外部图形块上显示的参数在图5.27中被分配至方法init（）、compute（）和out（）。

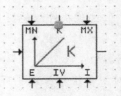

图5.28 ASCET中"积分器"类的
外部视图[74]

需要注意的是，算术函数算法是在物理层面定义的。上面的例子中没有明确后续的技术实现，例如字长的定义、定点或浮点算法的选择等，也因此该软件组件的规格说明可适用于不同的微控制器平台。同样，积分值的上、下限值也是在物理层面实现的。该限值通过浮点算法运行，不能与整数运算中的溢出限值混淆。每种算法运行的顺序以及控制流都必须遵循明确的规定。

5.3.3.2　布尔函数规格说明

除算术运算外，方块图也可用于表征逻辑计算，即所谓的布尔运算。在相当多的情况下，一个功能的实现都是基于算术运算和布尔运算的组合，例如我们常用的"IF，THEN"语句。

一个布尔量的取值只能来自集合 {TRUE，FALSE}。布尔量可以和布尔运算符关联组成布尔表达式。图 5.29 展示了布尔运算符"与""或""非"的图形符号，这些布尔运算符也被称为开关函数（switching function），后续小节会进一步介绍它们的实际应用。

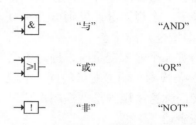

图 5.29　ASCET 中开关函数的图形符号[74]

案例：布尔表达式的方块图规格说明

使用开关函数符号的布尔表达式称为切换网络（switching network）。图 5.30 展示了使用 ASCET 工具搭建的两个布尔表达式的方块图[74]。

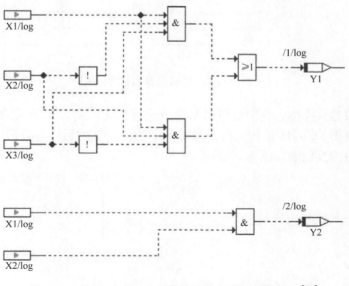

图 5.30　使用 ASCET 工具搭建的布尔表达式方块图[74]

5.3.4 基于真值表的行为模型规格说明

在软件组件中经常出现如下一种情形：某些指令的运行与否取决于多个条件能否同时满足。这种情况下，我们可以使用真值表（又称决策表）[73,74]来表达其功能。真值表的输入、输出变量均为布尔量 X1，…，Xn 和 Y1，…，Ym，它因表现形式清楚且紧凑而被广泛使用。

输入变量 X1，…，Xn 也称为条件，出现在真值表的不同列中。真值表的每一行代表了一个规则 R，规则 R 反映了输入变量的不同状态以及输出变量 Y1，…，Ym（即指令）的状态。

当有 n 个输入变量时，理论上会映射出 2^n 个组合，即完整的真值表会有 2^n 行以及 2^n 条规则。输出变量的同一状态可能对应一条或多条规则。当出现这种情况时，我们称这些规则是"逻辑取或"的操作。图 5.31 是图 5.30 布尔方块图的等效真值表表达。

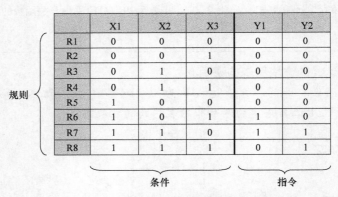

	X1	X2	X3	Y1	Y2
R1	0	0	0	0	0
R2	0	0	1	0	0
R3	0	1	0	0	0
R4	0	1	1	0	0
R5	1	0	0	0	0
R6	1	0	1	1	0
R7	1	1	0	1	1
R8	1	1	1	0	1

规则（左侧花括号）　条件　　指令

图 5.31　布尔表达式的真值表规格说明

和布尔表达式类似，我们也可对真值表进行优化。图 5.31 显示的完整真值表中只有 3 条规则 R6 ~ R8 是相关的，因为指令 Y1 及 Y2 的运行与否只靠这 3 条规则确定。优化后的真值表如图 5.32 所示。

	X1	X2	X3	Y1	Y2
R6	1	0	1	1	0
R7	1	1	0	1	1
R8	1	1	1	0	1

相关规则（左侧花括号）　条件　　指令

图 5.32　真值表的优化

当某条指令在不同规则上多次出现时，我们可继续分析这些规则并对真值表做进一步优化。一条指令对应的两条规则可以通过"逻辑取或"的方式连接。当这两条规则仅在一个条件上有差异时，说明该差异条件是不相关的，我们可对其进行简化。如图 5.32 所示，指令 Y1 和指令 Y2 均出现了两次真值。指令 Y2 的两次真值出现，仅在输入条件 X3 上有差异。因此，我们可以说条件 3 是不相关的，可将条件 R7 和 R8 合并。进一步优化后的真值表如图 5.33 所示，不相关条件在真值表中可以使用"＊"号标识。通过分析，指令 Y1 无进一步优化的空间。

图 5.33　针对指令 Y2 的真值表优化

不同的真值表可以顺序连接，如图 5.34 所示。

基于真值表的规格说明适用于当功能中有一系列条件组合判断不同指令执行与否的情形。它经常被用于监控功能中。对真值表的进一步学习可以参阅参考文献 [73，74]。

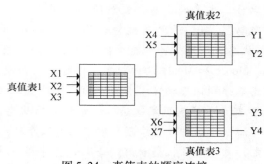

图 5.34　真值表的顺序连接

5.3.5　基于状态机的行为模型规格说明

对许多软件功能，其结果不仅取决于输入变量，也和特定事件以及运行的历史状态相关。状态机适合用于对这类关系进行描述⊖。本文讨论的状态机是有限状态机⊜，例如 Moore、Mealy 和 Harel 状态机等[73,74,83]。

状态机可以通过状态图描述；各状态（state）通过带有圆角的矩形表示；可能的状态转换（transition）通过带标记的箭头表示；状态转换依赖于转换的条件（condition）。

⊖　状态机的适用性不仅取决于功能是否与历史状态有关，也取决于众多工程化因素。实操中，状态机的功能可维护性、可测试性、质量保证、知识传承均较方块图式表达更具挑战，而这些因素本身也比软件的建模实施更耗费精力。因此对于与车辆个性化体验相关的、需要频繁升级的功能，即使功能本身适合状态机表达，开发者可能仍会选择建模更费时、但维护更省力的其他表达形式（例如方块图）。——译者注

⊜　有限状态机指的是参与跳转行为的状态数量有限的状态机。——译者注

5.3.5.1 平面状态机的规格说明

案例：基于状态机的低油位指示灯控制

在第 2 章中我们讨论过的低油位指示灯控制（图 2.9）是一种典型的适合用状态机来描述的功能，再次以之为例（图 5.35）。对于该指示灯的控制，我们只关心条件"信号值 > 8.5V"或

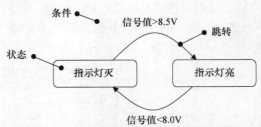

图 5.35　状态机规格说明的状态、跳转和条件

者"信号值 < 8.0V"以及当前指示灯的状态是"灭"还是"亮"。

● 在还没有确定何时该执行"开灯"或"关灯"动作（action）前，有必要对"动作"本身的状态分配做简要说明。与"条件"类似，这些动作可以被分配给"跳转"，我们称之为跳转动作（transition actions），与之对应的状态机被称为 Mealy 状态机。另一种可能是将动作分配给状态本身，对应的状态机称为 Moore 状态机。Moore 和 Mealy 两种状态机也可以组合使用，这就意味着动作可以同时分配给状态本身和状态跳转。本例中的"亮灯"或"关灯"动作需要分配给状态跳转。

● 接着，需要确定状态机起始时刻的状态，又称"初始状态"。在本案例中，为了对油位指示灯进行诊断，要求在每次车辆起动后都会点亮指示灯一定时间。换而言之，无论油位状态如何，每次起动时都会对灯进行诊断。同时该功能规定，第一次可能的状态跳转应该至少发生在 2s 后，即至少需要在起动后 2s 再亮指示灯。为此，我们又引入了一个新的状态"功能检查"作为起始状态，该起始状态可通过条件跳转到"指示灯亮"状态。状态机的起始状态可以用（S）标识。在"功能检查"状态下需要执行"亮灯"的动作。

通过上述步骤建立的状态机如图 5.36 所示。

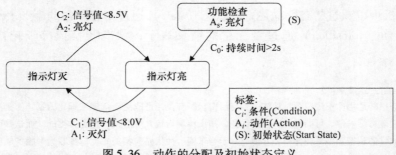

图 5.36　动作的分配及初始状态定义

在将动作分配给各状态时，我们需要区分如下几种动作：

- 仅在进入该状态时执行的动作（进入动作）。
- 在退出该状态时执行的动作（退出动作）。
- 在状态保留阶段执行的动作（静态动作）。

如图 5.37 所示，某个状态的进入动作和所有进入该状态的跳转动作是一致的。同样的，某个状态的退出动作和所有从该状态离开的跳转动作也是一致的。

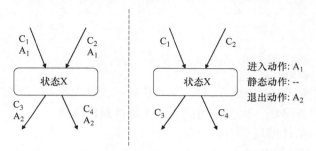

图 5.37　状态机中的等效动作

从某个状态出发，在输入变量一定的条件下最多只存在一种跳转的可能时，我们称该状态机的行为是具有确定性的。

相对的，当从一个状态跳出时，同时多个状态跳转的条件被满足，这时状态机存在不确定性。遇到此类情形时，可以通过对每个状态跳转设置优先级解决。通常优先级可通过数字设定。本书涉及的例子中，数值较大的数字代表更高的优先级。

如图 5.38 所示，从状态 X 离开存在 3 条状态跳转路径。如果条件 C_2 满足，那么左图展示的状态机存在两种跳转的可能，是不具备确定性的。而右图中引入了优先级概念，则该状态机会首先执行优先级为（3）的状态跳转，即动作 A_2。

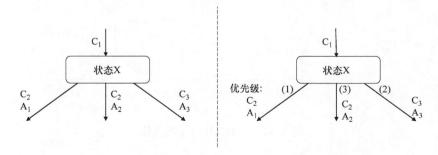

图 5.38　通过优先级设置保证状态机的确定性

此外，状态机还需要定义"事件（event）"。事件用于离开当前状态跳转条件的判断，并执行对应的动作和状态跳转。如图 5.39 所示，状态机的事件是通过方法"trigger（）"来触发的，该方法被分配到每个状态跳转上。

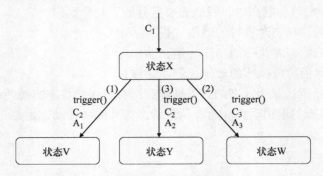

图 5.39　用于状态机计算的方法"trigger（）"

每次调用方法"trigger（）"时，最多执行一次状态跳转，计算步骤如下：

- 根据优先级降序，检查从当前状态跳出的跳转条件。
- 如果某一条件满足，则：
- 执行该状态的退出动作。
- 执行跳转动作。
- 执行新状态的进入动作。
- 跳转到新状态。
- 如果没有条件满足，则：
- 执行该状态的静态动作。

5.3.5.2　分支跳转的规格说明

当从某一状态离开的跳转条件出现 $C_1 \& C_2$ 或 $C_1 \& C_3$ 的形式时，为了更清晰地展示功能，可使用分支跳转。如图 5.40 所示的两种表达方式效果是相同的。

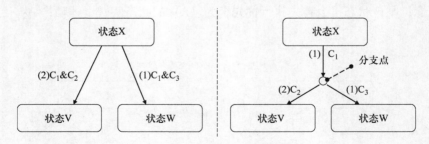

图 5.40　状态跳转的等效模型

状态机中的条件和动作可使用不同方式来描述，例如方块图、真值表、次级状态机，甚至编程语言等。

5.3.5.3　分层状态机的规格说明

随着状态数量和状态跳转数量的增多，状态框图很快就会变得杂乱无章。为了保持清晰的表达，我们可使用分层状态机。在分层状态图中，存在基础状态

（basic state）和层次状态（hierarchy state）。

● 对每个层次状态，都需要确定一个基础状态作为初始状态。任何向该层次状态的跳转都会引起向该初始状态的跳转。

● 作为替代方案，我们可以使用带存储功能的层次状态。进入层次状态的跳转，用"H"（History 的缩写）标识，每次进入层次状态都会首先进入上一次跳转到该层次状态的基础状态。这样，初始状态就定义为首次进入该层次状态的基础状态。

● 状态跳转是可以跨越层级边界的。因此，我们需要明确离开基础状态和离开层次状态的优先级。此外还需要明确层次状态和基础状态动作执行的优先级。

图 5.41 展示了一个分层状态机。在最高层级，定义了 X、Y 和 Z 三种状态。初始状态为状态 X。状态 V 和状态 W 为层次状态 Z 的基础状态。从状态 Y 跳转到层次状态 Z 时，会首先跳转到状态 V，就如同从状态 X 直接越过状态 Z 的层级边界跳转到状态 V 一样。

对分层状态机感兴趣的读者可进一步阅读参考文献［74］。

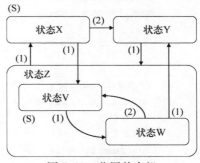

图 5.41　分层状态机

5.3.6　基于编程语言的行为模型规格说明

当软件组件具有不清晰且难以描述的数据流或状态时，可使用编程语言对该软件组件的行为进行规格说明。典型的例子是带有大量循环和分支的搜索和排序算法。

案例：基于 C 语言的"积分器"组件的规格说明

图 5.42 展示了基于 C 语言的"积分器"组件的规格说明[84]，它所展示的功能与图 5.27 一致。

```
/* Variablen */
extern real64 memory;
extern real64 dT;

/* Methode compute() */
void compute (real64 in, real64 K, real64 MN, real64 MX,
  sint8 E)
{
  real64  temp_1;
  if E {
```

图 5.42　基于 C 语言的"积分器"组件的规格说明[84]

```
    temp_1 = memory + in * (K * dT);
    if (temp_1 > MX){
      temp_1  = MX;
    }
    if (temp_1 < MN){
      temp_1  = MN;
    }
    memory = temp_1;
  }
}

/* Methode out() */
real64 out (void)
{
  return (memory);
}

/* Methode init() */
void init (real64 IV, sint8 I)
{
  if I{
    memory = IV;
  }
}
```

图 5.42　基于 C 语言的"积分器"组件的规格说明[84]（续）

5.3.7　实时模型的规格说明

除对软件组件的数据模型和行为模型进行规格说明外，也有必要对软件组件的实时模型进行定义（图 4.31 和图 4.32）。如果使用实时操作系统，则必须定义该操作系统的配置。除了为各种运行模式、模式转换和转换条件制定规格说明外，还必须定义调度策略及每个运行状态下的任务进程列表。

通过模块的进程和报文接口以及操作系统的计算步长 dT，可以将实时需求的规格说明与模块和类的行为规格说明做区分。

对于不同的操作系统运行状态，必须为其定义初始化及重复进程。

5.3.8　基于仿真和快速原型的规格说明验证

对软件需求的正式规格说明如果仅采用建模法，通常不足以清晰认识待开发的系统，也不足以估算开发所需资源。因此，开发者通常希望利用一些方法和工具将经过规格说明的软件功能进行动态模拟、仿真或在整车环境下进行试验，目的是尽早对软件功能进行验证。

软件功能若在计算机上被复现并执行，则称为仿真。若在与车辆有接口的计算机即所谓的实验环境上运行，则称为快速原型（rapid – prototyping）。

仿真和快速原型方法的实现依赖于模型编译器。模型编译器可将模型的规格说明直接或间接地转化为可在仿真系统或实验系统上运行的机器代码。对模型编译器的设计决策可在软件模型中隐性地定义，也可由模型编译器的初始化定义，最终采用的方法需要保证软件模型的规格说明可以被精准复现。

图 5.43 展示了一个快速原型工具的构成[74]。首先使用模型编译器将基于建模工具开发的软件功能转化为源代码。第二步中，使用编译器工具套件将该源代码转化为用于实验系统的程序版本和数据版本。通过下载及刷新工具将该程序和数据加载到实验系统上，为后续的运行做准备。运行过程中，我们可以使用实验工具对程序进行控制、标定、动态模拟和观测。

不难理解，软件模型除了是后续设计和技术实现的基础，也是仿真和快速原型方法的基础。利用实验系统可对软件功能做尽早的验证，而无须依赖于控制器本身。此外，该实验系统还可为后续的控制器验证提供参考。

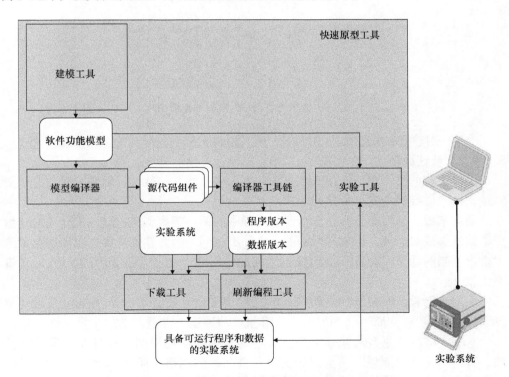

图 5.43　快速原型工具的构成

5.3.8.1　仿真

在许多仿真场景中，我们不仅需要对软件功能进行重构，也需要将软件功能与硬件进行关联，即与设定值发生器、传感器、执行器以及被控对象相关联。

从软件开发角度出发，还需要对所谓的环境组件进行建模。创建驾驶员模型、车辆模型和环境模型，这些模型会和虚拟控制器及软件模型连接，由此组成的整个电控系统可在计算机仿真系统中运行（图 5.44）。该方法也称为模块在环仿真（Model in the Loop simulation，MIL）。这一理念也适用于不通过软件实现的车辆功能的仿真。

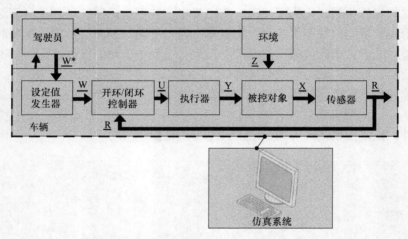

图 5.44　软件功能和环境组件的建模仿真

本书不对建模和仿真做进一步展开。感兴趣的读者可进一步阅读参考文献［35］。

5.3.8.2　快速原型

由于原型的概念广泛应用于汽车工业界，因此将其与软件开发结合时，有必要对这一概念做准确的定义及使用限制。

通常来说，原型车是指在车型开发过程中的第一辆模型车，这一概念通常与量产车的概念成对出现。但软件原型的含义并不相同，因为软件从第一版向后续量产大批量复制的动作本身并不会引发技术问题，因此"原型车"的概念对软件来说毫无意义。

从广义上看，原型指的是新产品的工程模型，可被分类为非功能性原型（如风洞模型）、功能性原型（如原型车）和量产前原型（如量产前的小批量造车）。

本书中的软件原型通常理解为具有不同目标和规格说明的软件功能原型。因此，所谓的"快速原型"可被总结为对软件功能的规格说明和执行方法。图 5.45 给出了快速原型系统的概览，其中开发控制器在图中以灰色显示以示区分，后文亦同。

由于存在与实车的接口，因此需要对在实验系统上运行的软件功能提出实时性

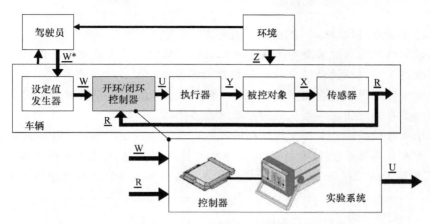

图 5.45　实车环境中软件功能开发的快速原型

需求。由于实验系统的计算能力一般强于控制器，因此无须从硬件资源角度考虑而优化软件。模型编译器可对与控制器中采用相同设计的模型进行转化，并保证他们的行为规格说明可以被尽可能精确复现。

模块化搭建的实验系统也可基于应用场景进行配置，例如对输入、输出信号进行接口配置。实验系统的设计已经充分考虑了整车应用场景，并通过计算机实现。这样就使得软件功能规格说明可以直接在实车环境下验证，并以此完善程序和数据版本。

5.3.8.3　横向原型和纵向原型

从开发目标角度，原型开发可分为两类：

● 横向原型（horizontal prototypes）：对软件系统的宽范围描述。然而这种描述是抽象的，相关细节会被忽略。

● 纵向原型（vertical prototypes）：对有限范围的软件系统进行详细的描述。

图 5.46 以软件系统中的一个片断为例，展示了横向原型和纵向原型的开发目标。

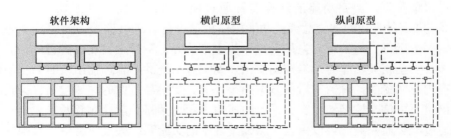

图 5.46　横向原型和纵向原型

案例：基于旁路（Bypass）的横向原型开发

假设某新软件功能需要尽早在整车上验证。此时尚处设计初期，该功能在批产控制器状态下的详细设计（如软件架构对控制器的适配）并不重要。

该期望可利用横向原型实现。软件功能的规格说明是基于物理模型完成的。原型的实施要求通过物理模型或模型编译器隐性给出。

基于旁路的功能开发可支持这样的过程。前提条件是软件系统的基础功能已经具备，所有传感器和执行器功能正常并且支持与实验系统交互的所谓旁路接口。图 5.47 展示了通过快速原型工具开发的软件功能在实验系统中通过旁路方式运行。

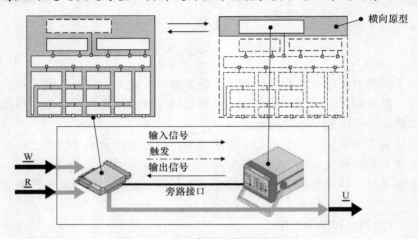

图 5.47　基于旁路系统的原型开发

使用基于旁路的原型开发同样适用于已有的控制器软件功能。在这种情况下，控制器中已有功能同样会进行计算，但要对软件进行如下修改：功能的输入信号通过旁路接口传递，功能的输出信号会切换到新开发的旁路功能的输出信号上。

在控制器端的软件修改被称为旁路自由切割，可以通过工具自动实现。

许多情况下，旁路功能的计算需要通过控制接口触发（如图 5.47 中的"触发"信号），并且控制器会对旁路功能的输出值进行合理性监控。此时控制器和实验系统同步运行。另一种方案是通过异步通信的方式不带触发实现旁通的计算。

涉及安全相关功能时，当控制器识别到实验系统的不合理输出值时会自动切换到已有内部功能的计算值或后备方案的替代值。切换需考虑的失效包括：旁路功能的输出值不可信、控制器与实验系统的通信中断、旁路功能计算超时等。

通过此类监控概念可以保证：测试过程中的实验系统失效只会带来有限的人身伤害或有限的车辆及零部件损坏。此类旁路的功能开发也可用于安全相关功能的验证。

在进行旁路通信时，需要注意控制器的软件功能通常在不同进程的不同任务下进行。因此旁路通信需要支持涉及任务的不同计算频率。图 5.48 展示了某计算频率下控制器和实验系统旁路通信的典型流程。

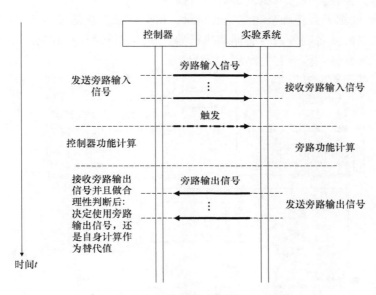

图 5.48　控制器与实验系统间的通信

案例：基于全通（Fullpass）的纵向原型开发

如果需要全新开发一个功能或者控制器不具备旁路接口时，我们可以使用实验系统搭建一个纵向原型。在这种情况下，实验系统需要支持功能使用到的传感器和执行器接口。同样，需要明确功能的实时行为并通过实验系统对其进行保证。图 5.49 展示了全通系统的原型开发。

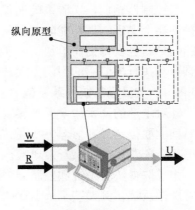

图 5.49　全通系统的原型开发

旁路最适合在软件开发量较少的功能上应用，并且要求控制器具备的软件功能是经过验证的（例如之前的项目曾验证过），该控制器必须经过改造来支持旁路接口。旁路应用同样适用于带有大量传感器和执行器的控制器，例如发动机控制器。

一般需要耗费大量精力去调试实验系统来满足传感器和执行器的使用[上标圈]。

　　如果不存在这样的控制器，或者需要额外验证范围有限的传感器和执行器时，会倾向使用全通应用。这种情况下，实时行为通过实验系统的全通计算机保证并被监控。通常，会在全通计算机上部署实时操作系统。

　　图 5.50 展示了旁路和全通混用的场景，这会带来更高的灵活性。混用场景下，可允许集成新的或者额外的传感器和执行器。新的软件功能可在实验系统中进行测试，同时现有软件功能会在控制器中运行。

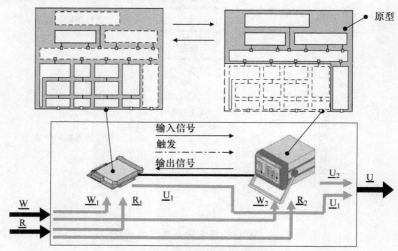

图 5.50　实验系统的原型开发

　　与控制器相比，实验系统通常具有更高的算力。因此使用实验系统时，可以忽略控制器上实现软件功能时需要关注的定点计算或硬件资源使用情况。同样，软件功能的更新也变得更简单快捷。实验系统提供的额外 I/O 接口资源可以帮助对涉及传感器和执行器应用的不同方案进行评估。

5.3.8.4　与目标系统一致原型

　　针对量产的开发通常要求实验系统与控制器具有高度一致的表现。只有这样，在原型上取得的结果才能后续在控制器上复现。实验系统与目标系统（控制器）的每一个偏差都会带来开发风险。

　　为了取得实验系统和控制器一致的实时行为，我们可以在两个平台上部署同一实时操作系统，例如基于 AUTOSAR 的操作系统。这种情况下，我们称该原型具有

　　[圈] 旁通方法在实践中的应用较为有限。对于具备编译能力的零部件供应商而言，当面对开发量较少的功能时，与其花费额外精力调试旁通系统得到一个早期的、虚拟的验证结果，还不如快速完成软件实施和集成，并在真实环境下测试功能。因此，旁通的应用更多存在于主机厂与供应商的交互界面，主机厂为了在黑盒交付的软件上验证多种方案，通常只能通过供应商开放的旁通接口实现，但这一诉求在交付白盒化和主机厂自研软件趋势下，也逐渐式微。另外，随着车辆电气化，诸如发动机控制器这类带有大量传感器和执行器的应用越来越少见，使用旁通的带来的收益也在逐渐减弱。——译者注

与目标系统一致的实时行为。在原型中考虑后续控制器上实施的设计决策可进一步降低开发风险。具有此类目标的快速原型称为"与目标系统一致原型"。

5.3.8.5　一次性原型和进化原型

如果一个原型被用作量产开发的基础，我们称之为进化原型。反之，我们称该原型为一次性原型。同样，如果一个原型仅出现在需求或软件功能的规格说明中，我们也称其为一次性原型，因为其结果不会直接对产品造成任何影响。两类原型均在汽车行业有着广泛应用⊖。如图 5.51 和图 5.52 所示，对于进化原型最有名的例子就是控制器硬件、软件从 A 样、B 样、C 样到 D 样的进化过程。

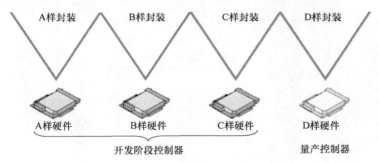

图 5.51　控制器硬件的进化开发

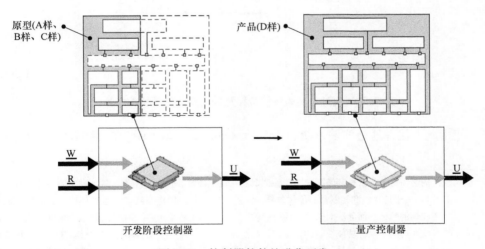

图 5.52　控制器软件的进化开发

实验系统的使用虽然增加了控制器的开发步骤。但经过验证的规格说明为控制器的设计和所有技术细节的实施提供了基础保障。

⊖　由于快速原型工具和软件实施工具的互联性，多数情况下快速原型都可作为量产软件开发的基础。——译者注

实验系统开发和控制器开发间的相互转换正在变得越来越顺畅。得益于代码生成技术，使用相同的软件模型可以生成用于实验系统的代码或是用于控制器的代码。因此，更多的实现细节可尽早地在实验系统中得到关注⊖。

5.3.8.6　基于参考原型的控制器验证

对于与目标系统一致原型，通过旁路验证过的软件功能可以作为自动代码实现的控制器软件功能的测试参考。控制器和实验系统将同步并行执行同一软件功能，控制器计算得到某一功能的中间变量和输出变量，再与实验系统的计算结果进行比较。为达成该目的，如图 5.53 所示的旁路通信必须进行扩展。

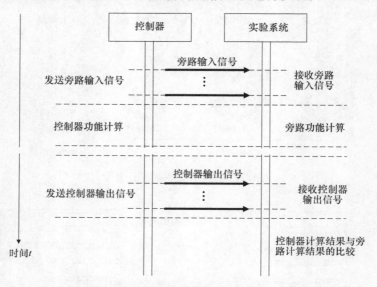

图 5.53　通过与实验系统旁路比较实现的控制器功能验证

使用此方法并通过实验系统覆盖分析（coverage analysis）工具的使用，我们可

⊖　软件的验证可分为虚拟环境下的功能验证以及在真实环境下的行为验证（需考虑实时性等硬件适配要求）。由于计算机和控制器的硬件差异，即使布置相同的操作系统，快速原型也只能保证对软件功能表现的验证，而无法对软件行为进行验证。然而在工程实践中，在后期验证中软件行为出现缺陷的概率远高于软件功能缺陷的发生，因此快速原型的早期验证效果存在局限性。事实上，随着车辆电气化和智能化的发展，真正制约软件开发效率的不仅是早期缺乏验证而导致的后期开发反复迭代，更是由于对算力需求的提升导致芯片的不断升级，而芯片的研发周期通常长于整车研发周期，延缓了软件在真实控制器环境下的行为验证。工程界在该领域正在积极尝试创新，例如 2021 年 ARM 公司提出了 SOAFEE 架构。该架构部署于实验系统中，可以在云端模拟真实控制器中的 ARM 架构，从而达到（计算机）实验系统和控制器环境的高度一致。该功能对于当前芯片算力高速发展的自动驾驶应用尤其受益，主机厂借助 SOAFEE 可在芯片尚未量产前即同步进行软件行为的验证工作。——译者注

以实现较高的测试覆盖度。

5.4 软件设计与实施

软件功能从物理层级规格说明到微控制器上真正实施的过程，必须以设计决策作为纽带。

设计决策不仅涉及功能，还与众多非功能属性相关，例如程序和数据版本的分离、程序和数据变体的实施、对非车载接口的支持、算法在定点和浮点环境上的实施差异、硬件资源的优化等。其中一些非功能需求也会反过来对规格说明造成影响，因此在规格说明和设计决策之间经常发生迭代和交互协作。一个典型的例子是在规格说明中应该避免定义那些对硬件资源需求极大的特征曲线和特征图（详见5.4.1.5 小节）。在许多情况下，必须在软件功能的准确性和所需的硬件资源（内存和运行时间要求）之间找到设计折中方案。

在以下小节中，将讨论软件架构、数据模型和软件功能行为模型的设计和实施方法及工具。

5.4.1 软件资源优化

在产品的众多非功能特性中，成本是最重要的考虑因素之一。对电子系统而言，成本限制通常意味着硬件资源的局限性。将物理层面的规格说明映射到数值计算时，有限的硬件资源可能会降低软件方案的可执行性。因此在本节中，我们将首先讨论用于降低硬件资源消耗的软件优化措施。优化在两个方向上发生：

- 优化运行时间——任务的运行时间要求越严苛，则会对硬件资源造成挤兑，从而为满足任务的实时性要求不得不增加硬件资源，通过运行时间优化可减缓由此带来的成本增加。
- 计算/存储资源的优化——任务对数据存储和算力的依赖越高，则会增加硬件资源的部署，通过资源优化可减缓由此带来的成本增加。

一般来说，许多优化措施只有在整体成本降低时才算成功。例如，运行时间的减少通常会导致内存需求的增加，反之亦然。诸如此类的现象必须在实际设计中被充分考虑。

5.4.1.1 运行时间优化——不同访问时间的存储空间划分

软件功能在访问微控制器各存储器（RAM、ROM 或 Flash 等）时所需时间通常不同。这可能对程序的执行时间（运行时间）产生不可忽视的影响。在软件设计时，可以通过软件功能的分类部署予以优化。例如将频繁执行的特性曲线和特征图插值算法放置在访问更快捷的存储器中。当软件组件用于不同硬件平台时，也可以通过配置方法快速完成优化部署。

案例：实时操作系统的架构

因为模块化的结构设计，实时操作系统可以兼顾不同存储器的访问时间要求。如图 5.54 所示，操作系统的各个组件可以存储在微控制器的不同内存中。

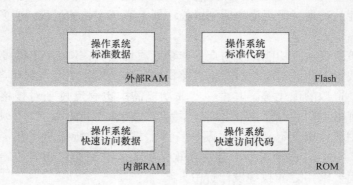

图 5.54　实时操作系统的内存配置

由于存储于微控制器 ROM 中的程序代码读取速度比 Flash 更快，因此操作系统中经常运行的代码被聚合并命名为快速代码组件，存于 ROM 中。而调用频率较低的代码则被汇总到标准代码组件中，存在 Flash 内。根据访问频率的不同，操作系统的数据结构也可以分配给不同的 RAM 段，例如内部或外部 RAM，它们的访问时间也存在差异。

5.4.1.2　运行时间优化——功能在不同任务间的划分

运行时间优化的另一项措施是将软件功能划分至实时性要求不同的任务中。执行子功能所需时间取决于受控系统的物理行为。例如，环境温度通常变化缓慢，而内部系统压力变化则非常迅速。因此，依赖于环境温度的子功能可以分配到一个"慢"任务中执行，对硬件资源的要求降至最低；而依赖于内部压力的功能则必须分配给"更快"的任务。

案例：将软件功能划分至多个任务

如图 5.55 所示，软件功能被划分为三个子功能 a、b、c，分别被分配给任务 A、B、C。三个任务的激活时间不同，分别以每 100ms、每 20ms、每 10ms 的周期被激活。在子功能 a 中计算得到一个中间变量，被封装在报文 X 中传递给任务 B，并被子功能 b 引用。同样，子功能 c 的计算结果通过报文 Y 传递至子功能 b。由于任务 A 和 C 的执行更"慢"，只要通过任务 A 和 C 减少的任务运行时间没有超过报文 X 和 Y 本身收发所需时间，软件功能整体的运行时间就将减少。

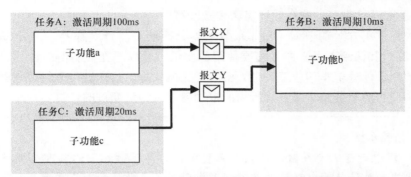

图 5.55　软件功能向不同任务的分配以及基于报文的任务间通信的规格说明（ETAS公司[85]）

5.4.1.3　资源优化——离线计算和在线计算

一些优化工作在"离线"环节，即在实际功能执行之前发生。因此，软件功能也可被划分为离线计算和在线计算两个环节。在实时操作系统中的一个例子是任务的动态"在线调度"和静态的"离线调度"，详见 2.4.4.3 小节。

案例：非必要报文副本的离线优化

图 5.56 展示了一个针对非必要报文副本进行离线优化的方案。任务 A、B、C 的优先级在图中以数字形式排序，其中数字越大优先级越高。在抢占式仲裁策略中，具有较高优先级的任务 B 可以中断任务 A。反之，任务 B 也可以被任务 C 中断。由于任务 C 可以更改报文 Y 的值，因此任务 B 必须在起始时创建报文 Y 的本地副本，并在后续整个执行过程中持续使用该复制值。而任务 A 的优先级较低，因此无法中断任务 B，因此任务 B 不需要对报文 X 进行本地复制。通常而言，诸如此类的优先级设置在设计阶段即可明确，即通过离线阶段的决策可以避免功能执行时不必要的报文复制，从而节省运行时间和内存空间。

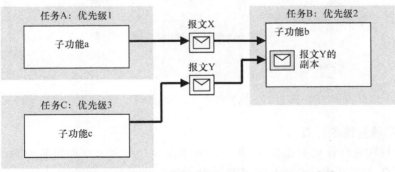

图 5.56　非必要报文副本的离线优化（ETAS公司[85]）

5.4.1.4 资源优化——非车载计算和车载计算

　　另一种优化方案基于车载和非车载的划分而展开。针对那些仅在非车载工具（标定、测量和诊断工具）中才需要使用的变量，可以不在控制器中计算，而将参与计算的变量传输至非车载工具中，由后者完成计算。这样做可节约控制器的存储资源。典型的例子是非车载工具所需的依赖参数或测量变量的计算。

案例 1：依赖参数

　　图 5.57 展示了一个参数间依赖关系的案例。与参数相关的物理公式被分成车载计算和非车载计算两个环节。在控制器中引入了参数 d 和 U，这两个参数在标定工具中完成计算，它们的值依赖于参数 r 和固定值 π。由此可减少控制器的计算量，从而减少运行时间。这样做的另一个好处是，只需在标定工具中调整参数 r 即可实现 d 和 U 的随动调整。

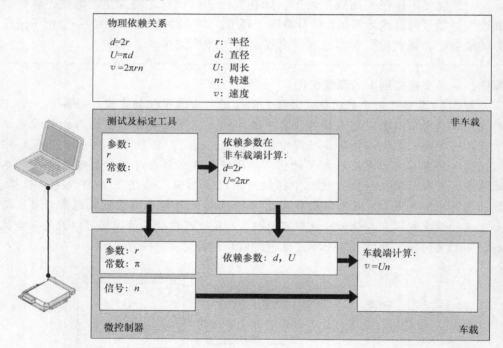

图 5.57　依赖参数（ETAS 公司[74,86]）

案例 2：测量变量的计算

　　另一种可能的优化如图 5.58 所示，在车载端的计算只会引用转矩 M 和转速 n，而功率 P 每当需要连接非车载工具查看时，再在非车载端中完成计算。

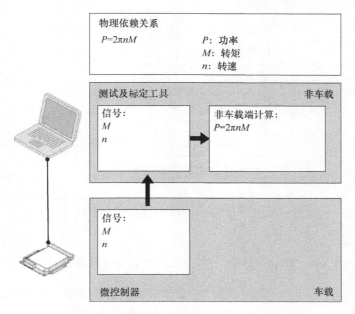

图 5.58 测量变量的计算（ETAS 公司[86]）

5.4.1.5 资源优化——特征曲线/特征图

特性曲线和特征图应用广泛，而针对该类数据结构的优化手段非常丰富。因此，通过优化特征曲线和特征图对减少 ECU 整体的内存和运行时间潜力巨大。

下文中介绍的优化方法均以特征曲线为例，这些方法也同样可在特征图上应用。

在众多的优化方法中，内插和外推是最常见的优化方法，该方法将特征曲线转化为有限个标记点组成的数据结构，通过内插和外推算法快速计算得到未标记点的特征值，由此降低控制器内存空间。

所谓的特征曲线数据结构，可以表格化形式展示（图 5.59）。在数据结构的第一行，输入变量的标记点以严格递增方式排列，数据结构的第二行则是各个标记点对应的特征曲线值。与特征曲线相同，输入变量的标记点通常以 x 表示，而特征曲线值则用 y 表示。特征曲线的数据结构还包含一些用于计算的辅助变量，例如标记点数量等。

除了表格形式外，特征曲线数据结构也常用笛卡儿坐标系的形式展示。

继续以图 5.59 为例，若想获取某插值点 x 对应的特征曲线值，但 $x < x_{min}$（即图中 x_1）或 $x > x_{max}$（即图中 x_8），此时采用的方法称为"外推（extrapolation）"，图中展示的是一种常见的外推形式，即"常数外推"。相对的，若想获取介于 x_{min} 和 x_{max} 之间的其他差值点（图中 x_i）的特征曲线值，所需采用的方法被称为"内

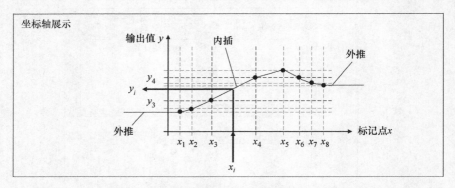

图 5.59　特征曲线的数据结构、内插和外推

插（interpolation）"，图中展示的是一种常见的内插形式，即"线性内插"。

在汽车应用中，由于物理取值的限制，内插的应用场合更为常见，下面将进一步展开介绍。

用于确定输入变量 x_i 的输出变量 y_i 的内插算法包含三个基本步骤。

第一步：搜索插值点

在图 5.59 所示例子中，输入变量 x_i 的插值点由其相邻的下一个较高或较低标记点来决定，图 5.60 展示了这一过程。可以发现，x_i 的下一个较低的标记点 x_u 是 x_3，由于标记点的位置严格单调，下一个更高的标记点 $x_o = x_4$ 也是已知的。可以使用多种算法来搜索插值点，例如"从上一个有效参考点开始搜索""二分法""从最大标记点向较小值的方向搜索"等。

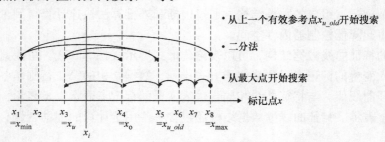

图 5.60　寻找插值点的不同方法

选择何种搜索方式主要取决于标记点的分布和具体应用对搜索时间的要求。例如，发动机控制系统在高转速下的运行时间极短，因此必须快速搜索到插值点的位置，合适的方法是从最高转速的标记点向低转速标识点搜索；而在低转速情况下，

选用任何一种搜索方式都是合理的。

对于一些运行时间很短但对精度要求相对不高的应用，在锁定 x_u 和 x_o 后会直接选用 $y_u=y(x_u)$ 或 $y_o=y(x_o)$ 的值作为 x_i 的特征曲线输出值。而**如果想获得更精确的值，则还需进一步使用插值法，这时就需要执行第二步和第三步。**

第二步：计算斜率 a

对于线性插值，必须完成以下计算：

$$\mathrm{d}x=x_i-x_u\text{（在图 5.59 的案例中，}\mathrm{d}x=x_i-x_3\text{）} \tag{5.8}$$

$$\mathrm{d}X=x_o-x_u\text{（在图 5.59 的案例中，}DX=x_4-x_3\text{）} \tag{5.9}$$

$$\mathrm{d}Y=y_o-y_u\text{（在图 5.59 的案例中，}DY=y_4-y_3\text{）} \tag{5.10}$$

则插值点 x_i 所在处的特性曲线斜率 a：

$$a = \mathrm{d}Y/\mathrm{d}X \tag{5.11}$$

第三步：通过线性插值计算特征值 y_i：

$$y_i = y_u + a\cdot \mathrm{d}x\text{（在图 5.59 的案例中，}y_i = y_3 + a\cdot \mathrm{d}x\text{）} \tag{5.12}$$

在众多变量中，$\mathrm{d}x$ 只能在线计算。如果 $\mathrm{d}X$、$\mathrm{d}Y$ 及斜率 a 也需要在线计算，则意味着每次查找一个插值，控制器都需要计算三次减法、一次除法、一次加法、一次乘法，对资源占用较高。因此，也可以视情况将 $\mathrm{d}X$、$\mathrm{d}Y$ 或 a 的计算优化为离线计算，常见的操作方法如下：

- **扩展数据结构，存储斜率 a：**将斜率 a 存储在扩展的特性曲线结构中可以节省插值计算时间。最终计算只需一次减法、一次加法和一次乘法。在时间要求严格的应用中，扩展特性曲线结构为存储斜率而增加内存是可以接受的（图 5.61）。

标记点x	x_1	x_2	x_3	x_4	x_5	x_6	x_7	x_8
输出值y	y_1	y_2	y_3	y_4	y_5	y_6	y_7	y_8
斜率a	a_1	a_2	a_3	a_4	a_5	a_6	a_7	

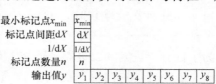

图 5.61　存储斜率 a 的特性曲线扩展数据结构

- **固定特征：**将所有标记点间的差值 $\mathrm{d}X(=x_o-x_u)$ 设为固定值。由此可计算得出任意标记点 x_u 而无须搜索。$\mathrm{d}X$ 的倒数可以通过离线计算得出并与特征一起存于控制器中。后续在线的插值不再需要除法，而仅需两次减法、一次加法和两次乘法。可以存储最小标记点 $x_{\min}$、标记点数 n 和标记点间距 $\mathrm{d}X$ 来表征标记点分布，由此实现对 x_u 的计算。这种存储方案尤其适用于具有大量标记点的特征曲线（图 5.62）。

最小标记点$x_{\min}$	$x_{\min}$							
标记点间距$\mathrm{d}X$	$\mathrm{d}X$							
$1/\mathrm{d}X$	$1/\mathrm{d}X$							
标记点数量n	n							
输出值y	y_1	y_2	y_3	y_4	y_5	y_6	y_7	y_8

图 5.62　固定特征曲线数据结构

- **群体特征：**对于具有相同输入变量的不同特征曲线，标记点的分布可以是统一的。因此，在特征曲线 x 轴方向上的计算（插值点搜索）只需计算一次，然后再通过差值计算得到每个特征曲线的输出值 y_i（图 5.63）。

除上述外，其他常见的优化措施如下：

- 固定特征和群体特征可以互相结合。
- 在标定后，某参数的物理取值范围可能会缩小，因此可适当减少标记点的数量或字长，从而减少插值点搜索时间和数据存储空间。

图 5.63　群体特征曲线的数据结构

- 标记点及其对应的特征曲线值在微处理器内部的表现形式可能存在多种字长。当不同字长的数据组合在一起时，会增加差值算法的复杂性，进而增加存储空间要求。可以通过限制特征曲线和特征图的存储格式来限制可能的字长组合。

5.4.2　定点和浮点算法的设计与实施

本节将重点介绍定点及浮点算术中的算法设计。我们将聚焦在微控制器中经常使用的基础算法。所谓的"基础算法"除基本的算术运算外，还包括特征曲线和特征图的差值、信号的数值微/积分处理、数字滤波等。由于上述的这些功能已经作为 MSR – MEGMA[78] 项目的一部分被封装成了标准化模块。所以本节将侧重介绍在设计并实施这些机器算法时可能出现的问题。

5.4.2.1　数字处理器中数字的表示

所有数字处理器的计算都是基于二进制的，而一个十进制数字 x 可以采用二级制系数项 a_i 来表示：

$$x = \pm \left(a_n \cdot 2^n + a_{n-1} \cdot 2^{n-1} + \cdots + a_0 \cdot 2^0 + a_{-1} \cdot 2^{-1} + a_{-2} \cdot a^{-2} + \cdots \right)$$

$$(5.13)$$

案例：数字 $x = 9$ 的二进制表示

分解后的数：

$$9 = 1 \cdot 2^3 + 0 \cdot 2^2 + 0 \cdot 2^1 + 1 \cdot 2^0$$

因此二进制表示为 **1001**。

为了区分十进制和二进制，下文中凡出现二进制数字均用加粗体书写。

一个数字处理器内部只能用位数固定为 n 的二进制表示数字。n 也被称为字长，它由处理器的结构决定，用于表示数字的二进制位数通常可以扩展到 n 的整数倍，如 $2n$、$3n$……。字长为 8 位的微处理器被称为 8 位微处理器，字长为 16 位的微处理器称为 16 位微处理器，以此类推。

用 n 位字长的二进制表示一个十进制数字存在定点和浮点两种方式。

方式 1：定点表示

定点表示法指的是小数点位置固定不变的情况。可将 n 位的二进制分解为 n_1 和 n_2 两个部分（$n = n_1 + n_2$），一个微处理器若想实现定点表达，在 n 固定的前提下，还需要 n_1 和 n_2 的值也固定。对于一个十进制数字，其整数部分只能通过二进制的 n_1 位表达，小数部分只能通过二进制的 n_2 位表达。而在实际应用中，定点数通常要么被表示为纯整数（$n_1 = n$），要么被表示为纯小数（$n_1 = 0$）。不难理解，由于微处理器已经限制了每个二进制的位数，那么可被定点表达的十进制数值的取值范围是有限的。

由于成本及应用场景特性，大多数车载的微处理器仍然仅支持定点运算$^\ominus$。在下文中，为了方便描述一个定点数可能取值的全集，在不考虑特例的前提下假设 $n_1 = n$（即微处理器中所有参与计算的数字均为整数）。

例如对于 $n = 8$，数字 $0 \sim 255$ 可以用 **0000 0000** 至 **1111 1111** 中的对应二进制数表示。这种数字表示被称为 8 位无符号整数（简称 uint8）。

定点法也可用来表示负数，将 n 位二进制中的第一位用作符号编码位（简称符号位）即可实现。例如 $n = 8$ 可以表示数字 $-128 \sim 0 \sim +127$，它被称为 8 位有符号整数（简称 sint8）。类似地，$n = 16$ 和 $n = 32$ 也分为 uint16、sint16、uint32 和 sint32。它们对应的取值范围在表 5.2 中列出。

表 5.2 数字的定点表示和取值范围

二进制位数	简写	取值范围
8 位无符号	uint8	$0 \sim 255$
8 位有符号	sint8	$-128 \sim 127$
16 位无符号	uint16	$0 \sim 65535$
16 位有符号	sint16	$-32768 \sim 32767$
32 位无符号	uint32	$0 \sim 4294967295$
32 位有符号	sint32	$-2147483648 \sim 2147483647$

方式 2：浮点表示

在浮点表示中，每个数字的小数点位置并不固定。因此，在每个数字的表达式中必须能够提供该数字的小数点位置信息（即第一个数字后的位数），可以利用二进制指数实现小数点的浮动。由此，一个实数可以被表示为：

$$x = a \cdot 2^b \tag{5.14}$$

式中，a 被称为尾数（mantissa），其绝对值 $|a| < 1$；b 被称为指数（exponent），其值必须为整数。指数 b 用来表示尾数 a 中小数点的位置。

$\ominus$ 定点运算的优势在于表达数值的精确性，契合车载应用的要求，且对处理器硬件要求相对简单。而浮点运算的优势在于可以表达的数值范围大，但在数值较大时精度受到影响，且对处理器硬件要求高，对大多数车载应用而言，得不偿失。——译者注

案例：数字 $x = 9.5$ 的二进制表示

$9.5 = 1 \times 2^3 + 0 \times 2^2 + 0 \times 2^1 + 1 \times 2^0 + 1 \times 2^{-1}$

其二进制可以表示为 **1001.1** 或 **$0.10011 \cdot 2^{100}$**⊖

在实际情况下，即使对于浮点表示法，数字处理器也只能提供有限且固定的二进制位数 m 和 e 用于表示尾数 a 和指数 b。这种情况下，$n = m + e$。微处理器是否支持浮点表达和浮点运算，取决于具体应用的要求。

数字的浮点表示并不唯一。在上述例子中，9.5 也可以表示为 0.010011×2^{101}。因此需要定义一种统一的标准化表达，我们将尾数 a 的小数点后第一位不为 0 的浮点表示结果称为规格化（normalized）。在规格化表达下，$|a| \geqslant 2^{-1}$ 且除了小数点前整数部分的 0 外，尾数 a 的所有数字位都是表达所必需的。

在下文中，所有出现的浮点表达均为规格化表达，且涉及的浮点运算均符合浮点运算的基本规律而不考虑特例。

当数字 m、e 确定后，由二者和基础底数 $B = 2$ 一起构成数值表达式决定了机器中可精确表达的数字范围。将该范围内的数字设置为集合 A，它是实数集 R 的子集（$A \subseteq R$）。集合 A 中的数值被称为机器数（machine number）。

在 IEEE 中，给出了对于 $n = 32$ 和 $n = 64$ 时浮点数的标准化表示法。其中 32 位浮点数用 real32 表示，64 位浮点数用 real64 表示。

由于机器中可以表示的定点和浮点数的集合 A 是有限的，这在软件组件行为的设计和实施过程中可能会引发一个问题：如果一个数字不属于集合 A，该如何表达？该问题在数据输入处理器以及在处理器内部计算时都会出现。

可以用一个简单例子说明：现在已知两个数字 a 和 b 都为机器数（a，$b \in A$），但其运算结果，无论是 $a + b$、$a - b$、$a \cdot b$ 还是 a/b，都可能超出机器可精确表达的数字范围。

这时，就要求处理器能够用一个属于机器数的值 $rd(x)$（$rd(x) \in A$）来近似表达超限的数字 x，其结果应满足如下公式：

$$|x - rd(x)| \leqslant |x - g_k| \tag{5.15}$$

式中，$g_k \in A$ 且 $g_k \neq rd(x)$，如图 5.64 所示。

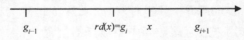

图 5.64　用 rd（x）逼近 x

⊖ 为方便读者理解，对其计算过程展开：

$9.5 = 1 \times 2^3 + 0 \times 2^2 + 0 \times 2^1 + 1 \times 2^0 + 1 \times 2^{-1} = 2^4 \times (1 \times 2^{-1} + 0 \times 2^{-2} + 0 \times 2^{-3} + 1 \times 2^{-4} + 1 \cdot 2^{-5})$

其中，指数 4 可转化为二进制 **100**，尾数（$1 \times 2^{-1} + 0 \times 2^{-2} + 0 \times 2^{-3} + 1 \times 2^{-4} + 1 \times 2^{-5}$）可转化为二进制 **0.10011**。——译者注

$rd(x)$ 一般通过四舍五入或对上溢下溢的限值来决定。下面对四舍五入（舍入误差）和上溢下溢两种情形下获取尽可能高精度的数字表达分别展开讨论。

以定点表示数字的大量操作中都可能出现舍入误差和上溢/下溢现象。下文为简化理解，均以 uint8 举例。

5.4.2.2　整数除法——舍入误差

对于整数除法运算 $c = a/b$，其精确运算结果可能并非整数，因此可能存在舍入问题。

案例：整除和舍入

某处理器执行除法 $c = a/b$，其中变量 a、b 均为 uint8，且最终计算结果 c 也需要用 uint8 来表达，即 a、b、c 的取值均应位于 $\{0, 1, 2, \cdots, 255\}$ 范围内，可能会出现如下几种情形：

情形 1：$a = 100$，$b = 50$，则 $c = 2 \in A$；

情形 2：$a = 19$，$b = 2$，则 $c = 9.5 \notin A$；

情形 3：$a = 240$，$b = 161$，则 $c = 1.49\cdots \notin A$；

情形 4：$a = 100$，$b = 201$，则 $c = 0.49\cdots \notin A$；

情形 5：$a = 100$，$b = 0$，因除数为 0，结果未定义。

● 在情形 1 中，c 的结果是一个位于 0～255 之间的整数，可以用 uint8 数字表示，因此没有舍入误差。

● 在情形 2 中，结果不是整数，因此 c 的表达一定会存在舍入误差。

二进制一般表达如下：

$$c = (a_n \cdot 2^n + a_{n-1} \cdot 2^{n-1} + \cdots + a_0 \cdot 2^0 + a_{-1} \cdot 2^{-1} + a_{-2} \cdot 2^{-2} + \cdots)$$

在当前情形中：

$$c = 9.5 = 1 \times 2^3 + 0 \times 2^2 + 0 \times 2^1 + 1 \times 2^0 + 1 \times 2^1$$

或表达为 **1001.1**，即 $a_3 = 1$，$a_2 = 0$，$a_1 = 0$，$a_0 = 1$，$a_{-1} = 1$

近似值 $rd(c)$ 的取值有两种方式，**舍入法**或**整除法**

对于舍入法：

如果　$a_{-1} = 0, rd(c) = a_n a_{n-1} \cdots a_0$ 　　　　　　　　　　(5.16)

如果　$a_{-1} = 1, rd(c) = a_n a_{n-1} \cdots a_0 + 1$ 　　　　　　　(5.17)

最终可得舍入后的 $rd(c) = 10$ 或 **1010**。

然而，许多微处理器并不采用舍入法，而是采用**整除法**，即直接将精确计算结果的小数点后部分删除，最终的近似值总是比实际值更小。在本例中如果使用整除法，则无论 a_{-1} 取何值，

$$rd(c) = a_n a_{n-1} \cdots a_0 \tag{5.18}$$

最终可得 $rd(c) = 9$ 或 **1001**。

● 在情形 3 中，无论采用舍入还是整除法，最终 $rd(c)$ 取值均为 1。然而由此

带来的相对舍入误差 $\varepsilon = [rd(c) - c]/c = (1 - 1.49)/1.49 \approx -1/3$ 已经相当大，对计算精度影响较大。

● 在情形4中，无论采用舍入还是整除法，最终 $rd(c)$ 取值均为0。相对舍入误差 $(0 - 0.49)/0.49 = -1$ 已经非常巨大。在后续 5.4.2.6 小节中我们会更清楚地了解，一旦该结果用于后续计算（作为乘法计算的中间变量），其结果将引发误差传播（propagation of error）。

● 情形5中，除数为0将无法计算，可作为计算异常处理。

采用舍入法造成的误差被称为相对舍入误差，采用整除法造成的误差被称为相对截断误差，两者均通过如下公式计算：

$$|\varepsilon| = \left| \frac{rd(c) - c}{c} \right| \qquad (5.19)$$

对于 $0 < c < 0.5$，相对舍入误差和相对截断误差均为1；

对于 $0.5 \leq c < 1$，相对舍入误差最大值为1，而相对截断误差则一直为1，采用舍入法精度更高；

对于 $c > 1$，相对舍入误差的最大值为 $1/3$，而相对截断误差的最大值则为 $1/2$，且随着 c 的增大误差不断降低；这种情况下，同样是采用舍入法精度更高。

5.4.2.3　加法、减法和乘法——上溢和下溢

如果操作数 a、b 是整数，且都是定点表示的机器数（$a, b \in A$），则加法 $a + b$、减法 $a - b$ 和乘法 $a \cdot b$ 的基本操作结果也是整数值，不会产生舍入误差。然而，由于定点表达的数值范围有限，可能造成计算结果超出机器数集合。

案例：加法、减法和乘法

考虑加法运算 $c = a + b$，其中 a、b 均为 uint8，且计算结果 c 也需用 uint8 来表达，即 $a, b, c \in A = \{0, 1, 2, \cdots, 255\}$，计算可能出现如下情形：

情形1：$a = 100$，$b = 100$，则 $c = 200 \in A$，

情形2：$a = 100$，$b = 157$，则 $c = 257 \notin A$。

同样的条件下，对于减法 $c = a - b$，计算可能出现如下情形：

情形3：$a = 100$，$b = 100$，则 $c = 0 \in A$；

情形4：$a = 100$，$b = 102$，则 $c = -2 \notin A$。

● 在情形2中，c 的结果太大而无法用 uint8 数字表示，称为上溢（overflow）。

● 在情形4中，c 的结果已经小于 uint8 可表达的下限，称为下溢（underflow）。

类似的情况也可能在乘法时发生。

浮点运算也会出现相同的情况。但与定点运算相比，浮点运算产生的舍入误差

要小几个数量级。

5.4.2.4　移位操作

对于二进制运算 $a \cdot b$ 或 a/b，只要 $b \in \{2^1, 2^2, \cdots, 2^n\}$，那么运算可通过二进制的移位操作（shift operation）高效执行。

案例：移位操作

$x = 9$ 可以分解为如下形式：

$$9 = 0 \times 2^4 + 1 \times 2^3 + 0 \times 2^2 + 0 \times 2^1 + 1 \times 2^0$$

由此得二进制表达式 **01001**。

对于计算 9×2，可以用左移操作 **01001** $<< 1$ 来表示，最终得到结果 10010（转化为十进制结果为 18）。相应的，对于除法 $9/2$，可以通过右移操作 **01001** $>> 1$ 来实现，其结果为 00100（转化为十进制为 4），右移操作时，小数点后的数字将被截断。

需要注意，对于 sint8、sint16 或 sint32 等带符号的整数，有时右移操作符 $>>$ 本身就是数字表达式中的一个常规位。在这种情况下，应该仔细检查是否采取正规除法更好。

5.4.2.5　上溢和下溢的处理

上溢和下溢的发生与处理器本身固有属性相关，因此解决该类问题的方法来自于算法的优化。下面以加法的上溢为例，介绍几种微处理器常见的溢出处理方法。

仍然考察上文的加法计算情形：$a = 100$，$b = 157$，则 $c = 257 \notin A$；处理该上溢的常规方法如下：

- **允许溢出**：对于 a、b、c 均为 uint8 的情况，多数微处理器会输出 $c = a + b - 2^8$。在有的处理器中，针对无符号数可以设置上溢检测逻辑，当 $(c < a)$ && $(c < b)$ 为真时，说明上溢发生。

- **结果限值**：利用算法识别上溢的发生，此时结果 c 输出为 uint8 可表达的最大值 $c = 255$。

- **结果取值范围的扩展**：用范围更大的定点数来表达结果 c，例如在上例中：

$$a, b \in Auint8 = \{0, 1, 2, \cdots, 255\}$$

而 c 可以属于 $Auint16 = \{0, 1, 2, \cdots, 65535\}$ 或 $Asint16 = \{-32768, \cdots, 0, 1, 2, \cdots, 32767\}$，尤其当将取值扩大为 sint16 时，对于 $c = a - b$ 的减法操作也不会发生下溢。

- **结果缩放**：引入 $rd(c)$ 来表达 c 的结果。为此，引入变量 q 对 c 进行量化收缩，其中 $|q| > 1$。构建方程 $c = q \cdot rd(c)$，则 c 的取值范围将被扩大，防止了上溢发生。此外，q 的值可以取自集合 $\{2^1, 2^2, \cdots, 2^n\}$，这样就可以利用移位操作快速完成缩放计算。以上述情形为例，$rd(c) = (a + b)/q$，其中 $a, b, rd(c) \in Auint8 =$

$\{0,1,2,\cdots,255\}$，如果将 q 取值为 2，则 $c \in Ac = \{0,2,4,\cdots,510\}$，上溢将不再发生。但最终结果的精度有所损失，其相对误差为

$$|\varepsilon| = \left| \frac{rd(c) - c}{c} \right| \le \frac{q-1}{c} \tag{5.20}$$

5.4.2.6 定点计算算法中的误差传播

接下来讨论算法中的误差传播方式。首先我们需要给出对"算法"的准确定义。在下文中，**"算法" 被定义为：具有明确定义的序列的有限数量的简单运算的组合。** 对于给定的输入数据，通过运算组合可以得到一个问题的解。

我们以表达式 $d = a + b + c$ 作为示例，定义两种算法 $d = (a+b) + c$ 和 $d = a + (b+c)$。尽管两者在数学上是等价的，但它们在定点计算中可能会导致不同的结果。

算法 1 的步骤如下：
- 步骤 1.1：$\eta_1 = a + b$
- 步骤 1.2：$d = \eta_1 + c$

算法 2 的步骤如下：
- 步骤 2.1：$\eta_2 = b + c$
- 步骤 2.2：$d = a + \eta_2$

a、b、c、d 以 sint8 表示，因此 $a,b,c,d \in A = \{-128 \sim +127\}$，$d$ 发生上溢和下溢的限值为 -128 和 $+127$。如果 $a = 101$、$b = -51$、$c = -100$，则两种算法计算结果分别如下：

算法 1：

$$\eta_1 = a + b = 101 - 51 = 50$$
$$d = \eta_1 + c = 50 - 100 = -50$$

算法 2：

$$\eta_2 = b + c = -51 - 100 = -128（发生下溢）$$
$$d = a + \eta_2 = 101 - 128 = -27$$

每当出现不同算法导致不同结果的现象，究其根本都是舍入误差和截断误差发生了传播所导致的。因此为了提高准确性，需要找到可评估算法准确性的准则。

在定点运算中，d 的值由近似值 $rd(d)$ 表达。对于算法 1，$rd_1(d)$ 的计算公式如下：

$$rd(\eta_1) = (a+b)(1 + \varepsilon_{1.1}) \tag{5.21}$$

$$rd(d_1) = (rd(\eta_1) + c)(1 + \varepsilon_{1.2}) = [(a+b)(1 + \varepsilon_{1.1}) + c](1 + \varepsilon_{1.2})$$
$$= (a+b+c)\left[1 + \frac{a+b}{a+b+c}(1+\varepsilon_{1.2})\varepsilon_{1.1} + \varepsilon_{1.2}\right] \tag{5.22}$$

因此，相对误差 ε_{d1}：

$$\varepsilon_{d1} = \frac{rd(d_1) - d}{d} = \frac{rd(d_1)}{d} - 1 = \frac{a+b}{a+b+c}(1+\varepsilon_{1.2})\varepsilon_{1.1} + \varepsilon_{1.2} \tag{5.23}$$

忽略加号前部分展开后的高阶项 $\varepsilon_{1.1} \cdot \varepsilon_{1.2}$，则算法 1 产生的总体相对误差：

$$\varepsilon_{d1} \approx \frac{a+b}{a+b+c}\varepsilon_{1.1} + 1 \cdot \varepsilon_{1.2} \qquad (5.24)$$

相同的方式可得算法 2 的总体相对误差：

$$\varepsilon_{d2} \approx \frac{b+c}{a+b+c}\varepsilon_{2.1} + 1 \cdot \varepsilon_{2.2} \qquad (5.25)$$

上述两个公式表明，算法中间步骤的舍入误差对总体相对误差有很大影响。在算法 1 中，误差的放大因子为 $\frac{a+b}{a+b+c}$ 和 1；在算法 2 中，误差的放大因子为 $\frac{b+c}{a+b+c}$ 和 1，其中起关键作用的是 $\frac{a+b}{a+b+c}$ 和 $\frac{b+c}{a+b+c}$。因此，最终哪个算法"在数值上更稳定"的判断，取决于 $(a+b)$ 和 $(b+c)$ 中哪个更小。

在本案例中，$a+b=50$，而 $b+c=-151$。再来考察四项中间过程的相对误差，其中 $\varepsilon_{1.1}$、$\varepsilon_{1.2}$ 和 $\varepsilon_{2.2}$ 均为 0，而 $\varepsilon_{2.1}$ 特别大：

$$\varepsilon_{2.1} = \frac{-128+151}{-151} \approx -0.15$$

因此，

$$\varepsilon_{d1} = 0$$

$$\varepsilon_{d2} = \frac{-151}{-50} \cdot 0.15 = -0.45$$

对于算法 2 而言，尽管第二步计算没有相对误差，但将第一步计算的相对误差 $\varepsilon_{2.1}$ 带到第二步计算后，误差将被放大约 3 倍。显然从误差数值的角度考虑，算法 1 更优。

这种算法适用性的评估方法具有普适性，但在实际应用中，将任何算法分解为简单操作后都将使步骤繁杂，要想判断每个步骤的舍入误差对整体误差的影响是不现实的。这时需要采取其他方法，例如中间计算[76]。因篇幅有限不做详细展开，仅以下面的例子说明算法的第 i 步的相对误差 ε_i。

仍以算法 2 举例，如果在中间计算步骤引入缩放因子 2，则可设计出算法 3，步骤如下：

- 步骤 3.1：$b_1 = b/2 = -51/2 = -25$；$\varepsilon_{3.1} = [-50-(-51)]/(-51) = -1/51$
- 步骤 3.2：$c_1 = c/2 = -100/2 = -50$；$\varepsilon_{3.2} = 0$
- 步骤 3.3：$\eta_2 = b_1 + c_1 = -75$；$\varepsilon_{3.3} = 0$
- 步骤 3.4：$a_1 = a/2 = 101/2 = 50$；$\varepsilon_{3.4} = [100-101]/(101) = -1/101$
- 步骤 3.5：$d_1 = a_1 + \eta_2 = 50 - 75 = -25$；$\varepsilon_{3.5} = 0$
- 步骤 3.6：$d = d_1 \cdot 2 = -25 \cdot 2 = -50$；$\varepsilon_{3.6} = 0$

加入新的计算步骤后，算法的精确度较算法 2 有明显提升。但这类中间运算的精度限制未必显而易见，也可能隐含在算法中，需要格外注意（例如子程序调用中的数据传输）。

5.4.2.7　物理量的计算

在车辆控制功能中，经常出现这样的情形：两个在微处理器中取值范围不同的物理变量需要参与同一个计算。下面我们将以两个信号的加法为例予以讨论。该案例是具有普适性的，因为当出现两个以上运算因子参与加法时，可以将其分解为多个双因子加法。

案例：两个取值范围不同的信号相加

一个简单的例子是两个信号 a 和 b 相加，目标是实现其物理关系 $c_{phys} = a_{phys} + b_{phys}$。

具有物理含义的信号 a、b、c 以 uint8 格式的定点数 a_{impl}、b_{impl}、c_{impl} 在微处理器中表达。

对于这三个信号，其物理层面的连续变量与在微处理器中实际运行的定点格式离散变量之间存在线性关系，且有上下限值，如图 5.65 所示。

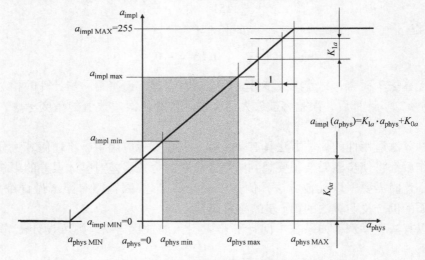

图 5.65　物理变量和实施变量

在极限值的情况下，必须考虑到由实际参与运算的定点表达导致的取值范围受限。以图 5.65 为例，a_{impl} 以 uint8 表示，因此取值范围是 $\{0, 1, 2, \cdots, 255\}$，或更普适的表达为 $\{a_{impl\ MIN}, \cdots, a_{impl\ MAX}\}$。由此可以得到信号 a 可表达物理值范围上下限。

$$a_{phys\ MIN} = \frac{(a_{impl\ MIN} - K_{0a})}{K_{1a}} = \frac{(-K_{0a})}{K_{1a}} \tag{5.26}$$

$$a_{\text{phys MAX}} = \frac{(a_{\text{impl MAX}} - K_{0a})}{K_{1a}} = \frac{(255 - K_{0a})}{K_{1a}} \tag{5.27}$$

需要注意"可表达物理值范围"与"物理发生值范围"两者的区别，后者的限值表述为 $a_{\text{phys min}}$ 和 $a_{\text{phys max}}$，相应的在定点数表达层面为其分配的取值范围是 $\{a_{\text{impl min}} \cdots a_{\text{impl max}}\}$。

类似的关系适用于 b 和 c，其物理值和参与执行值的对应线性关系如下：

$$a_{\text{impl}}(a_{\text{phys}}) = K_{1a} \cdot a_{\text{phys}} + K_{0a} \tag{5.28}$$

$$b_{\text{impl}}(b_{\text{phys}}) = K_{1b} \cdot b_{\text{phys}} + K_{0b} \tag{5.29}$$

$$c_{\text{impl}}(c_{\text{phys}}) = K_{1c} \cdot c_{\text{phys}} + K_{0c} \tag{5.30}$$

式中，$\frac{1}{K_{1i}}$ 也被称为量化（quantization）或分解度（resolution）；K_{0i} 被称为补偿或位移（offset 或 displacement）。因为在实施层只能采用定点数表达，所以必须考虑舍入误差问题（图 5.65 为便于读者理解，选择性忽略了误差因素）。

物理量的相加在处理器中实施时可遵循如下算法：

- 第 1 步：从 a_{impl} 和 b_{impl} 中去除补偿量，得到中间变量 $a_{\text{impl\_1}}$ 和 $b_{\text{impl\_1}}$

$$a_{\text{impl\_1}} = a_{\text{impl}} - K_{0a}(= K_{1a} \cdot a_{\text{phys}}) \tag{5.31}$$

$$b_{\text{impl\_1}} = b_{\text{impl}} - K_{0b}(= K_{1b} \cdot b_{\text{phys}}) \tag{5.32}$$

- 第 2 步：均衡 $a_{\text{impl\_1}}$ 和 $b_{\text{impl\_1}}$ 的量化

$$a_{\text{impl\_2}} = a_{\text{impl\_1}} \frac{K_{1b}}{K_{1a}} \tag{5.33}$$

- 第 3 步：加法

$$c_{\text{impl\_1}} = a_{\text{impl\_2}} + b_{\text{impl\_1}} \tag{5.34}$$

- 第 4 步：调整 c_{impl} 的量化

$$c_{\text{impl\_2}} = c_{\text{impl\_1}} \cdot \frac{K_{1b}}{K_{1a}} \tag{5.35}$$

- 第 5 步：计算 c_{impl} 的偏移量

$$c_{\text{impl}} = c_{\text{impl\_2}} + K_{0c} \tag{5.36}$$

另一种方式是，从第 2 步开始也可以基于 a_{impl} 的量化值进行计算。在这种情况下，b_{impl} 必须基于 a_{impl} 的量化做调整，接着在第 4 步也需做相应改变。

第三种方式是从第 2 步开始，直接基于 c_{impl} 的量化值进行计算。

最终计算方案的选择取决于何种方案可将重新量化的次数保持在相对更低水平。

如果使用 K_{1a}、K_{1b} 和 K_{1c} 进行量化，那么计算中的转换相关步骤都可以通过位移操作来完成，例如采用 $\frac{K_{1b}}{K_{1a}}$ 或 $\frac{K_{1c}}{K_{1b}}$，且取值于集合 $\{2^1, 2^2, \cdots, 2^n\}$。如果量化选择相同，则可完全省略步骤 2 和（或）步骤 4。

可以通过对限值 $a_{impl\ min}$ 和 $a_{impl\ max}$ 的区间演算（interval arithmetic）来提前检查以 $a_{impl\ MIN}$ 和 $a_{impl\ MAX}$ 为限的操作数的中间计算结果是否存在溢出情况。通过调整参数 K_{1i} 和 K_{0i}，可以找到更合适的中间计算结果，从而提升计算结果精确性。

如果中间计算所采用的定点取值范围更大，则可以避免限值和溢出处理工作。

如果将计算划分为在线和离线计算，则可进一步优化处理器性能。例如公式（5.32）和公式（5.33）中的除法可以采用离线方式。在之前的示例中为方便读者理解，故意忽略了该类优化。

5.4.2.8　物理模型层和实施层

通过上一节的案例讨论发现，将算法分为物理层面和实施层面是有意义的。这样就可将功能实现所依赖的物理关系和微处理器的实施细节如量化的选择、字长、整数运算策略等分开研究。

在模型的物理层面，包含三种变量——数值连续量、数值离散量以及布尔量。

- 数值连续量通常表示数值连续的物理信号，例如温度、速度或压力等。
- 数值离散量用于表征自然数，例如发动机缸数或变速器齿轮数等。
- 布尔量用于描述一对状态，例如开关位置，以 {"On"，"Off"}，{"True"，"False"}，{"1"，"0"} 等表示。

如果要以定点数来表达数值连续变量，则必须对其进行离散化。因此数值离散化是数据建模中非常重要的话题。

对于模型中的每一个物理值 X_{phys}，都必须被分配一个唯一对应的用于模型实施的离散值 X_{impl}。X_{impl} 属于集合 $\{X_1，X_2，X_3，\cdots，X_n\}$　（$X_{impl\ min} \le X_{impl} \le X_{impl\ max}$）。

这种映射关系通常由一个转换公式以及对物理量和实施量上下限值的说明来描述。

另外，虽然在设计软件组件时需要将物理模型转换为实施模型，但在后期测试验证及生产服务过程中，又必须将实施变量转换为物理变量才能在设备中显示并被使用者清楚理解。

5.4.2.9　定点运算的实施注意事项

相对误差对于算法结果的精确度有决定性影响。如上文所示，数值精度受整数除法（除法运算）以及上溢和下溢处理（乘法、加法、减法）的制约。为应对这两类现象，可总结出如下算法实施的注意事项：

整数除法注意事项：

- 整数除法的相对误差有时不可避免，因此应尽可能避免使用整数除法。
- 0 作为除数的情况应设计异常处理机制，可能的方式如查询或限制等。
- 1 和 –1 作为除数几乎没有价值，可以避免使用，从而降低运算复杂度。
- 以集合 $\{2^1，2^2，\cdots，2^n\}$ 中的值作为无符号运算中的除数，可以通过位移操作高效执行计算。

● 如果无法避免除法，则除法应尽可能放在算法的最后步骤执行，可以尽可能降低误差传播。

● 整数除法的结果值越大，相对误差越小，因此应尽可能使除法的分子显著大于分母。处理方法可以是定义一个补偿值，或在除法操作前加入一步位移操作重新定义量化因子，然后在除法完成后再将中间操作的影响消除。

案例：除法计算 $c_{phys} = a_{phys}/b_{phys}$

变量 a_{impl} 和 $temp$ 以 uint16 表示，变量 b_{impl} 和 c_{impl} 以 uint8 表示。

物理量转化公式如下：

$$a_{impl}(a_{phys}) = K_{1a} \cdot a_{phys} + K_{0a} = 1 \cdot a_{phys} + 0 \tag{5.37}$$

$$b_{impl}(b_{phys}) = K_{1b} \cdot b_{phys} + K_{0b} = 1 \cdot b_{phys} + 0 \tag{5.38}$$

$$c_{impl}(c_{phys}) = K_{1c} \cdot c_{phys} + K_{0c} = 1 \cdot c_{phys} + 0 \tag{5.39}$$

取值范围：

$$a_{impl\ min} = 0, a_{impl\ max} = 255$$

$$b_{impl\ min} = 2, b_{impl\ max} = 10$$

作为示例，假设物理值 $a_{phys} = 79$，$b_{phys} = 5$，则 c_{phys} 的准确值为 $79/5 = 15.8$。处理器采用如下算法完成计算：

● **第 1 步**：将 a_{impl} 左移 8 位，由此可以将其定点表达范围扩充到 16 位，$a_{impl} = a_{impl} << 8 = a_{impl} \cdot 2^8$，对于 $a_{phys} = 79$，$a_{impl} = 79 \times 2^8 = 20224$。

● **第 2 步**：执行整数除法

$$temp = \frac{a_{impl}}{b_{impl}} = \frac{20224}{5} = 4044$$

即 $2^8 \times 15.7968\cdots$

如果直接采用整数除法，则 $79/5 = 15$，相比之下，通过拓展中间变量 $temp$ 的范围有助于提高计算精度。

● **第 3 步**：消除左移操作的影响

在除法计算完成后，必须将变量 $temp$ 重新缩到 c_{impl} 范围内，即

$$c_{impl} = temp >> 8$$

上述计算过程可能引入相对误差使结果的准确率降低，因此算法中应尽可能晚执行这一步骤。原则上，之前的每一步计算都应该使用尽可能准确的中间变量 $temp$。

加法、减法和乘法的注意事项

● 加法、减法和乘法的精确性受上溢和下溢处理结果的制约。

● 存在多种上溢和下溢的处理策略，例如缩放、限值或通过类型转化拓展取值范围，或允许上溢/下溢的发生并通过检测和算法来消除其影响等。

- 采用缩放策略时，即使没有上溢或下溢发生，在取值范围内数值表达的相对精度也会降低。

- 采用限值策略时，数值表达相对精度只会在上溢和下溢发生时才会降低。

- 可以通过物理信号和实施变量间的转化关系来设置补偿值，由此可确保在实施层的计算不会超出取值范围，也可使处理器内部的数值表达占用更小的字长。这种策略会降低内存的需求，尤其对大数据量的结构（例如特征曲线或特征图）优势明显。但是当连接到不同信号时，补偿可能导致额外的转换操作，因此除了特征曲线和特征图等情况外，应尽可能避免在转换公式中采用补偿值。

- 基于来自集合 $\{2^1, 2^2, \cdots, 2^n\}$ 的值，可通过位移操作高效完成乘除法运算。然而对于有符号变量，应尽量避免右移操作，需采用正常的除法运算取而代之。

误差传播注意事项

- 输入变量中一旦存在相对误差，即使参与精确计算（如加法、减法、乘法），其结果的误差也会被放大。

- 在这种情况下，应该注意变量取值范围的限制，因为变量的取值可能会由于子程序的调用而潜在影响误差的传播。同时，也应该注意限值对中间计算结果的影响。

5.4.2.10 浮点运算的实施注意事项

在实施浮点运算时，也需要注意浮点数值的机器数集合 A 也是取值有限的，因此运算同样可能导致舍入误差。与定点运算相同，因为运算是基于浮点算法近似的，结合律和分配律在此也不适用。

尽管浮点运算无法解决所有的数值相关问题，但由于其可表达的数值范围较大，因此舍入误差、上溢和下溢对精度的影响远小于定点运算，甚至在通常情况下可被忽略。同时，物理量缩放作为整数运算中常见的误差源，在浮点运算中也是不存在的。

然而，更高的数值精度也会增加字长，从而增加内存和运行时间要求。例如，在实时操作系统中使用抢占式分配策略来备份和恢复浮点数据会对运行时间造成显著影响。

因此，在许多应用中会采用将定点和浮点算法相结合的方案。这时理解基础的数值方法对解决问题尤为重要[87]，例如：

- 定点数和浮点数之间的相互转换。
- 对除数为 0 运算的处理，例如通过条件限制或查询。
- 近似误差的传播（例如在滤波和积分算法中）。
- 舍入误差的传播等。

另外，在许多情况下应尽量避免比较两个浮点数 a 和 b 是否相等。建议采用差值 delta $= |a - b|$ 与限值 eps 相比。此时应考虑到相对精度问题，例如以 delta $<$

$|a \cdot \text{eps}|$ 或 $\text{delta} < |b \cdot \text{eps}|$ 的形式给出。

5.4.2.11　建模和实施指南

量产控制器的优化一方面取决于应用场景，一方面也取决于硬件平台。因此，负责定义基于模型的物理描述的功能开发者和负责设计和实施的软件开发者之间必须保持密切合作。

建模和实施指南是开展优化的重要先决条件，它们有助于所有软件相关信息都在规格说明中被清晰描述而不会造成额外的理解困难。典型的指南例如 MSR 建模指导标准[78] 以及 MISRA 代码实施标准[88] 等。

将功能规格说明和具体设计方案分开有利于功能在不同硬件平台上的实现。在理想情况下，向新平台的移植只需调整硬件相关的设计决策即可。

规格说明和设计的一致性是功能开发中的基本要求。很多数据和行为建模工具都可以同时支持两项工作。这些工具还提供基础功能模块库、取值范围建议、变量命名规则转化、公式库、数据结构、特征曲线和特征图的插值算法等功能。

5.4.3　软件架构的设计与实施

在软件架构设计时，必须考虑到所选微控制器及控制器的特性，以便所设计的架构满足量产控制器的所有要求。目前，软件架构正在越来越多地基于 AUTOSAR 规范构建[3]⊖。

5.4.3.1　基础软件和应用软件

AUTOSAR 规范中定义了两个软件层级——基础软件和应用软件。图 5.66 展示了一种基于标准化组件的软件架构设计方案。在该方案中，软件功能被分解为模块的形式，模块间彼此通信，或通过 AUTOSAR RTE（运行时环境）与其他 ECU 中的软件组件进行通信。在接下来的小节中将讨论软件组件的实施和配置方法。

5.4.3.2　基础软件组件的标准化

基础软件的标准化存在诸多益处。之所以基础软件可以被标准化，根本原因是站在主机厂的角度，基础软件并不会为整车功能的竞争力带来直接影响。通过标准化，不同供应商开发的控制器可以在整车层面无缝衔接。软件的质量保证活动也可以集中执行。目前已经标准化的基础软件组件如下，它们通过配置方法可适配不同的应用。

- 基于 AUTOSAR 的操作系统。

⊖　AUTOSAR 仅为软件架构的规范形式之一。事实上在存在实时性要求的传统车辆控制域，AUTOSAR 更适合于复杂且需求多变的功能（例如发动机控制器），而对于简单的基于 8 位 MCU 即可实现的功能采用 AUTOSAR 未必是成本和效率的最佳选择；而在自动驾驶功能域，除 adaptive AUTOSAR 外，还有其他自研/商业化架构规范。此外，当前流行的车载娱乐域的软件架构不适合采用 AUTOSAR 规范支持，而存在 GENIVI 等其他规范。**截止本书第 6 版出版时，adaptive AUTOSAR 尚处于萌芽期，因此下文所提 AUTOSAR 及相应的特征均针对经典 AUTOSAR 平台。——译者注**

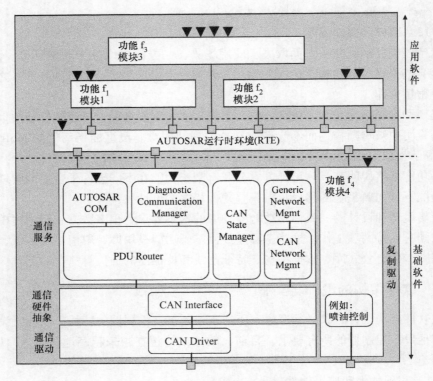

图 5.66　基于标准化组件的软件架构

- 基于 AUTOSAR 的通信和网络管理，包括 CAN、LIN、Flexray 总线及以太网等。
- 基于 AUTOSAR 的 EEPROM 和 Flash 内存管理。
- 基于 AUTOSAR 的 ISO 诊断协议[24,25]和故障内存管理。
- 基于 AUTOSAR 的插值、循环冗余校验（Cyclic Redundancy Check，CRC）、加密、看门狗程序。
- 基于 AUTOSAR 的输入捕捉单元（Input Capture Unit，ICU）、PWM、模数转换器（ADC）、数字输入输出（DIO）、通用定时器（GPT）驱动器。

闪存编程的标准化也有诸多益处。其中包含了必要的软件组件和为防止未经授权访问制定的安全机制。这一领域的标准化的工作例如在生产服务过程中的非车载诊断、软件参数化、软件刷新接口等。

在开发过程中，还需要一些额外接口的支持，例如变量测试、标定或旁路等。其中，测量和标定接口的标准化在 ASAM[18]中实现，例如 CAN 标定协议（简称 CCP）或扩展标定协议（简称 XCP）。用于实现该接口的软件组件只需在开发阶段集成到软件架构中，到生产和服务阶段将被去除。

应用软件组件也存在一定程度的标准化潜力。例如在 AUTOSAR 和 ASAM 框架下的开闭环控制标准化功能元素库等。

5.4.3.3　标准化软件组件的配置

标准化的软件组件可以通过配置参数适配特定的应用。例如实时操作系统的配置或基础软件中通信和诊断组件的配置等。配置工作通常可利用自动化配置工具完成。

图 5.67 展示了用于实现控制器间网络通信的软件组件的配置自动生成。控制器网络的通信矩阵存储在中央数据库中。工具中的编辑器可以通过通信矩阵的不同视图来处理通信相关参数，如信号视图、报文视图、总线视图、节点视图、功能视图等。导出接口支持各种交换格式（例如用于开发和测试的描述文档），由此可以将通信矩阵分配至不同的开发合作者。反向上，通过导入接口可以聚合不同的通信并完成一致性检查。需求和功能规格说明中数据的自动传递就可以通过文档接口来实现。

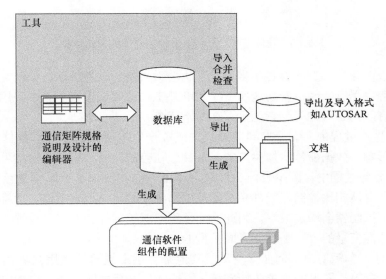

图 5.67　通信层的自动配置

自动生成不仅能确保用于描述控制器网络中通信的所有相关数据的实施、文档和描述格式之间的一致性，也可避免因手动配置软件组件引发的错误。

诊断数据也存在类似的要求（图 5.68）。通过诊断数据库的集中管理可以使诊断组件自动化配置，并确保诊断测试仪中故障内存描述（例如 ASAM – MCD 2D 格式）与控制器中实施代码的一致性。利用该方法还可将同一辆车上不同控制器的诊断数据自动化集中，并完成一致性检查。

5.4.4　数据模型的设计与实施

不同国家和消费者对汽车的配置要求不同，导致车型在生产和售后过程中不断

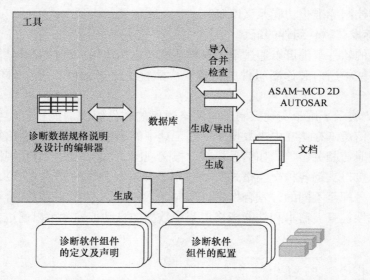

图 5.68　诊断层的自动配置和诊断描述的自动生成

出现变体，而新的车型变体在很多情况下也会引入新的软件功能。如何在车辆生产和服务过程中尽可能减少新功能所带来的额外工作量意义重大。其中采用数据版本变体就是有效的手段之一，它至少存在如下优势：

- 在生产过程中，设置控制器的程序或数据版本所需的时间对整体生产周期时间存在影响。数据变体增加生产的灵活性，在控制器装入车辆前后均可进行。

- 在服务过程中，减少硬件类型对全球备件的物流成本节降帮助巨大。采用程序和数据变体相比控制器硬件在全球范围内分发时更具成本效益。而维修期间从车辆上拆下控制器会增加成本。因此，无须更换或扩展控制器即可设置、更改或加载程序和数据变量的方法是行业喜闻乐见的。

- 此外，车辆用户，例如驾驶员或其他乘客越来越希望在用户界面相关功能中保存个人资料。常见的诉求包括座椅、方向盘以及后视镜位置、广播电台、暖气以及空调的设置等。方式可以是通过存储在密钥中的驾驶员标识符来管理这些个人参数。这种面向用户的功能实现也需依赖数据变体完成。

基于上述诉求，在下文中将介绍两种常见的数据变体设置方法——通过 flash 刷新及通过配置参数。同时，我们还将对方法的实施展开讨论。

5.4.4.1　存储区域划分的规格说明

无论何种方式，首先都需要为每个变量指定存储空间，例如易失读写存储器（RAM），非易失只读存储器（ROM，PROM，EPROM 或 flash）或非易失读写存储器（EEPROM）等。

5.4.4.2　通过 flash 刷新数据变体

该技术适用于采用闪存技术的控制器——即整个闪存区域（程序版本及与变

体信息相关的数据版本）或部分区域（仅变体相关信息的数据版本）可以进行刷新。所谓的"下线刷新"一词即由此而来。

该技术已经成为售后服务过程中车辆软件刷新主流方法。绝大多数的车辆在遇到绝大多数的问题情况下均可通过中央诊断接口进行刷新而不需将控制器从车上拆卸。闪存刷新的过程将在 6.3 节中详细讨论。

为了缩短刷新时间，程序版本和数据版本通常分开执行刷新。例如与车辆变体无关的程序版本可以在控制器生产期间就完成刷新，而与车辆及变体相关的版本信息则可在车辆生产下线时完成刷新。

图 5.69 以不同软件变体中的特征曲线为例，示意了通过闪存刷新进行变体管理的方法。

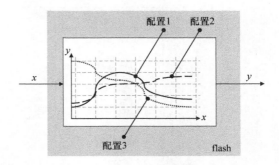

图 5.69　通过闪存刷新实现变体管理

5.4.4.3　通过配置参数设置数据变体

第二种解决方案是在控制器的非易失性只读存储器中并行存储多个数据变体。通过车辆下线时的参数化，选择其中一套数据激活。激活动作可以软件变量或 EE-PROM 中的参数作为标志。由于这种方法通常在下线期间使用，因此也被称为下线配置。

配置也可在车辆启动时执行。首先所有控制器的配置信息被存在一个中央控制器中。在车辆点火后，该控制器再以报文将配置信息发到所有相关控制器。

同样的，该方法也可在售后期间通过车辆中央诊断接口使用，或用于实现消费者对车辆个性化功能的选配。

图 5.70 以特征曲线为例，示意性地表示了通过软件参数进行配置管理的过程。

5.4.4.4　数据结构和描述文件的生成

数据模型设计的下一步是数据结构及数据描述文件的生成。该工作可通过工具自动完成，如图 5.71 所示。

微控制器的测量和标定数据在数据库中集中存储。在数据库中集中管理了功能的物理层规格说明、所有数据的设计和实施决策以及物理和实施层的映射规则定义（例如公式转化等）。一方面，基于开发所用代码环境（例如 C 语言）的数据结构可通过数据库中的信息生成；另一方面，在读入地址信息后，这些信息也可用于生成 ASAM – MCD 2MC 格式的描述文件，供测量、标定和诊断工具使用，从而确保了测量和标定工具的数据描述与数据实施之间的一致性。

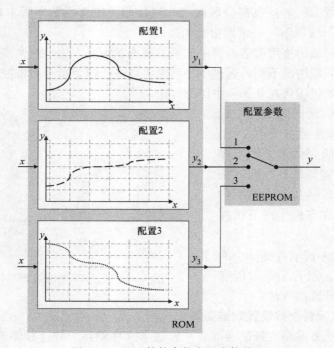

图 5.70　基于软件参数实现变体管理

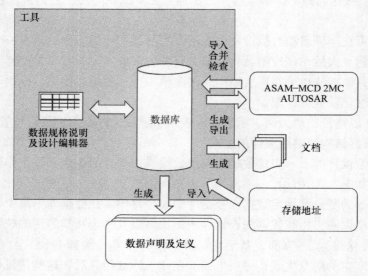

图 5.71　数据结构和数据描述的自动生成[89]

5.4.5　行为模型的设计与实施

规格说明、文档和软件组件实施之间的一致性可通过代码生成工具予以保证（图 5.72）。

自动代码生成的基础是基于模型的规格说明（同样也是仿真和快速原型的基础）。必须针对物理层面定义的数据和算法做出必要的设计决策。对于数据，最终会形成诸如图 5.73 所示的规格说明。对于算法，需要指定参数和返回值的表示形式，并分配给控制器的存储区域。如果需要实施整数算术，还必须进一步设计处理舍入误差、上溢和下溢的策略（见 5.4.2 小节）。上述工作都可利用设计工具辅助完成。

一旦模型的规格说明确定，就可以利用自动生成工具将软件组件的模型表达转化为源代码表达的形式，然后由程序员在传统的软件开发环境中将各组件的源代码集成，并利用编译工具集转化为程序版本及数据版本并刷入控制器中。这种方法被称为"额外程序员法"。

如果软件架构也可被描述，同时基础软件组件可被集成和配置，那么也可以通过集成编译工具集来自动生成适配于微控制器的完整程序版本及数据版本。该方法被称为"集成平台法"。

图 5.72 展示了两种方法执行过程的差异。

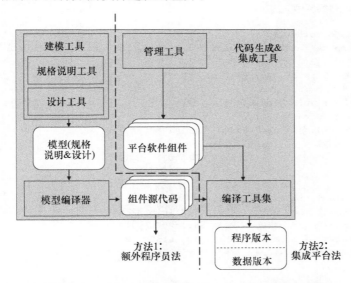

图 5.72　软件组件、程序版本和数据版本的自动生成（ETAS 有限公司[74]）

案例：积分器类的设计与实施

回顾图 5.27 中定义的积分器，首先需针对其中数据做出如下设计决策

（图 5.73）。

符号 X	数据类型	转换公式 X_{impl} $(X_{phys}) = K_1 \cdot X_{phys}$	物理变量范围 X_{phys}	软件实施变量取值范围 X_{impl}
E/compute（ ）	uint8	$K_1 = 1$	true/false	1/0
in/compute（ ）	unit16	$K_1 = 256$	0 ~ 100	0 ~ 25 600
K/compute（ ）	unit16	$K_1 = 256$	0 ~ 255. 996	0 ~ 65 353
MN/compute（ ）	unit32	$K_1 = 26$	0 ~ 16 777 215. 99	9 ~ 4 294 967 295
MX/compute（ ）	unit32	$K_1 = 256$	0 ~ 16 777 215. 99	0 ~ 4 294 967 295
return/out（ ）	unit16	$K_1 = 256$	0 ~ 255. 996	0 ~ 65 535
I/init（ ）	unit8	$K_1 = 1$	true/false	1/0
IV/init（ ）	unit16	$K_1 = 256$	0 ~ 100	0 ~ 25 600
memory	uint32	$K_1 = 256$	0 ~ 16 777 215. 99	0 ~ 4 294 967 295
dT	unit16	$K_1 = 1024$	0 ~ 63. 999	0 ~ 65 535

图 5.73　积分器类中数据及接口的设计原则

　　然后利用 ASCET 自动代码生成工具生成基于 C 语言的源代码。图 5.74 展示了利用 C 语言实施的定点算术"compute（ ）"方法，其中考虑了对上溢和下溢的处理。

```
/* Variablen */
extern uint32 memory;
extern uint16 dT;

/* Methode compute() */
void compute (uint16 in, uint16 K, uint32 MN, uint32 MX, uint8 E)
{
  uint32 t1uint32, t2uint32, t3uint32;
  if E {
    /* Überlaufbehandlung 15 Bits */
    t1uint32 = MX >> 1;
    /* min=0, max=2147483647, impl=128phys */
    t2uint32 = (( (uint32) (in >> 5)
              *( ( (uint32) K * dT) >> 10)
              ) >> 4)
            + (memory >> 1);
    /* min=0, max=2357192447, impl=128phys+0 */
    t3uint32 = (uint32)((t2uint32<t1uint32)?t2uint32:t1uint32)<<1;
    /* min=0, max=4294967294, impl=256phys+0 */
    memory = (t3uint32 > MN) ? t3uint32 : MN;
    /* min=0, max=4294967295, impl=256phys+0 */
  }
}
```

图 5.74　积分器类中 compute（ ）方法的 C 语言实现

5.5　软件功能的集成与测试

本节将介绍软件功能集成和测试阶段使用的验证（verification）和确认（validation）方法。由于汽车电子开发中的跨公司合作，通过建模和仿真来模拟尚未开发完成的真实组件是一种常见且重要的方法。

本节的讨论基于以下的集成和测试环境依次展开：

- 虚拟环境。
- 实验室车辆和实验台架。
- 实验车、原型车和量产车。

首先，必须在项目立项阶段就确定所有在不同开发者和开发环境下的确认及验证工作的同步实施计划。诸如组件模型开发和测试用例开发之间的一致性等问题必须在项目初期就被纳入考虑。

众多的验证方法中，软件功能的快速原型方法因为可在规格说明阶段使用，在5.3 节中已经进行了讨论。可以将5.3 节的介绍和本节的介绍相结合，两部分的介绍侧重点不同。在本节中，我们更关注的是如何利用部分虚拟组件构建完整环境，尽可能早地对已经完成实施的软件功能进行验证。

验证过程的起始和目标状态如图 5.75 所示，中间状态的演变如图 5.76 所示。逻辑系统架构的模型可作为构建尚未开发完成组件的基础。下面将截取部分关键的中间环节，展开介绍常用的集成、验证和确认方法。

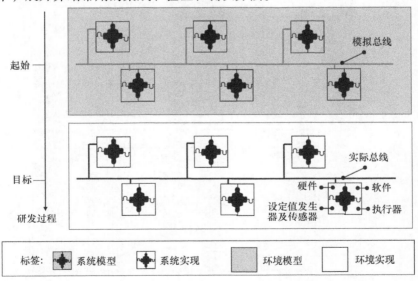

图 5.75　软件和系统集成测试的起始和目标状态

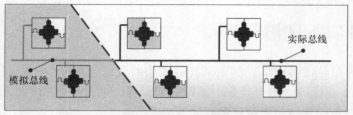

图 5.76　软件和系统集成测试的中间步骤

　　在所有中间环节中，可最早执行的验证是对开闭环控制功能及被控系统的仿真。利用仿真建模，可以模拟尚未开发完成的设定值发生器、控制器、被控对象及传感器。而在很多车辆功能中，由于驾驶员和环境也会对系统行为造成重要影响，因此也需要作为额外组件被纳入仿真模拟的范围（图 5.44）。

　　在该仿真环节中，由于所有的组件都是虚拟化建模的，因此全过程都不存在实时性要求。仿真建模并非本书关注重点，后面不再展开，感兴趣的读者可进一步阅读参考文献[35]。

5.5.1　软件在环仿真

　　如果已完成实施的组件在一个虚拟环境中运行，该过程称为软件在环仿真（Software – in – the – Loop，SIL）。从控制功能的角度看，这一名称具有高度概括性—— 一个软件（software）可以作为一个控制控制功能的闭环（loop）中的组件被建模和执行，如图 5.77 所示。

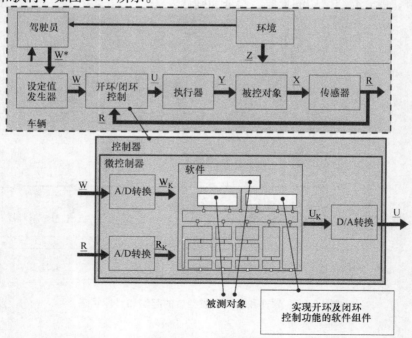

图 5.77　软件在环仿真

同时，这种方法并不仅对有控制"闭环（loop）"的应用才有价值。其他的一些软件功能，例如监控、基础软件中的通信等也可通过软件在环仿真进行验证和确认。

如果将图 5.77 与图 5.44 对比会发现，两者仿真建模的结构并无明显差异。但在软件在环仿真中必须给出一些模型组件的详细定义，例如需要考虑到信号的数模或模数转换、实时行为等。只有这样才能让已经完成实施的软件组件在虚拟环境中"跑"起来。测试所用虚拟环境通常建在测试计算机中，执行过程无实时性要求。

通过软件在环仿真，可以在项目早期控制器样品还没成型时即开展一系列静态测试工作，例如带有代码覆盖分析的软件组件测试等。

5.5.2　实验室车辆和实验台架

一旦控制器的软硬件准备就绪，就可以在实验室车辆及测试台架上开展验证和确认，如图 5.78 所示。真实控制器将在部分虚拟部分真实的环境中运行，与上文的软件在环方法相比，这里最大的变化是环境组件的模拟必须考虑到实时要求。

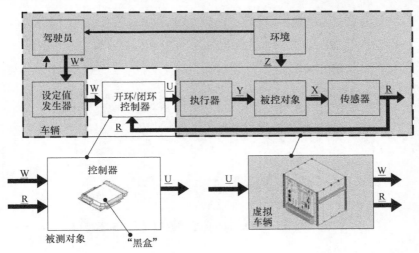

图 5.78　虚拟车辆环境下的测试（ETAS 公司[90]）

如果验证和确认聚焦于控制功能，则可将控制器视为控制回路中的一个组件。因此该类测试也通常称为硬件在环仿真（Hardware – in – the – Loop，HIL）。同样的，硬件在环测试也不限于控制功能，对汽车电子系统中的其他应用也同样适用。我们将所有这些应用都概括为"实验室车辆"。

在该环节所做的测试，例如实时行为的验证和确认、网络中的非车载和车载通信行为、开闭环及监控功能的检查，对整车的功能至关重要。

5.5.2.1　控制器的测试环境

实验室车辆可以用作控制器软硬件测试的台架（图 5.78）。控制器环境中的静态和动态过程是实时模拟的。

控制器的输入信号由环境模型模拟，由此建立控制器的仿真模型。如图 5.78 所示，控制器的输入是信号向量W和R，输出信号向量U则作为实验室车辆中虚拟环境的输入变量。

图 5.79 展示了一种实验室车辆（ETAS 公司的 LABCAR）的工作原理。该设备的环境模型在计算机的实时系统中编译并执行。除执行模型外，设备负责输出信号向量W和R，并记录信号向量U。实验过程可以由用户掌控或通过计算机自动运行。模型的更改可由 ETAS 提供的专用建模工具完成。

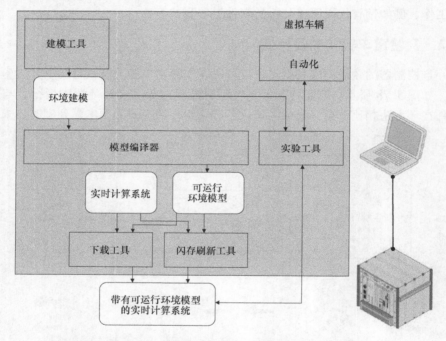

图 5.79　实验室车辆 LABCAR 工作原理（ETAS 公司[90]）

案例：针对开闭环控制的测试环境

实验室车辆的一个典型的应用案例是控制器中开闭环控制功能的测试，这里的开闭环控制功能不仅包括具体的控制策略，也包括基础软件及信号处理等辅助性功能。

由于实验室车辆在设置输入信号时存在一定自由度，因此可测试的软件功能也更为丰富，例如：

● 实验室车辆可对任意输入信号进行模拟，由此可以完成对控制器任意环境状态（例如温度、气压、湿度）的规格说明，进而使软件功能在极限状态下的测试成为可能。

● 可以在不危及试车员及车辆本身的情况下模拟极端驾驶工况。

● 可以根据需要预设传感器、执行器、设定值发生器或线束的老化和故障情况。以信号受老化的影响程度为变量可实现一些自适应功能的验证。

● 通过预设不合理的信号，可以系统性检查监控功能。

● 可对设定值发生器、传感器和执行器随意预设组件公差，并检查它们对开闭环控制鲁棒性的影响。

● 相较测试台架或实车测试，可以根据需要选定工作点，例如在发动机处于全负荷运行时进行测试。

上述所有测试都是可重复的，并且可以自动进行。不需要额外的硬件组件、装配，更不需要真实车辆，由此大幅降低实验成本。

如果实验室车辆的设置如图 5.78 所示，则控制器被视为"黑盒"。控制器的功能行为只能基于其输入和输出信号进行评估。尽管此过程对于简单的控制器功能已经足够，但测试更复杂的功能时一定需要引用控制器内部的中间变量。

5.5.2.2 控制器、设定值发生器、传感器和执行器的测试环境

上一节中介绍的方法也可以用于验证设定值发生器、传感器和执行器。但要想完成此类验证，还需要在硬件在环回路中安装真实的设定值发生器、传感器、执行器，并将这些元件作为测试目标（图 5.80）。

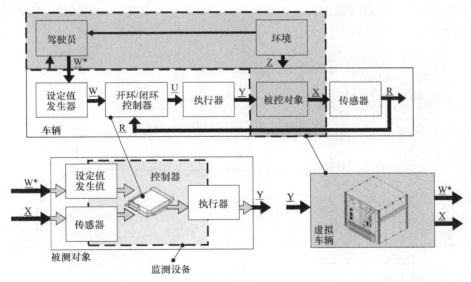

图 5.80 控制器、设定值发生器、传感器和执行器在虚拟环境下的运行（ETAS 公司[90]）

在这种测试中，实验室车辆的模型不再需要涵盖被测对象（设定值发生器、传感器、执行器），而可以聚焦于被控对象、驾驶员和环境的模拟。实验室车辆也

必须做相应的修改，以支持输出变量$\underline{W}^*$和$\underline{X}$以及输入变量$\underline{Y}$。

另外，传感器和执行器也可采用一虚一实的搭配组合完成测试。

案例：开闭环控制和监控系统的测试环境

当我们设置了设定值发生器、传感器和执行器的测试环境后，就可以在完整的电子系统下验证开闭环控制及监控功能。但由于系统中的参与者增多，所需测量的信号数量大幅增加，因此需要额外的"传感器"来辅助测试，这些"传感器"被称为"监测设备"，它们可以安装在传感器和执行器上，也可以用于测量控制器的内部变量。

因此，实验室测量最终可由电子系统组件的"监测设备"、控制器的测量、标定和诊断系统共同构成。控制器可以通过多个非车载接口进行访问，例如诊断接口。

但上述的测试系统因自身的一些限制也并不能支持所有场景下的测试用例，例如难以验证传感器的老化、极端或故障工况下的功能可用性等。

5.5.2.3　控制器网络的测试环境

如果被测功能由分布联网式系统实现，则测试需要基于多个控制器完成。因此检测设备必须拓展至多个控制器上（图5.81）。测试通常分阶段进行，通常首先测试的是控制器间的总线通信以及各控制器的基础软件；其次才会测试应用软件功能（图5.66）。

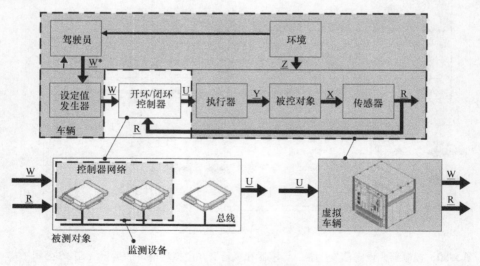

图5.81　虚拟环境中多个控制器的运行[90]

无论哪一阶段的测试，都允许一个尚未生产出的控制器由虚拟控制器代替。虚拟控制器包含在运行于实时计算机的环境模型中，实时计算机需要设置与总线通信系统的接口。

通过通信虚拟仿真和已物理实现的通信总线耦合完成的控制器网络测试被称为残余总线仿真（residual bus simulation）[91]，如图 5.82 所示。

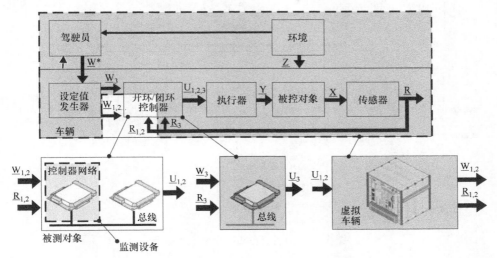

图 5.82　在虚拟环境中真实和虚拟控制器的运行[90,91]

5.5.2.4　实验台架

测试台架和实验室车辆并没有本质的区别。当实验室台架的电信号不足以驱动系统中的执行器（例如电液执行器），那么就自然需要切换到台架测试环境（例如液压测试台）。

与实验室车辆相比，台架中的真实组件更多。如图 5.83 所示的案例中，发动机实体已经集成进了台架测试环境。台架测试也可以提前预设环境状态，例如由测试者提前将实验室的环境温度设置为极冷或极热；或提前预设驾驶员期望并通过测功机来实现。

如果仍有一些组件没有实物，我们仍然可以通过模拟的方式替代，但驾驶员和环境的仿真模型必须要考虑动态负载。在实验室测量及测试台架上使用的虚拟组件之间应保持一致性，可将实验室车辆阶段的实时计算机系统集成到测试台架上，在新的实验环境下发挥价值（图 5.83）。

案例：发动机测试台架

图 5.83 是一个发动机测试台架的整体概览图。其中，控制器、执行器、设定值发生器、传感器及发动机是测试对象。其他的车辆组件、环境条件、驾驶员则采用部分真实、部分仿真建模的结合方案。

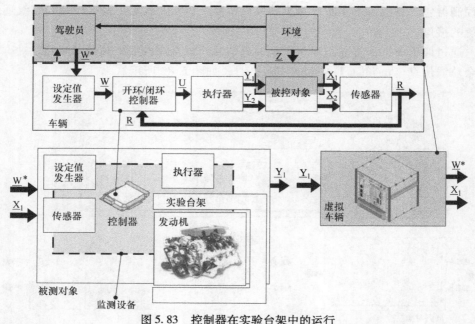

图 5.83　控制器在实验台架中的运行

5.5.3　试验车、原型车、量产车

电子系统在实车环境下的集成、验证和确认离不开测量仪器的使用。测量仪器不仅局限在电子系统本身，也会覆盖对环境和驾驶员的感知。除用于测量和诊断的设备外，它通常还包括标定设备，用于对控制器内部的标定参数进行调节，如图 5.84 所示。

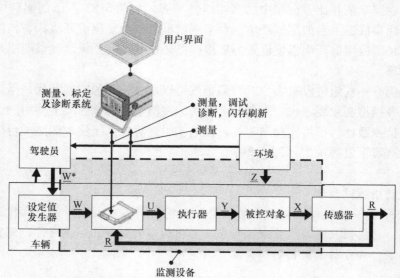

图 5.84　实车测试中的检测设备概览（ETAS 公司[86]）

　　测量、标定和诊断设备必须适用于所有功能，而功能又分配在多个控制器上，这意味着这些设备必须能同时适配于多个控制器。测量、标定和诊断设备也可以与快速原型设备相结合，如图 5.47 所示。对于测量设备的内容将在 5.6 节详细讨论。

　　在从原型车到量产车的过渡期间，控制器的非车载接口也会相应改变。通常量产车上，非车载设备只能通过车辆中央诊断接口、控制器自身的诊断接口或通信总线才能访问到控制器内部。这种转变对于测量工作而言，通常意味着非车载接口的信号传输能力的降低；对于标定工作而言，则意味着可调试参数的限制及标定开展方式的改变。

5.5.4　实验设计和自动化

　　实验的设计以测试用例为体现形式，而测试用例在设计工作的初期就需被纳入考虑。实验可通过多种维度展开，例如基于车辆功能、基于软件系统/组件、基于驾驶情境等。

　　面向车辆功能的测试用例的典型例子是：
- 开环及闭环功能。
- 监控和诊断功能。

　　面向软件系统/组件的测试用例的典型例子是：
- 实时操作系统。
- 通信层和网络管理。
- 诊断层。

　　面向驾驶情境的测试用例的典型例子是：
- 正常行驶。
- 极端情境。
- 故障情境。

　　测试的自动化对降低开发成本潜力巨大，它的实现与否更多取决于测试环境而不是测试用例。在开展自动化测试前，必须对实验内容进行规范化的描述。在实践中，在实验室车辆或测试台架上采用自动化手段往往比实车环境下更可行。

　　实验设计和自动化超出了本书的范围，对实验设计感兴趣的读者可进一步阅读参考文献［30，31］。

5.6　软件功能的标定

　　设置软件功能中参数值的过程被称为"标定（calibration）"。这些参数以特征值、特征曲线、特征图的形式存在软件中。通常每个车型变体都需要进行单独的标定工作。标定工作需要依赖测量和标定设备完成。

　　在 5.5 节中已经就标定和测量设备在实验室车辆、测试台架及实车环境下的应用可行性进行了探讨。在本节中，我们将着重讨论标定和测量工具的工作原理。

一个测量和标定系统由测量及标定工具、一个到多个具有合适的非车载接口的微控制器，以及额外的测量设备（也称监测设备）组成。

被监测记录的信号必须在测量工具中以统一的格式展示，因此也会对设备的取值范围和记录时间范围提出要求。如果记录的是微控制器中的离散信号，则测量工具需要将信号在实施层的表达转化为物理表达供测量者理解。此外，工具的编辑器还必须支持在实施层和物理层（测量信号显示）对参数（例如特征图或特征曲线）的更改。

在开发过程中，将控制器的程序执行步骤（车载）与测量标定工具的工作步骤（非车载）加以区分是必要的（图5.85）。

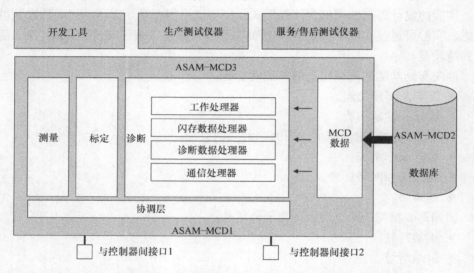

图5.85　测量和标定系统的车载和非车载运算（ETAS公司[86]）

标定工作的目的是为了创建或调整数据版本，即设置那些以特征值、特征曲线或特征图的形式存储在微控制器内存中、保障微控制器程序正常运行的参数的值。

如果被标定的软件功能是通过分布联网式系统实现的，那么标定测量工具还必须能够同时支持多个控制器及微控制器。为便于理解，本节将仅以单一控制器的情形为例展开讨论。

标定工作以一个控制器作为起点，由硬件及一个软件版本构成。软件版本中包含一个程序版本以及初始的数据版本。要想让测量标定工具运行，还需要一个软件版本的描述文件，通常以 ASAM - MCD2 格式作为附加文件提供。描述文件除了存储所有测量、标定和诊断数据的物理层与实施层的转化关系外，还存储了微控制器和测量标定工具间的接口信息。

对数据状态的标定通常有以下几种常见目的：对执行器不同工作点的适应；以

参数形式修复长期运行系统中老化因素的影响；不同车型变体的配置；或通过标定快速实验并评估组件的制造误差等。

5.6.1　离线标定及在线标定

标定方法通常可以区分为离线标定（offline calibration）和在线标定（online calibration）两类。

离线标定指的是参数的调节和更改动作只能发生在用以运行开闭环控制及监控功能的程序被中断的情况下。正因如此，离线标定的应用场景较为局限，尤其在台架测试和实车测试时，频繁的中断将为实验带来很多麻烦。

在线标定指的是参数的调节和更改可以发生在被标定数据版本仍在微控制器中运行期间。参数的调节不必中断系统的运行，这为台架测试和实车测试带来了便利。

另一方面，由于在线标定必须确保在参数调整期间微控制器仍可以稳定运行（哪怕由于参数调整导致了临时故障），因此要求开闭环控制及监控功能程序必须具有更高的鲁棒性。

在线标定适用于那些具有较低动态特性的功能中需要长时间反复迭代调整的参数，例如在发动机台架上调节发动机参数。而对于高动态性的开闭环控制功能，尽管参数不能在具体功能执行期间调节，但在线标定的方法仍然有助于在规避整体程序中断的情况下快速进行参数迭代。

一个例子是在制动期间完成 ABS 功能的标定。当 ABS 控制器正在执行制动干预时，调参是不能进行的。但在除此之外的时间，则可利用在线方法对 ABS 控制功能进行标定，进而避免一次次中断道路试验、创建并刷新数据版本。

图 5.86 总结了离线标定和在线标定在工作方法上的区别。

离线标定每次修改参数都需经历测量、参数修改、通过刷新等方法重新加载程序及数据版本。而在线标定尽管步骤有所简化，但需要额外的功能支持在不中断程序前提下调节参数。在之后的小节中将讨论离线和在线标定中必不可少的功能。

因此，在线和离线标定系统的要求是不同的。离线标定系统具有测量、离线调节参数以及将程序和数据状态（例如通过闪存编程）加载到微控制器中的功能。在线标定系统则需要在此基础上具备更多的能力，以实现在不中断驾驶情况下对参数的修改。在下文中我们将依次介绍离线和在线标定的工作步骤。

5.6.2　软件刷新

控制器要想运行，必须首先将程序和数据版本加载到微控制器的程序和数据存储器中。在标定过程中使用的开发控制器一般都带有 flash 闪存。因此可以使用 flash 编程的方式对程序和数据版本进行升级（图 5.87）。

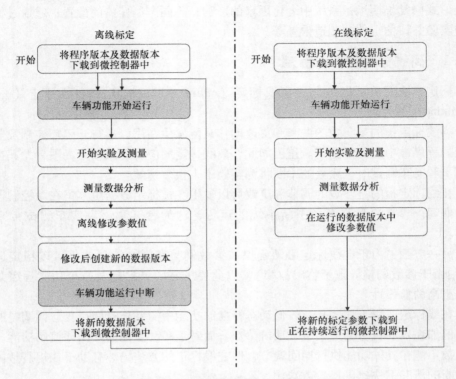

图 5.86   离线标定和在线标定的工作方法区别

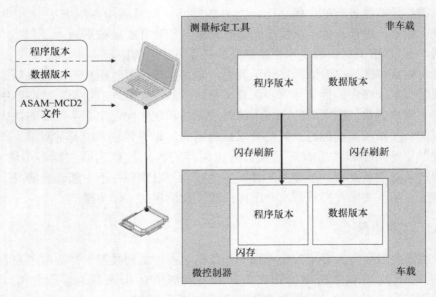

图 5.87   程序及数据版本的刷新

如图 4.23 所示，软件升级通常会被定义为一个单独的软件运行状态，在该状态中，车辆正常运行所需的开闭环控制及监控功能会被中断，升级通过闪存刷新方法进行。向"软件升级"状态的跳转通常由闪存刷新工具触发，并且大多数情况该使能动作都有场景的限制。例如发动机控制器的限制条件是"检测到发动机处于静止状态（即发动机转速为 0）"。

在"软件升级"模式下，程序版本和数据版本都会被传输到微控制器的 flash 内存中。目前的闪存技术只支持对一个闪存分区实现完整的擦除和重新写入，因此为了方便在标定工作完成后不需更新程序版本情况下即单独实现数据的刷新，数据和程序通常被存储在闪存的不同分区中。微控制器从"软件升级"状态向"正常运行"状态的跳转也是由闪存刷新工具触发的。在跳转完成后，驾驶所需的开闭环控制及监控功能也将被激活。软件通过闪存刷新的过程将在 6.3 节详细展开。

5.6.3　监测设备的同步测量

"测量"是评估汽车参数变化影响的最常用手段。如果严谨地表述，测量的目的是观察一个由大量测量信号组成的特定车辆功能在执行时，车辆系统中不同组件间的互动。一个典型的例子是在发动机冷起动实验中测量发动机空燃比控制行为。该实验通常可在低温仓或极寒地区进行。

如果测量技术无法支持监测设备对一个功能所涉及的所有车辆组件进行参数化表征、同步获取并记录测量数据，那么也无法实现对功能的评估。

为此，测量和标定系统必须支持在程序运行时记录微控制器中的信号，即存储在微控制器 RAM 中的测量变量。与之同步的，它还需同步记录在控制器周边的支持设备中的其他信号（图 5.84），其中也可包括对驾驶员和环境的检测。

这些信号通常在传感器和执行器中记录。在许多情况下，车辆的当前环境条件（例如气压或气温）或其他信号（例如转矩、压力、温度或废气值）也存在被记录的价值。另外，与车辆通信功能相关的数据流也应该以同步方式被记录。因此，监测设备需要比车辆传感器更高的性能等级。这些分布离散式的测量仪器的采样频率必须能和微控制器保持一致，这也正是测量技术的主要挑战之一（图 2.53）。

5.6.4　车载诊断数据的读取和评估

除了上述的测量技术之外，车载诊断功能的验证还需要仪器能够从微控制器的故障内存中读取诊断数据。此外，仪器还需要支持在实验前将历史故障信息清空。这也意味着标定工作需要依赖非车载诊断系统的基本功能才能开展（图 2.64）。

故障内容的纯文本显示以及测量和标定工具将信号转换为物理显示所需的描述信息是 ASAM – MCD 2 格式描述文件的一部分。关于非车载诊断工具的结构将在第 6 章进一步展开。

5.6.5　离线标定

借助描述文件中的信息，数据集中参数的数值（特征值、特征曲线、特征图）可在标定工具中显示为物理值。通过工具的图形或表格编辑器即可完成参数的修改。

微控制器中的数据版本也被称为微控制器参考版本/参考页；相应的，标定工具中的数据版本被称为工具参考页（图 5.88）。在调整参数前，需要在工具中创建参考页的副本，即工作页。工作页的参数值可被更改，而参考页则不行。

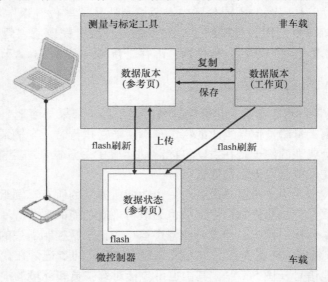

图 5.88　参数的离线标定

在工作页更改后的参数可以保存到工具参考页，此时工具参考页可作为识别工作页内其他参数变化的对比基础。

而一旦参数值从微控制器中上传到参考页，那么参考页中所显示的就是控制器的当前状态。

标定工具的工作页端或参考页端的参数值仅在程序再次升级时才会加载到微控制器中，为此必须要再次改变微控制器的运行状态并中断程序的执行。

5.6.6　在线标定

如果参数也支持在线标定，那么工作（页）端和参考（页）端的概念必须要拓展到微控制器中。

首先需要将存在 ROM 或 flash 中的待标定参数复制到 RAM 的空闲区。该空闲区包含一个工作页，微控制器和标定工具会同步 RAM 中的标定数据，如图 5.89 所示。该 RAM 区域也被称为 CAL – RAM。

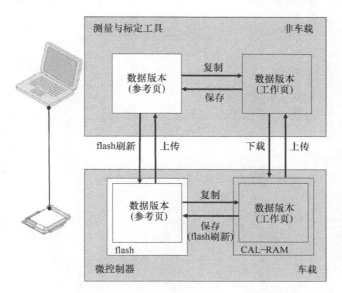

图 5. 89　使用 INCA 工具在线标定 ETAS[86]

虽然微控制器参考端（flash 中）的参数修改必须基于内存分区且需中断程序的执行，但利用工具可以在微控制器内的工作端（CAL – RAM）中完成调参，而不需中断程序。

为此，微控制器软件必须访问程序中的工作页，可以通过修改微控制器软件或硬件来实现，具体方法将在下一节中展开讨论。

5. 6. 7　在线标定的非车载接口分类

标定工具可以通过各种接口访问 CAL – RAM 区域。访问方式通常可以从微控制器是否带有 CAL – RAM 以及访问接口是并行总线还是串行总线两个维度区分（图 5. 90）。

对于串行接口，还必须考虑量产和非量产的差别。串行接口技术可在量产控制器中支持非车载诊断通信或车载通信，我们熟知的 K 线、CAN 总线就是典型例子。同样的，串行接口也可在开发控制器中应用，例如用于软件下载或缺陷修复等，典型的例子如 JTAG[93]、NEXUS[92]。与串行接口不同，并行接口只会在开发阶段使用。

图 5. 90 展示了工具访问微控制器的分类。在实践中所有用到的接口都可以被归为方法 1 ~ 方法 6 中的一种。下面的小节将用简化的方块图来逐一描述每种方法。我们将仅区分 CAL – RAM 的存在与否，而不关注 CAL – RAM 是通过内部还是外部 RAM 实现的，也不关注是通过拓展 ECU 还是同一块 ECU 中拓展微控制器实现的。

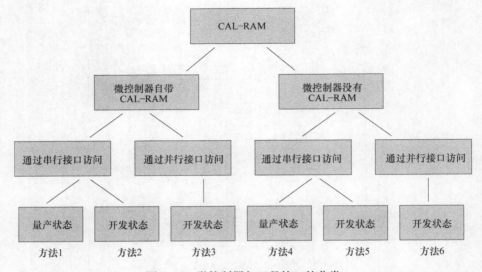

图 5.90　微控制器与工具接口的分类

5.6.7.1　通过量产串行接口与内部 CAL – RAM 连接（方法 1）

在标定时使用串行接口与微控制器自带的 CAL – RAM 连接，且该串行接口本身也是量产控制器通信所用接口，如图 5.91 所示。这种方法的优点是，量产控制器不需要做任何改变即可支持标定工作。由于在量产后不再需要 CAL – RAM，所以出于成本考虑，可以将带有额外 CAL – RAM 的微控制器开发模型应用于开发控制设备。如果不能实现，则 CAL – RAM 将带来额外的硬件成本。

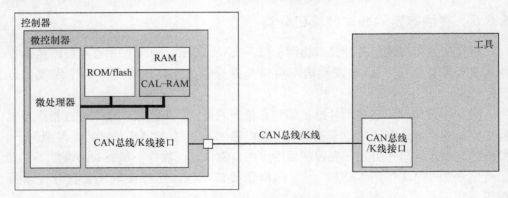

图 5.91　通过量产串行接口与内部 CAL – RAM 连接（方法 1）

同样由于成本原因，用于量产的串行接口的传输能力通常不能始终满足开发阶段对测量的高要求。为此，标定工具通常会使用 K 线[5]（用于车外诊断通信）或 CAN 总线接口（用于车载通信，且越来越多用于车外诊断通信）。

如果该接口还并行用于车载通信（例如 CAN），则通常意味着该接口的使用率已经极高。因此，在许多情况下，会额外再设置一个 CAN 接口专用于与开发标定工具的非车载通信，由此减少车载通信的负荷。

然而无论何种情况，微控制器都会增加额外负荷，因为微控制器和工具间的通信需要额外的软件组件来实施，因此也需要占用额外的运行时间和内存资源。

在许多情况下，在线标定的特征值、特征曲线和特征图的数量会受到 CAL - RAM 空间大小的限制。虽然可以通过对 CAL - RAM 区域的动态管理和分配来缓解这个问题，但同样的，CAL - RAM 空间管理功能本身也需占用微控制器的额外资源（CAL - RAM 的管理方法将在 5.6.8 小节讨论）。

5.6.7.2　通过开发串行接口与内部 CAL - RAM 连接（方法 2）

在标定时使用串行接口与微控制器自带的 CAL - RAM 连接，且该串行接口是开发专用的，如图 5.92 所示。该方法的优点是，量产控制器只需做小改动即可支持标定工作。这些开发接口通常是针对具体的微控制器而设计的，但也有一些接口例如 JTAG[93]、NEXUS 在设计时也兼容了部分其他领域的应用。在绝大多数情况下，这些开发接口都不能满足严苛情况下在车辆中使用的所有条件，因此必须直接在控制器中将接口转化为汽车应用设计的接口，例如 ETK 接口（图 5.92）。

开发接口的传输能力通常明显高于量产接口，可以满足开发阶段对测量的高要求。另外，如果在使用这样的开发接口时，微控制器和工具之间的通信是通过硬件来实现的，那么就不需要对微控制器的软件进行扩展和更改。因此该方法对运行时间的影响相对较小。

然而，与方法 1 相同，采用该方法时，CAL - RAM 的空间大小以及 CAL - RAM 管理为微控制器带来的额外负荷仍然会对在线标定构成制约。

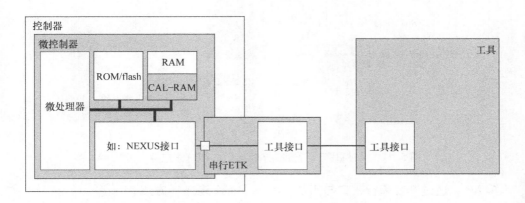

图 5.92　通过开发串行接口与内部 CAL - RAM 连接（方法 2）

5.6.7.3　通过开发并行接口与内部 CAL - RAM 连接（方法 3）

另一种方法是采用并行开发接口，如图 5.93 所示。该方法的性能特征与方法

2 相近，但对量产控制器的硬件修改远比通过串行接口访问更多。因此，在实践中应用价值较低。

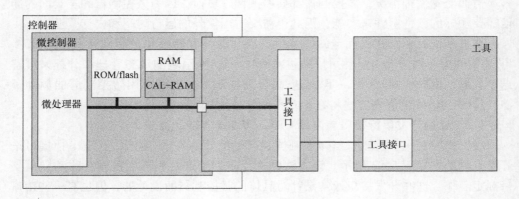

图 5.93　通过开发并行接口与内部 CAL – RAM 连接（方法 3）

5.6.7.4　通过量产串行接口与附加 CAL – RAM 连接（方法 4）

可以通过在开发控制器中安装额外的 CAL – RAM 或使用带有额外 CAL – RAM 的微控制器来消除内部 CAL – RAM 空间对在线标定的制约，如图 5.94 所示。

然而如果使用量产接口，那么之前所述的关于传输能力和微控制器负荷的限制显然仍将存在。

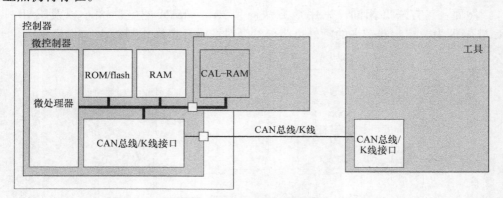

图 5.94　通过量产串行接口与附加 CAL – RAM 连接（方法 4）

5.6.7.5　通过开发串行接口与附加 CAL – RAM 连接（方法 5）

该方法与方法 4 的区别在于使用了专门的开发串行接口，从而缓解了由于传输能力和微控制器负载导致的标定限制。图 5.95 展示了采用串行 ETK[94] 与附加 CAL – RAM 交互的解决方案。这种方法的缺点也很突出——必须对控制器进行很大的修改才能添加额外的 CAL – RAM 并支持接口转换。

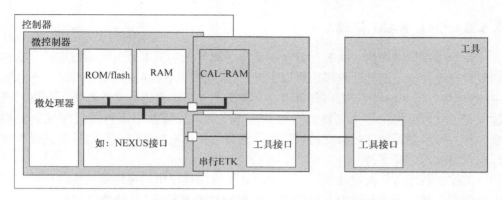

图 5.95 通过开发串行接口与附加 CAL – RAM 连接（方法 5）

5.6.7.6 通过开发并行接口与附加 CAL – RAM 连接（方法 6）

该方法具有以下优点：高传输性能，且对标定数据的在线访问并不会对微控制器带来较高的负荷。该方法的一种典型解决方案是并行 ETK[95]，如图 5.96 所示。但同样的，该方法也要求对控制器硬件做较为广泛的修改。

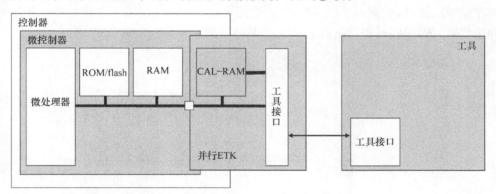

图 5.96 通过开发并行接口与附加 CAL – RAM 连接（方法 6）

5.6.7.7 标定工具和微控制器间通信协议

标定工具和微控制器之间的通信存在多种标准协议（表 5.3）。

表 5.3 标定工具和微控制器间的通信标准

接口	并行接口	串行接口	
物理层	基于微控制器的	• CAN [2] • FlexRay[48]	K 线[5]
协议		• ASAM – MCD 1a：CCP/XCP[18] • ISO：CAN 诊断[25]	ISO：KWP 2000[24]

5.6.8　CAL RAM 管理

　　无论选择何种方法，微控制器在初始化后都首先基于参考页的参数运行。这样即使没有连接标定工具，程序也可以正常工作。在初始化期间，工作页将被参考页中的数据覆盖。这时标定工作既可以在参考页上开展，也可以在工作页上开展。通过标定工具可以将工作页切换为参考页，相应的，控制器中运行的程序也需要切换。有的微控制器硬件可以支持该切换，而另一些微控制器则需要对软件或硬件进行相应修改后才能支持。

　　微控制器还具备监控功能，当一个正在运行的程序中的标定量发生改变后，相应的功能出现了不合理行为（例如识别到控制功能不稳定），则系统将自动跳转至"紧急模式"下运行。

　　当工作页的参数被修改后功能出现了不合理行为时，可以在标定工具中快速将页面切换到参考页，这时系统就能迅速恢复到正常状态运行。

5.6.8.1　内存充足的 CAL – RAM 管理

　　如果 CAL – RAM 的内存空间足够大（至少可满足整个数据集对微控制器 flash 的存储空间要求），则对 CAL – RAM 的管理在微控制器侧仅限于将整个参考页复制到工作页、通过刷新和切换将工作页"保存"到参考页，如图 5.97 所示。

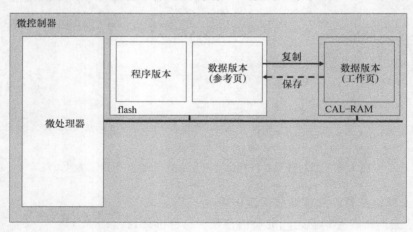

图 5.97　内存充足的 CAL – RAM 管理

5.6.8.2　内存有限的 CAL – RAM 管理

　　而如果 CAL – RAM 空间大小有限，无法支持将整个数据集复制到 CAL – RAM 中，那么微控制器和标定工具中的 CAL – RAM 管理功能必须能管理部分数据集，即参数的子集，如图 5.98 所示。

　　只有对于该参数子集，才支持复制和保存功能，从而使在线标定成为可能。

　　数据版本可以是面向内存分区，也可以面向参数分区。当采取面向内存分区

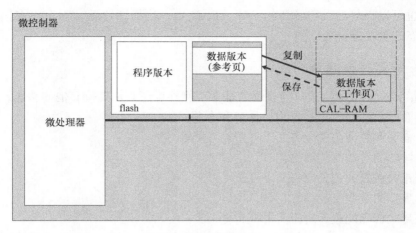

图 5.98　内存有限的 CAL – RAM 管理

时，可以将某连续的 flash 区域中的参数复制到 CAL – RAM 中并开展标定，如图 5.98 所示。

面向参数的分区则可使标定更为灵活。参考页不再是一个连续的 flash 区域，而是由所选参数的存储区域产生，如图 5.99 所示。可以在标定工具中选中参数子集，并通过指针表映射到微控制器上。此时，微控制器程序不直接访问参考页的参数（图 5.99 中标记为①），而是通过指针表（图 5.99 中标记为②）间接访问。在所示程序中，标定工具可以在参数访问参考页面（通过③）和访问工作页（通过④）之间切换。

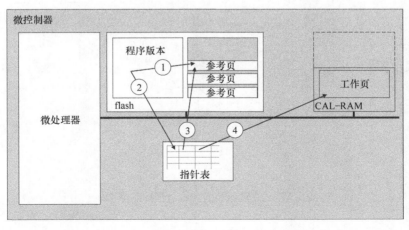

图 5.99　用于管理参数子集的指针表[86]

如果指针表本身存储在微控制器的 flash 中，那么每当参数发生变化时，相应的 flash 区域必须重新刷新，并且在驱动程序执行时参数子集必须保持不变。或者，指针表也可以存储在微控制器的 CAL – RAM 中。这样即使驱动程序正在执行，也可以动态地更改指针表。

5.6.9　参数和数据集的管理

测量和标定系统除了目前介绍的基本功能外，还必须支持其他的功能，例如：

- 面向参数的数据集导出、导入和合并。
- 程序和数据集的合并。
- 评估测量数据的评估。
- 相关参数的调整（图 5.57）。
- 虚拟测量变量的计算（图 5.58）。
- 与文档和配置管理工具的接口等。

图 5.100 展示了参数值和数据集管理的基本功能。在描述文件的帮助下，工具中的数据版本可以转换为物理表示并存储在数据库中。这些物理参数值可以被编辑，并且在各种程序中被引用。借助规格说明，可以对软件组件的数据模型进行参数化；借助软件组件的数据模型设计，软件组件也可以在源代码中实现参数化。并且上述过程的逆向过程也是可实现的。

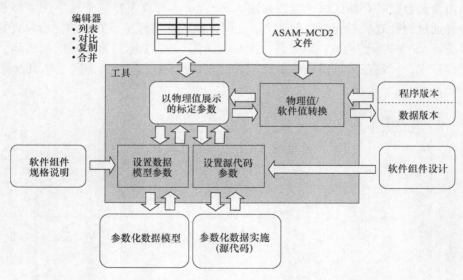

图 5.100　参数值和数据集管理的基本功能

5.6.9.1　二进制程序/数据版本文件的参数化

在该方法下，标定工作以数据版本的生成及对二进制文件的参数化完成为终点。程序和数据版本以二进制文件格式传递。这种方式的优点在于，标定系统可以提供整体所需的功能，这些功能也属于标定系统中的一个标准的特性集合。同时，标定工作也可以跨组织边界进行。

　　然而，处理二进制格式限制了物理层对于数据集的管理以及简单的跨项目应用。此外，可能会对程序版本造成影响的优化工作在标定完成后将无法进行。而事实上，在标定完成后，经常需要对软件结构进行至少部分的调整。

5. 6. 9. 2　模型或源代码的参数化及优化

　　上述缺点可以通过另一种方法来规避，即从标定系统导出确定的数据版本并在源代码或模型层面参数化数据模型信息的帮助下使用。

　　这种方法为大量优化措施创造了实施可能性，例如根据运行时间或存储空间需求进行存储优化、支撑点数量的调整、特征曲线/特征图的取值范围或内存段的优化等。优化的模型或源代码将被重新编译并在进行相应的质量检查之后交付给生产环节。

5. 6. 10　实验的设计和自动化

　　通过 ASAM – MCD 3[18]等自动化接口，可以由更高级别的自动化系统控制各种实验功能。这使得离线任务（例如测量数据的评估）和在线任务（例如在实验室车辆或试验台上执行反复的标定工作）都有可能实现自动化[29 – 31]。

　　目前该领域有众多研究方向，例如测量数据分析的自动化或参数值的自动优化等。这些话题宽泛且重要，在本书中将不再展开。

第6章 生产和服务中的工具和方法

除了 2.6.6 小节所述的传统非车载诊断功能外,生产和维修工具通常还支持软件参数化和软件升级。

与开发相比,生产和服务阶段存在一些特殊的要求。尤其是服务阶段,比如出于责任原因,需要对售后时的软件参数化或软件升级进行防篡改保护并防止未经授权的访问。

出于成本考虑,车辆售后工具必须能在尽可能不拆除量产控制器的前提下开展工作。通常,可以通过维修工具与量产控制器之间的通信来实现这一目标,前者通过车载诊断接口与后者连接,如图 2.67 所示。在售后软件更新过程中,还需要确保工具的高可用性,这样即使是在故障或功能中断后也不需要拆除控制器。

标准化协议正在逐渐取代原本个性化的解决方案,一些常见的标准正在成为主流,例如:

- 工具和控制单元之间的通信协议标准: "KWP2000"[24] "统一诊断服务(unified diagnostic services,UDS)"[102] 或 "CAN 诊断"[25]。

- 工具的数据库标准,例如 ASAM – MCD[18]。ASAM – MCD – 2D(也称为开放式诊断交换格式,ODX)正在车辆诊断领域变成主流。它通过 XML 格式对控制器的诊断相关数据进行标准化描述。车辆、控制单元和测试设备制造商可以使用统一的 ASAM – MCD – 2D 格式来跨组织描述和交换诊断数据。

图 6.1 展示了根据 ASAM – MCD[18] 的非车载诊断系统结构。这一标准旨在为开发、生产和服务中的测量、标定和诊断工具提供统一的软件架构。现在的解决方案还必须考虑到 AUTOSAR 标准,特别是需要在售后服务中可以交换单个软件组件的代码和数据,而不仅仅是整个控制单元软件。

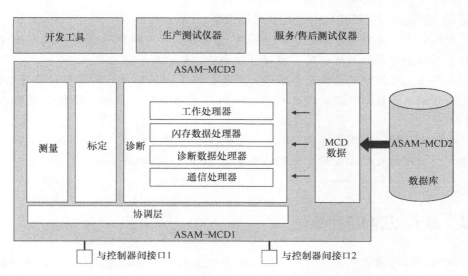

图 6.1　基于 ASAM – MCD 的非车载诊断系统结构[18]

6.1　非车载诊断

除了读取 ECU 的硬件和软件标识符等基本功能外，非车载诊断系统（如第 2.6.6 小节所示）还具备以下功能：

- 设定值发生器和传感器诊断功能。
- 执行器诊断功能。
- 读取和清空故障内存的功能。

与车载诊断功能相比，非车载诊断不受硬件资源的限制，因此可以执行高算力/内存要求的实时故障诊断算法。各种诊断方法在此不再赘述，感兴趣的读者可进一步阅读参考文献 [55]。

在为微控制器设计软件时，必须区分车外诊断功能是否可以与控制器驱动程序同步运行（图 2.64、图 4.23）。

案例 1：在驱动程序工作的同时进行传感器诊断

传感器诊断通常通过记录传感器信号（即微控制器的输入变量）以及将测量值在线传输到车外诊断系统来实现。该功能可以在处理正常驾驶程序时由微控制器中的诊断测试功能激活。

诊断测试仪通常会与一个监测设备相连接，用以同步记录额外的外部信号。这样就可以利用如图 5.84 所示的测量设备部署来完成传感器的诊断了。

案例2：在驱动程序不工作时进行执行器诊断

相比之下，执行器诊断的实现方式更为直接。因为执行器的目标设定值（即微控制器输出变量的规格说明）可以直接由非车载诊断系统来定义。

而实现上述诊断的前提是必须终止那些正在执行目标值计算的驱动程序功能。终止的方式例如让程序在诊断仪的触发下跳转至单独的"执行器诊断"运行状态（图4.23）。

与标定一样，当测量或定义输入微控制器的内部信号时，变量从软件实施的表现方式向物理的表现方式双向转化的任务也可由非车载诊断工具完成。

6.2 软件功能的参数化

车辆变体数量太多为生产和售后工作带来挑战。导致车辆变体过多的原因是多方面的。首先是消费者可以从众多选项中选择自己个性化的车辆配置。其次，不同国家法规要求差异导致了本土化配置的差异。此外，越来越多的车主将个人设置（例如座椅、后视镜位置、中控屏和空调设置）存储于车辆中，造成了车辆的千人千面变体[96]。

车辆变体的增多也导致了软件功能变体的增多。在生产和服务中，可以通过软件中为此预留的配置参数来控制这些变体。这使得电子系统中需要应对的硬件变体数量大大减少。这样就可以首先设计普适的硬件，并在车辆生产过程的后期通过执行适当的参数化程序来方便地选配软件变体，比如可在控制器安装、维修时或在已经装车的控制器上实施。

为了实现个性化，需要设置、存储、选择和激活针对用户特定的软件参数。可以在售后阶段通过维修测试仪来完成，也可以由用户通过车机操作系统来设定。

为了避免在参数化过程中出现不正确和不被允许的设置，必须在软件架构设计的早期就考虑到软件参数化的问题。如图6.2所示，从车辆的逻辑系统架构层面考虑软件参数化，比在技术系统架构阶段再考虑更有优势。

案例：温度显示装置的摄氏温度与华氏温度切换

对于车辆上全部的温度显示功能，可以通过一个唯一的软件参数来设置显示单位（摄氏度或华氏度）。这样的温度显示功能包括发动机温度、车内环境温度以及车外温度等。从控制器角度出发，切换该显示参数会影响到仪表板、加热和空调控制器以及车机娱乐系统等（图6.2）。由于各温度在不同的显示设备中均会出现，因此在技术系统架构层面的参数设置可能导致同一温度在不同显示设备中的单位不统一，为消费者带来困扰。通过功能层的参数化配置，可以防止这种情况的发生。

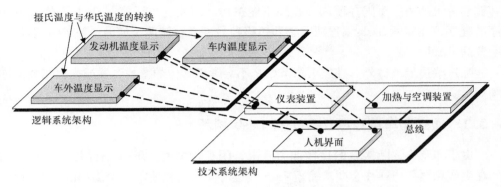

图 6.2 与温度显示相关的功能和控制器[96]

如 5.4.4 小节所述，软件参数的存储在技术实施上有多种可能，它可以被存储在 flash 中，如图 5.69 所示，也可以被存储在微控制器的 EEPROM 中，如图 5.70 所示。无论哪种方式，都可以通过生产和服务工具的功能实现对参数的调节。

与标定（见 5.6 节）不同的是，生产和服务过程中的参数化调整只会针对部分选定的参数开放，这些参数被存储在量产控制器的可编程区域如 EEPROM 或 flash 中；而在标定中，如果可能的话会调整全部参数。这些参数通常不需要在线设置，因此在离线（驾驶程序中断）情况下即可完成设置。实现方式可以是通过参数化工具触发系统跳转至单独的"软件参数化"运行状态（图 4.23）。从这个角度看，参数化方法与"选定参数"的离线标定方法非常相似。

6.3 通过 flash 编程进行软件更新

目前，大多数的量产控制器都使用 flash 作为程序和数据版本的存储技术。这样，通过非车载诊断接口对 flash 存储器重新编程，即可在无须从车辆上拆下控制器的前提下进行软件更新，由此大幅降低成本。

本节将介绍 flash 编程的技术边界条件以及通过非车载诊断接口进行 flash 编程的实施过程。其他扩展话题，例如提高 flash 编程速度的方法等，将不会在本节介绍。

6.3.1 flash 存储器的擦除与编程

如 2.3 节和 5.6 节所述，当前应用的 flash 技术只能对整个 flash 区域进行擦除或重新编程。在 flash 中，物理意义上可被整体擦除或重新编程的最小存储单元被称为段（segment）。因此，对擦除和编程的过程解析都建立在闪存段的概念上。

另外还需注意，由于技术原因，当一个闪存段正在重新编程时，同一个 flash

存储芯片上的另一个闪存段内的程序不能执行。因此，用于控制 flash 组件编程顺序的程序，在实际 flash 编程期间必须转移到另一个存储区，如另一块 flash 芯片或空置的 RAM 区域。

除这些边界条件外，在以下章节中将不会考虑其他的微控制器或内存相关的详细差异。

6.3.2　通过非车载诊断接口进行 flash 刷新

由于非车载诊断接口的传输能力有限，闪存较大时，flash 编程用时较长，因此在生产和服务中往往会要求缩短 flash 编程时间。这就要求减少编程的闪存段数，常见的方法例如面向功能的 flash 编程或为程序版本和数据版本单独进行 flash 编程等。程序版本往往在控制器生产阶段就已经完成刷新，而数据版本则在车辆生产结束后再根据车辆的具体情况进行刷新。从软件开发的角度来讲，这就要求不同的软件功能以及程序版本和数据版本必须存储在不同的闪存段中。

在 flash 编程阶段，微控制器与 flash 刷新工具通过非车载诊断接口进行通信所需要的所有程序必须与 flash 编程例程（routine）、flash 加载器（图 1.22）一起存储在 ROM 或其他 flash 的段中。在后续章节中，存储在 ROM 中的 flash 程序统称为启动块（Start – Up Block），存储在 flash 中的基础部分统称为引导块（Boot Block）。如图 6.3 所示，整个程序的组织结构被分为四个部分。启动块和引导块共同提供了通过非车载诊断接口进行 flash 编程所需要的微控制器软件功能。

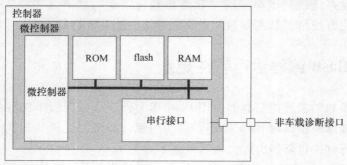

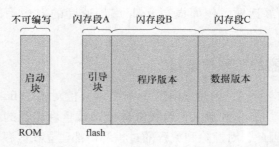

图 6.3　启动块、引导块、程序版本和数据版本的内存分配

之所以将程序划分为启动块和引导块,有多种原因。通过将引导块存储在 flash 中,可以单独对其本身重新进行编程,这一点将在 6.3.5 小节中进一步讨论;通过将 flash 编程的当前状态保存在引导块中,可以防止丢失,例如在刷新过程中止后可以重新启动;通过将启动块中不可改变的基本功能存储在 ROM 中,可以降低成本。

驱动程序作为程序版本和数据版本的一部分,被存储在不同的内存段中。在后续章节中,将"程序"分为以下几个部分:

- 启动块。
- 引导快。
- 程序版本。
- 数据版本。

6.3.3 信息安全需求

flash 编程工具会触发微控制器向"软件更新"运行状态的跳转。

除了 5.6 节中已经提到的合理性检查(如发动机控制器检查发动机停转情况必须在驱动程序终止及过渡到"软件更新"状态前进行)之外,在生产和服务的过程中,还需要采取其他信息安全措施。出于产品责任的考虑,对于未经授权的 flash 刷新或刷新被篡改了的程序或数据版本,必须能够在任何情况下都被识别到并尽可能阻止其发生。

因此,闪存编程访问通常采用两种不同的加密方法:身份认证和签名检查。闪存编程工具与微控制器之间的通信过程如图 6.4 所示。

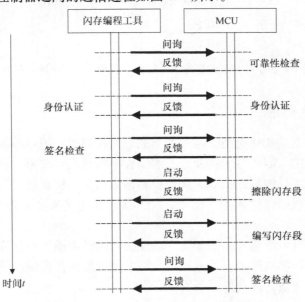

图 6.4 防止 flash 编程被滥用的防护措施

（1）身份认证

在可靠性检查之后，执行实际访问权限检查，这一步骤称为身份认证。通过数字密钥来检查 flash 编程工具的使用者是否具有更新软件的权限。

（2）新程序或数据版本的签名检查

下一步将检查新程序或数据版本的数据一致性，也称为签名验证。闪存编程工具使用另一个数字密钥来检查新程序或数据版本是否与控制单元的硬件相匹配，以及新程序或数据版本是否在主机厂交付给维修车间之后发生了未经授权的篡改。

（3）闪存段的擦除和编写

只有在成功完成这两项检查后，启动块才会对相应闪存段进行删除和编写。

（4）刷新后程序和数据版本的签名检查

闪存编程后，微控制器根据实际编入闪存的程序和数据版本来计算签名，以便能在编程过程中检测错误。签名验证成功后，计算出的签名也将存储在闪存中。为此，一些特殊的存储器结构，作为程序版本和数据版本的一部分也存储在了 flash 中，被称为程序版本逻辑和数据版本逻辑（图 6.5）。启动块只有在成功检查签名后才会激活新的驱动程序。

其他可行的加密方法在此不做进一步讨论，感兴趣的读者可进一步阅读参考文献［97］。

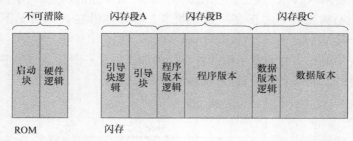

图 6.5　用于计算、存储和验证签名的硬件、引导块、程序版本和数据版本逻辑

6.3.4　可用性要求

尽管采取了上述优化措施，通过非车载诊断接口进行闪存编程仍需要相对较长的时间，这就增加了因各种干扰而造成的编程中断的发生概率。这种干扰包括例如车辆或闪存编程工具的电源故障、其他控制器未响应、控制器与闪存编程工具之间的通信链路中断或操作故障等。此外，身份认证和签名检查故障也会导致 flash 编程的中止。

因此，在所有可以想象的情况下，功能的可用性都是闪存编程过程设计的重中之重。实现这一需求可通过以下方式：允许编程过程在任何情况下被打断后都可以随时重启。一种合适的方式如以下案例所示。

案例：程序版本和数据版本的闪存编程过程

图 6.6 显示了图 6.5 所示的程序和数据版本的一种 flash 编程过程。闪存编程成功完成后，闪存编程工具启动复位，将微控制器切换到"正常模式"操作状态。

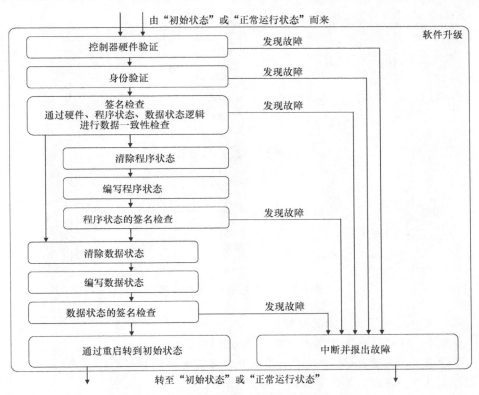

图 6.6　在程序和数据刷新过程中的引导块状态变化

6.3.5　引导块的转换和闪存编程

最后介绍一种在上述闪存技术边界和可用性要求条件下，对引导块进行闪存编程的方法。

首先，在 flash 编程时，必须将已激活的引导块转移到微控制器的其他内存区域中，这就要求引导块必须是可移动的。例如，可将引导块复制到在闪存编程期间空闲的 RAM 区域中，再在 RAM 中执行引导块。

即使在引导块的闪存编程失败后，也必须能够重新启动编程。一个启动块必须足够保持中断后的可用性。这一要求可以通过"拯救"和"重建"引导块来实现。

案例：引导块的闪存编程过程

上述提及的对引导块的要求可通过如图 6.7 所示的流程来满足。我们将引导块分为新引导块和旧引导块两部分。

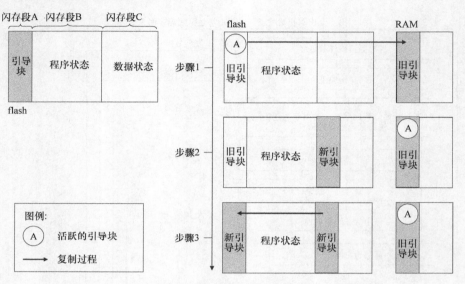

图 6.7　引导块闪存编程的步骤

此方法分为以下三个主要步骤：

步骤 1：将旧引导块复制到一个空闲的 RAM 区域中。

步骤 2.1：激活 RAM 中的旧引导块并停用闪存中的旧引导块。

步骤 2.2：将新引导块剪贴到闪存段 C 中。

这一步包括清空闪存段 C、将新引导块编写到闪存段 C 中、对闪存段 C 中的新引导块进行签名检查等操作。若这些操作被打断，可通过闪存段 A 中有效的旧引导块重新启动闪存编程。

步骤 3：将新启动块从闪存段 C 复制编写到闪存段 A 中。

这一步包括清空闪存段 A、将闪存段 C 复制到 A 后在闪存段 A 中对新引导块进行刷新、对闪存段 A 中新引导块的签名检查等操作。若这些操作被打断，可通过闪存段 C 中有效的新引导块重新启动闪存编程。

闪存中的各个有效的引导块必须被标记。这一有效性标记本身必须以防损的方式存储在闪存中，以便可以通过该信息重新启动程序。

接着，激活闪存段 A 中的新引导块，停用 RAM 中的引导块。在此之后，数据版本的闪存编程必须按图 6.6 所述过程执行。

6.4　电子系统的调试和测试

在生产过程的最后，新车首次下线。此时会对完全组装好的车辆的电子系统进行初步调试和测试，包括所有的非车载接口。在售后服务时，更换车辆个别电子元件后也会进行类似操作。

在这一过程中用到的所有方法和工具都以 6.1 ~ 6.3 节所述的功能为基础。比如，为特定车辆配置替代电子元件，或在控制器生产中刷新测试程序等。

第7章　总结和展望

电子系统和软件已经成为现代汽车不可缺少的一部分。据预测，通过软件支持的车辆功能比例还将继续增长。电子和软件对提高汽车能源效率的贡献比以往任何时候都大。

要想通过电子系统和软件实现车辆功能，需要各种学科的基本知识。因此，本书第1章和第2章的重点是整体全面地介绍汽车电子，阐述驱动和控制系统、实时系统、分布联网式系统、可靠和安全相关系统的基础知识，以及提供产品线和变体管理的基本知识。

第3章和第4章描述了车辆电子系统和软件的开发和长期维护的流程。

电子和软件开发必须被视为系统工程专业学科中的一个分支。因此，对功能、系统和组件的理解必须从汽车硬件组件层面扩展到软件层面上。此外，车辆功能的开发可以分布在不同组织之间。这促使了软件开发上的分工，各开发成员按软件组件的形式交付各自的工作产品。

因此，系统和软件开发需要一个普适的过程，需要考虑到从用户需求分析到规格说明、设计、实施、集成、标定和验收测试的所有开发步骤。此外，还必须具备车辆完整生命周期的视角，例如在售后服务中要求的监测和诊断功能必须在设计早期就纳入考虑。

AUTOSAR、ASAM和ISO等标准为定义应用软件和基本软件之间独立于硬件的接口提供了一个平台。借此方式，更多地解绑了以往硬件和软件之间的"紧密"联系。

第5章和第6章介绍了支持开发核心过程以及生产和维修服务过程的方法和工具。

基于模型的电子系统、软件功能和环境规格说明便于理解，可使开发的所有阶段受益。

在分析和详细设计阶段，功能模型可用于评估不同的技术实施方案，并作为仿真和快速原型的基础。功能模型也可以使用代码生成工具映射到量产控制器的软件组件上。

在集成和测试阶段，功能和环境模型是实验车和实验台架的构成基础。由此可使跨公司的集成和测试任务受益。

在生产和维修服务中，功能模型使诊断、参数化和软件更新更高效。

仿真、开发自动化、采用实验台架代替实车环境等方法优化了开发的质量和成本，同时降低了开发风险。与道路测试相比，这些方式也具备更大的自由度和更高的测试可重复性。

然而，仿真只能解答事先设置好的问题，而道路测试则可能暴露一些事先没有想到的问题。因此，道路测试在未来仍将是不可或缺的，车辆功能的验证最终一定要通过车辆的验收测试来确定。道路测试对工具提出了特殊要求——例如支持与控制器兼容的非车载接口、能在恶劣环境条件下使用的移动测量技术，以及与车辆兼容的操作系统和可视化等。

扩展延伸的车辆功能正在迅速发展，一些不属于传统车辆控制域的新功能正在出现。例如，通过网联通信将车辆与环境建立联系，由此实现许多新功能，包括预碰撞检测、预测性诊断功能到自动驾驶等方面。因此，"通信"这个术语已经从车辆系统延伸到了更广阔的环境系统。这对分布联网式系统的规格说明、详细设计、集成和质保方法提出了更高要求。

大量要求以及大量的相互影响作用使得车辆功能开发成为一项高难度的任务。必须通过使用尽可能少的和简单的设计模式来降低复杂性。这需要在车辆的整个生命周期内通过普适的流程、方法、工具和标准来支撑。今后的发展势必需要主机厂、供应商和工具制造商之间的进一步密切合作。

在这种背景下，汽车软件工程将在未来继续应对越来越大也越来越有吸引力的挑战。

参 考 文 献

1. Robert Bosch GmbH (Hrsg.): Konventionelle und elektronische Bremssysteme. Robert Bosch GmbH, Stuttgart, 2002.

2. ISO International Organization for Standardization: ISO 11898: Austausch digitaler Informationen; Controller Area Network (CAN) für schnellen Datenaustausch, 1994.

3. AUTOSAR: Automotive Open System Architecture: www.autosar.org.

4. Robert Bosch GmbH (Hrsg.): Kraftfahrtechnisches Taschenbuch. 28. Auflage, Springer Vieweg-Verlag, 2014.

5. ISO International Organization for Standardization: ISO 9141: Straßenfahrzeuge; Diagnosesysteme; Anforderungen für den Austausch digitaler Informationen. 1992.

6. Robert Bosch GmbH (Hrsg.): Motormanagement ME-Motronic. Robert Bosch GmbH, Stuttgart, 1999.

7. Robert Bosch GmbH (Hrsg.): Otto-Motormanagement: Systeme und Komponenten. 2. Auflage, Robert Bosch GmbH, Stuttgart, 2003.

8. Robert Bosch GmbH (Hrsg.): Elektronische Dieselregelung EDC. Robert Bosch GmbH, Stuttgart, 2001.

9. Hans-Georg Frischkorn, Herbert Negele, Johannes Meisenzahl, BMW Group, München: The Need for Systems Engineering. An Automotive Project Perspective. Key Note at the 2nd European Systems Engineering Conference (EuSEC 2000), München, 13. September 2000.

10. M. Fuchs, F. Lersch, D. Pollehn, BMW Group, München: Neues Rollenverständnis für die Entwicklung verteilter Systemverbunde in der Karosserie- und Sicherheitselektronik. 10. Internationaler Kongress „Elektronik im Kraftfahrzeug", Baden-Baden, 27.–28. September 2001.

11. Andreas Eppinger, Werner Dieterle, Klaus Georg Bürger: Mechatronik – Mit ganzheitlichem Ansatz zu erhöhter Funktionalität und Kundennutzen. In: ATZ/MTZ Automotive Electronics, Ausgabe September 2001, Seite 10–18.

12. Richard Stevens, Peter Brook, Ken Jackson, Stuart Arnold: Systems Engineering. Coping with Complexity. Prentice Hall, 1998.

13. IBM International Technical Support Organization: Redbook 'Business Process Reengineering and Beyond', 28. September 2001. www.ibm.com/support.

14. CMMI Capability Maturity Model Integration. www.sei.cmu.edu/cmmi.

15. ISO/IEC International Organization for Standardization/International Electrotechnical Commission: ISO/IEC 15504-1: Information technology – Software process assessment – Concepts and introductory guide. 1998.

16. V-Modell – Entwicklungsstandard für IT-Systeme des Bundes. Vorgehensmodell Kurzbeschrei-bung. 1997/2005. www.v-modell.iabg.de www.kbst.bund.de/-,279/v-modell.htm.

17. OSEK Open systems and the corresponding interfaces for automotive electronics. www.osek-vdx.org.

18. ASAM Association for Standardisation of Automation- and Measuring Systems. www.asam.net.

19. Vector Informatik GmbH: PREEvision Datasheet. Vector Informatik GmbH, Stuttgart, 2016. www.vector.com.

20. IEC International Electrotechnical Commission: IEC 61508 – Functional Safety of Electrical/Electronic/Programmable Electronic Safety-Related Systems. 1998.

21. ECE-Regelung Nr. 79: Einheitliche Bedingungen für die Genehmigung der Fahrzeuge hinsicht-lich der Lenkanlage. Revision 2, 2010-04-04. www.bmvbs.de.

22. ECE-Regelung Nr. 13: Einheitliche Bedingungen für die Genehmigung von Fahrzeugen der Klassen M, N und O hinsichtlich der Bremsen. 2010-09-30. www.bmvbs.de.

23. Michael Eckrich, Werner Baumgartner, BMW Group, München: By Wire überlagert Mechanik. In: Automobilentwicklung, Ausgabe September 2001, Seite 24–25.

24. ISO International Organization for Standardization: ISO 14230 – Road Vehicles – Diagnostic Systems – Keyword Protocol 2000. 1999.

25. ISO International Organization for Standardization: ISO 15765 – Road Vehicles – Diagnostic Systems – Diagnostic communication over CAN. 2011.

26. Torsten Bertram, Peter Opgen-Rhein: Modellbildung und Simulation mechatronischer Sys-teme – Virtueller Fahrversuch als Schlüsseltechnologie der Zukunft. In: ATZ/MTZ Automotive Electronics, Ausgabe September 2001, Seite 20–26.

27. Dipl.-Ing. K. Lange, Volkswagen AG, Wolfsburg, Dr. J. Bortolazzi, DaimlerChrysler AG, Stutt-gart, Dipl.-Ing. P. Brangs, BMW AG, München, Dr. D. Marx, Porsche AG, Weissach, Dipl.-Ing. G. Wagner, Audi AG, Ingolstadt: Herstellerinitiative Software. 10. Internationaler Kongress „Elektronik im Kraftfahrzeug", Baden-Baden, 27.–28. September 2001.

28. Meinhard Erben, Joachim Fetzer, Helmut Schelling: Software-Komponenten – Ein neuer Trend in der Automobilelektronik. In: ATZ/MTZ Automotive Electronics, Ausgabe September 2001, Seite 74–78.

29. Kurt Gschweitl, Horst Pfluegl, Tiziana Fortuna, Rainer Leithgoeb: Steigerung der Effizienz in der modellbasierten Motorenapplikation durch die neue CAMEO-Online-DoE-Toolbox. In: ATZ Automobiltechnische Zeitschrift, Ausgabe Juli/August 2001, Seite 636–643.

30. Ranjit K. Roy: Design of Experiments Using the Taguchi Approach. 16 Steps to Product and Process Improvement. John Wiley & Sons, Inc., 2001.

31. Douglas Montgomery: Design and Analysis of Experiments. John Wiley & Sons, Inc., 2012.

32. DIN Deutsches Institut für Normung e. V.: DIN 19226-1 – Leittechnik; Regelungstechnik und Steuerungstechnik. Allgemeine Grundbegriffe. Februar 1994.

33. Otto Föllinger: Regelungstechnik. Einführung in die Methoden und ihre Anwendung. 10. Auf-lage, Hüthig Verlag, 2008.

34. Heinz Unbehauen: Regelungstechnik. Band 1–3, Vieweg+Teubner Verlag, 2007–2011.

35. Uwe Kiencke, Lars Nielsen: Automotive Control Systems. For Engine, Driveline, and Vehicle. 2. Auflage, Springer Verlag, 2005.

36. Robert Mayr: Regelungsstrategien für die automatische Fahrzeugführung. Längs- und Querregelung, Spurwechsel- und Überholmanöver. Springer Verlag, 2001.

37. Uwe Kiencke: Signale und Systeme. 4. Auflage, R. Oldenbourg Verlag, München, Wien, 2008.

38. Uwe Kiencke, Holger Jäkel: Ereignisdiskrete Systeme. Modellierung und Steuerung verteilter Systeme, 2. Auflage, R. Oldenbourg Verlag, München, Wien, 2006.

39. Robert Bosch GmbH (Hrsg.): Mikroelektronik im Kraftfahrzeug. Robert Bosch GmbH, Stuttgart, 2001.

40. Robert Bosch GmbH (Hrsg.): Sensoren im Kraftfahrzeug. Robert Bosch GmbH, Stuttgart, 2001.

41. Robert Bosch GmbH (Hrsg.): Autoelektrik/Autoelektronik, Systeme und Komponenten. 5. Auflage, Vieweg Verlag, 2007.

42. Jane W. S. Liu: Real-Time Systems. Prentice Hall, 2000.

43. H. Wettstein: Architektur von Betriebssystemen. 3. Auflage, Carl Hanser Verlag, München, 1987.

44. ITU International Telecommunication Union: Message Sequence Charts. ITU-T Recommendation Z. 120, Genf, 2004. www.itu.int.

45. Hermann Kopetz: Real-Time Systems. Design Principles for Distributed Embedded Applications. 2. Auflage, Springer Verlag, 2011.

46. Konrad Etschberger: Controller-Area-Network. Grundlagen, Protokolle, Bausteine, Anwendungen. Hanser Verlag, 2002.

47. ISO International Organization for Standardization: ISO 11519: Straßenfahrzeuge – Serielle Datenübertragung mit niedriger Übertragungsrate. 1994.

48. FlexRay. www.flexray.com.

49. JASPAR: Japan Automotive Software Platform and Architecture: www. jaspar.jp.

50. ISO International Organization for Standardization: ISO 17356-3 Road Vehicles – Open Interface for Embedded Automotive Applications – Part 3: OSEK/VDX Operating System (OS).

51. ISO/IEC International Organization for Standardization/International Electrotechnical Commission: ISO/IEC 7498: Informationstechnik – Kommunikation Offener Systeme – Basis-Referenzmodell, 1994.

52. ISO/IEC International Organization for Standardization/International Electrotechnical Commission: ISO/IEC 10731: Informationstechnik – Kommunikation offener Systeme – Basis-Referenzmodell – Konventionen für Definition von OSI-Diensten, 1995.

53. Nancy G. Leveson: Safeware. System Safety and Computers. A Guide to Preventing Accidents and Losses Caused by Technology. Addison-Wesley, 1995.

54. W. A. Halang, R. Konakovsky: Sicherheitsgerichtete Echtzeitsysteme. R. Oldenbourg Verlag, München, Wien, 1999.

55. Rolf Isermann (Hrsg.): Überwachung und Fehlerdiagnose. Moderne Methoden und ihre Anwendungen bei technischen Systemen. VDI-Verlag, 1994.

56. Alessandro Birolini: Reliability Engineering. Theory and Practice. 5. Auflage, Springer Verlag, 2007.

57. Alessandro Birolini: Zuverlässigkeit von Geräten und Systemen. Springer Verlag, 1997.

58. Wolfgang Ehrenberger: Software-Verifikation: Verfahren für den Zuverlässigkeitsnachweis von Software. Hanser-Verlag, 2002.

59. EPA Environmental Protection Agency: Control of Air Pollution From Motor Vehicles and New Motor Vehicles; Modification of Federal Onboard Diagnostic Regulations for Light-Duty Vehicles and Light-Duty Trucks; Extension of Acceptance of California OBD II Requirements. December 1998.

60. Shu Lin, Daniel J. Costello: Error Control Coding. 2. Auflage, Prentice Hall. 2004.

61. Neil Storey: Safety-Critical Computer Systems, Addison Wesley. 1996.

62. DIN Deutsches Institut für Normung e. V.: DIN 25448 – Ausfalleffektanalyse (Fehler-Möglichkeits- und Einfluss-Analyse). Mai 1990.

63. Automobiltechnische Zeitschrift (ATZ)/Motortechnische Zeitschrift (MTZ): ATZ/MTZ Extra. Der neue BMW 7er. November 2001.

64. ISO International Organization for Standardization: ISO 26262: Road Vehicles – Functional Safety.

65. MOST Media Orientated System Transport. www.mostcooperation.com.

66. LIN Local Interconnect Network. www.lin-subbus.de.

67. Bluetooth. www.bluetooth.com.

68. Manfred Broy: Informatik. Eine grundlegende Einführung. Band 1 und 2, Springer Verlag, 1998.

69. J. Boy, C. Dudek, S. Kuschel: Projektmanagement. Grundlagen, Methoden und Techniken, Zusammenhänge. 10. Auflage, Gabal Verlag, Offenbach, 2002.

70. Automobiltechnische Zeitschrift (ATZ)/Motortechnische Zeitschrift (MTZ): ATZ/MTZ Extra. Die neue Mercedes-Benz E-Klasse. Mai 2002.

71. MISRA The Motor Industry Software Reliability Association: Development Guidelines for Vehicle based Software, 1994. www.misra.org.uk.

72. INCOSE International Council on Systems Engineering. www.incose.org.

73. Helmut Balzert: Lehrbuch der Software-Technik, 3. Auflage, Spektrum Verlag, 2009.

74. ETAS GmbH: ASCET. ETAS GmbH, Stuttgart, 2012. www.etas.com.

75. B. Selic, G. Gullekson, P. T. Ward: Real-Time Object-Oriented Modeling. John Wiley & Sons, Inc., 1994.

76. Stoer, Bulirsch: Numerische Mathematik 1, 10. Auflage, Springer-Verlag, 2007.

77. N. Wirth: Grundlagen und Techniken des Compilerbaus. 3. Auflage, R. Oldenbourg Verlag, München, Wien, 2011.

78. MSR Manufacturer Supplier Relationship. Working Groups MEGMA and MEDOC. www.msr-wg.de.

79. Richard van Basshuysen, Fred Schäfer (Hrsg.): Handbuch Verbrennungsmotor. Grundlagen, Komponenten, Systeme, Perspektiven. 3. Auflage, Vieweg-Verlag, 2005.

80. B. Pauli, A. Meyna: Zuverlässigkeitsprognosen für elektronische Steuergeräte im Kraftfahrzeug. Internationaler Kongress „Elektronik im Kraftfahrzeug", Baden-Baden, 12. September 1996.

81. A. Beer, M. Schmidt: Funktionale Sicherheit sicherheitsrelevanter Systeme im Kraftfahrzeug. Internationaler Kongress „Elektronik im Kraftfahrzeug", Baden-Baden, 5. Oktober 2000.

82. UML Unified Modeling Language. www.uml.org.

83. D. Harel: Statecharts. A Visual Formalism for Complex Systems. Science of Computer Programming. In: Elsevier Science Publishers, North Holland, Volume 8, 1987.

84. B. W. Kernighan, D. M. Ritchie: Programmieren in C. Zweite Ausgabe. ANSI C, Carl Hanser Verlag, München, 1990.

85. ETAS GmbH: ERCOSEK. ETAS GmbH, Stuttgart, 2012. www.etas.com.

86. ETAS GmbH: INCA. ETAS GmbH, Stuttgart, 2012. www.etas.com.

87. T. Grams: Denkfallen und Programmierfehler. Springer-Verlag, 2012.

88. MISRA The Motor Industry Software Reliability Association: Guidelines for the Use of the C Language in Vehicle based Software, 1998. www.misra.org.uk.

89. Visual Information Technologies GmbH: Data Declaration System. Visual Information Technolgies GmbH, Regensburg, 2012. www.visu-it.de.

90. ETAS GmbH: LABCAR. ETAS GmbH, Stuttgart, 2012. www.etas.com.

91. T. Kühner, V. Seefried, M. Litschel, H. Schelling, Stuttgart: Realisierung virtueller Fahrzeugfunktionen für vernetzte Systeme auf Basis standardisierter Software-Bausteine. 7. Internationaler Kongress „Elektronik im Kraftfahrzeug", Baden-Baden, 12. September 1996.

92. IEEE Institute of Electrical and Electronics Engineers: NEXUS.www.ieee-isto.org/Nexus5001.

93. IEEE Institute of Electrical and Electronics Engineers: JTAG IEEE 1149.1www.ieee.org.

94. ETAS GmbH: ETK S2.0 Emulator Probe for Serial Debug Interfaces Data Sheet. ETAS GmbH, Stuttgart, 2002.

95. ETAS GmbH: ETK 7.1 16-Bit Emulator Probe Data Sheet. ETAS GmbH, Stuttgart, 2001.

96. F. Gumpinger, F.-M. Huber, O. Siefermann, München: BMW Car & Key Memory: Der Kunde bekommt sein individuelles Fahrzeug. 8. Internationaler Kongress „Elektronik im Kraftfahrzeug", Baden-Baden, 10. Oktober 1998.

97. S. Singh: Geheime Botschaften. Die Kunst der Verschlüsselung von der Antike bis in die Zeiten des Internet. 10. Auflage, Deutscher Taschenbuch Verlag, München, 2011.

98. M. Cohn: Succeeding with Agile, Addison-Wesley, 2010.

99. H. Bähring: Anwendungsorientierte Mikroprozessoren: Mikrocontroller und Digitale Signalprozessoren. 4. Auflage, Springer-Verlag, 2010.

100. Accurate Technologies Inc.: No-Hooks Software Data Sheet, 2012. www.accuratetechnologies.com.

101. Vector Informatik GmbH: osCAN Datasheet. Vector Informatik GmbH, Stuttgart, 2012. www.vector.com.

102. ISO International Organization for Standardization: ISO 14229 – Road Vehicles – Unified Diagnostic Services – UDS. 2000.

103. Eberhard Zeeb, Daimler AG, Stuttgart: Automatisiertes Fahren: (Wofür) brauchen wir noch einen Fahrer? Vortrag im Rahmen der Vorlesungsreihe „Technologieführer der Automobilindustrie stellen sich vor" im Sommersemester 2015 am Institut für Verbrennungsmotoren und Kraftfahrwesen (IVK) der Universität Stuttgart, 22.06.2015, Stuttgart.

104. Continental AG: Continental-Strategie zielt auf automatisiertes Fahren, Pressemitteilung vom 18.12.2012: http://www.continental-corporation.com/ www/presseportal_com_de/ themen/ pressemitteilungen/1_topics/ pr_2012_12_18_automatisiertes_fahren_de.html.

105. Polarion VARIANTS: Add Variants Management to Core Products. Polarion Software, Inc., Alameda, CA, USA, 2016. https://www.polarion.com/products/variants.

106. Kang, Kyo C., Cohen, Sholom G., Hess, James A., Novak, William E., Peterson, A. Spencer: Feature-Oriented Domain Analysis (FODA) Feasibility Study. Technical Report CMU/ SEI-90-TR-21 ESD-90-TR-222, Software Engineering Institute, Carnegie Mellon University, Pittsburg, Pennsylvania, USA, November 1990. http://www.sei.cmu.edu/reports/90tr021.pdf.

107. pure-systems GmbH: pure::variants. pure-systems GmbH, Magdeburg, 2016. www.pure-systems.com.

108. BigLever Software, Inc.: Gears. BigLever Software, Inc., Austin, TX, USA, 2016. http://www.biglever.com/overview/software_product_lines.html.

109. AUTOSAR: Feature Model Exchange Format, Part of AUTOSAR Release 4.2.1. www.autosar.org.

110. Object Management Group OMG: Common Variability Language CVL. http://www.omgwiki.org/variability/doku.php.